引用表現の習得研究

シリーズ 言語学と言語教育

- 第1巻　日本語複合動詞の習得研究－認知意味論による意味分析を通して　松田文子著
- 第2巻　統語構造を中心とした日本語とタイ語の対照研究　田中寛著
- 第3巻　日本語と韓国語の受身文の対照研究　許明子著
- 第4巻　言語教育の新展開－牧野成一教授古稀記念論文集
  鎌田修，筒井通雄，畑佐由紀子，ナズキアン富美子，岡まゆみ編
- 第5巻　第二言語習得とアイデンティティ
  －社会言語学的適切性習得のエスノグラフィー的ディスコース分析　窪田光男著
- 第6巻　ポライトネスと英語教育－言語使用における対人関係の機能
  堀素子，津田早苗，大塚容子，村田泰美
  重光由加，大谷麻美，村田和代著
- 第7巻　引用表現の習得研究－記号論的アプローチと機能的統語論に基づいて
  杉浦まそみ子著
- 第8巻　母語を活用した内容重視の教科学習支援方法の構築に向けて
  清田淳子著
- 第9巻　日本人と外国人のビジネス・コミュニケーションに関する実証研究
  近藤彩著
- 第10巻　大学における日本語教育の構築と展開
  －大坪一夫教授古稀記念論文集
  藤原雅憲，堀恵子，西村よしみ，才田いずみ，内山潤編

シリーズ 言語学と言語教育 7

引用表現の習得研究
記号論的アプローチと機能的統語論に基づいて

杉浦まそみ子 著

ひつじ書房

目　次

序章 — 1
- 0.1　はじめに……………………………………………………………… 1
- 0.2　引用習得研究における本書の位置づけと目的…………………… 2
- 0.3　本書のスタンス……………………………………………………… 3
- 0.4　本書の方法…………………………………………………………… 3
- 0.5　本書の意義…………………………………………………………… 4
- 0.6　用語の定義と研究対象の範囲……………………………………… 4
- 0.7　本書の構成…………………………………………………………… 5

第1章　引用表現の習得—先行研究 — 7
- 1.1　はじめに……………………………………………………………… 7
- 1.2　「引用」と「話法」の定義………………………………………… 8
- 1.3　引用表現の研究……………………………………………………… 10
  - 1.3.1　言語学的研究　機能的視点の展開……………………………… 10
  - 1.3.2　日本語引用表現の研究…………………………………………… 14
- 1.4　引用表現の習得研究………………………………………………… 35
  - 1.4.1　第二言語としての日本語の引用表現の習得…………………… 35
  - 1.4.2　第一言語習得における引用表現の習得………………………… 37

第2章　第二言語習得研究における機能的アプローチの位置づけ — 45
- 2.1　はじめに……………………………………………………………… 45
- 2.2　第二言語習得研究：形式から機能へ……………………………… 45
- 2.3　機能主義的第二言語習得研究……………………………………… 47

2.3.1　機能主義的アプローチ ……………………………………… 47
　　2.3.2　基本的変異仮説 ………………………………………………… 48
　　2.3.3　ピジン・クレオール研究からの仮説 ………………………… 49
　2.4　Givón の機能的文法 ………………………………………………… 50
　　2.4.1　文法の発達とイコン性 ………………………………………… 50
　　2.4.2　統合尺度 ………………………………………………………… 52
　2.5　本研究の「引用」のとらえ方 ……………………………………… 54

第3章　タガログ語母語話者（フィリピン人）の引用表現の習得―横断的研究【研究1】 ── 59
　3.1　はじめに ……………………………………………………………… 59
　3.2　引用形式の習得 ……………………………………………………… 59
　　3.2.1　研究目的 ………………………………………………………… 59
　　3.2.2　方法 ……………………………………………………………… 60
　　3.2.3　分析 ……………………………………………………………… 64
　　3.2.4　分析結果 ………………………………………………………… 65
　　3.2.5　考察（引用形式） ……………………………………………… 80
　3.3　話法の習得 …………………………………………………………… 83
　　3.3.1　研究目的 ………………………………………………………… 83
　　3.3.2　方法 ……………………………………………………………… 84
　　3.3.3　分析 ……………………………………………………………… 84
　　3.3.4　分析結果 ………………………………………………………… 87
　　3.3.5　考察（話法） …………………………………………………… 102

第4章　ロシア語母語話者及びタイ語母語話者の引用表現の習得―縦断的研究【研究2】 ── 111
　4.1　はじめに ……………………………………………………………… 111
　4.2　研究目的 ……………………………………………………………… 112
　4.3　方法 …………………………………………………………………… 112
　　4.3.1　被調査者 ………………………………………………………… 112
　　4.3.2　データ収集 ……………………………………………………… 114

4.4 分析 ··· 116
  4.4.1 被調査者の母語の引用形式 ································ 116
  4.4.2 分析 ··· 117
4.5 分析結果 ··· 120
  4.5.1 マリア ··· 120
  4.5.2 サワ ·· 132
4.6 考察 ··· 149
  4.6.1 引用表現における統語構造の習得 ······················· 149
  4.6.2 話法の変化 ··· 153
  4.6.3 「わたし」─間接話法と直接話法 ························· 154

第5章　中国語母語話者の引用表現の教室習得
―横断的研究【研究3】 159
5.1 はじめに ·· 159
5.2 研究目的と研究課題 ··· 160
5.3 方法 ··· 161
  5.3.1 中国語の引用表現 ··· 161
  5.3.2 被調査者 ··· 162
  5.3.3 データ収集 ·· 162
  5.3.4 分析対象とする引用表現 ··································· 163
5.4 分析と結果Ⅰ　引用形式 ·· 164
  5.4.1 分析 ··· 164
  5.4.2 結果 ··· 166
5.5 考察Ⅰ　引用形式 ·· 192
  5.5.1 教室習得者の引用形式 ······································ 192
  5.5.2 引用表現に表される対象の拡大 ·························· 200
  5.5.3 「って」の新しい機能 ·· 203
  5.5.4 教室習得者の引用形式の習得仮説 ······················ 204
5.6 分析と結果Ⅱ　話法 ·· 205
  5.6.1 分析 ··· 205
  5.6.2 結果 ··· 206
5.7 考察Ⅱ　話法 ··· 230
  5.7.1 直接話法 ··· 230

5.7.2　間接話法 …………………………………………………… 234

第6章　総合的考察 ──────────────────── 239
　6.1　引用表現の自然習得仮説 …………………………………………… 240
　6.2　事象の分化と統合 …………………………………………………… 241
　　　6.2.1　ひとかたまりの事象としての事象Aと事象B（B⁰A） ……… 241
　　　6.2.2　ひとかたまりの事象から2つの事象への分化（B¹A）……… 241
　　　6.2.3　2分化の進行 ……………………………………………… 243
　　　6.2.4　2つの事象の統語的統合（AB²） ………………………… 244
　6.3　引用表現の教室習得仮説 …………………………………………… 246
　　　6.3.1　定型的複文的構造と事象の二重表示 ……………………… 246
　　　6.3.2　インストラクションの影響 ………………………………… 249
　　　6.3.3　「って」による引用の発達 ………………………………… 251
　　　6.3.4　「と」と「って」の意味機能 ……………………………… 252
　6.4　話法 …………………………………………………………………… 255
　　　6.4.1　直接話法と引用形式との相補性 …………………………… 255
　　　6.4.2　直接話法を示す「特性」 …………………………………… 256
　　　6.4.3　引用句の文体の改変 ………………………………………… 259
　　　6.4.4　間接話法 ……………………………………………………… 262
　6.5　Givónの統合尺度とのかかわり …………………………………… 266

終章 ──────────────────────────── 269
　7.1　2つの事象の統合 …………………………………………………… 270
　7.2　「と」と「って」の意味機能 ……………………………………… 272
　7.3　話法 …………………………………………………………………… 273
　7.4　Givónの統合尺度と表意記号性 …………………………………… 275
　7.5　第2言語習得研究における本書の意義 …………………………… 276
　　　7.5.1　日本語の引用表現の習得過程の記述 ……………………… 276
　　　7.5.2　機能的言語変化理論による枠組みの提示とその有効性 … 277
　　　7.5.3　インストラクションの影響 ………………………………… 279
　　　7.5.4　本書の枠組みの限界 ………………………………………… 280
　7.6　日本語教育への示唆 ………………………………………………… 281

7.7　今後の課題 …………………………………………………………… 285

参考文献 ———————————————————————— 287

あとがき ———————————————————————— 299

索引 —————————————————————————— 303

序章

0.1 はじめに

親しい友達の間で使用されている引用文は以下のようなものである。
　「なお子が多摩川の桜が満開だって言ってたよ。」
このような引用文は、引用動詞の主語「なお子」、引用句「多摩川の桜が満開だ」、引用標識「って」と引用動詞「言った」とからなる連続体として表される。しかし、学習者が日常会話で実際に引用を行う時は以下のような引用表現がよく見られる。
　「なお子が、多摩川の桜が満開です。」
　「なお子が多摩川の桜が満開だと言いました。」
前者のように引用標識と引用動詞がなかったり、後者のように丁寧体の「〜と言いました」が使用されたりと、友人間の会話としては不自然な印象を与える場合が多い。
　引用表現は他の場での発話や概念を進行中の発話の場に取り入れるという発話場面の二重性と、主節と引用句節からなる複文的統語構造をあわせもっているといわれる。また、話法については、直接話法と間接話法に統語的制限が働く英語などとちがって日本語の引用表現では統語的な制限は少ないものの、待遇表現の問題もあり、伝達の場にふさわしい自然な引用表現の習得は学習者にとってそれほど容易でないと思われる。
　これまで学習者の引用表現についての研究はあまり十分とはいえず、引用

表現の使用実態はほとんど明らかにされていない。こういった状況の中で、まず第二言語としての日本語の引用表現の習得がどのように進むのかを記述し、どのような問題があるのかを明らかにすることが必要であると考える。

0.2　引用習得研究における本書の位置づけと目的

第二言語としての日本語の引用表現についての習得研究には Kamada (1990)、鎌田 (2000) など数えるほどしかない。Kamada の研究は、外国語としての日本語の引用表現の習得について、タスクという限定された場面での使用実態を分析したものである。学習者が第二言語としての日本語を習得する場合、教室教授だけでなく社会交流を通じてさまざまな習得が起こると考えられる。学習者の引用表現の使用実態の解明には、インストラクションからのインプットが大きな影響を与えると推測される外国語としての日本語の産出を観察するだけでは不十分で、実際の社会的コミュニケーションの中で、どのような引用表現が使用され、どのように習得されるかを明らかにする必要があると考える。

　Ellis (1994) は第二言語習得 (SLA) 研究の 2 つの重要な目標として記述と説明をあげている。記述は学習者の能力について明確な記述を行い、学習者の第二言語 (L2) 知識の発達や調整の規則性や組織性を発見することを目標とする。一方、説明とは、インプットから L2 の知識がどう発達し、その知識がコミュニケーションにどう用いられているか、また、学習者個人の多様性は何によって引き起こされるのかを明らかにすることとしている。日本語の引用表現の使用実態はまだ明らかになっていない現在の状況で、まず行うべきことは詳細な記述であると考える。

　本書の目的は、学習者が実際のコミュニケーションの中でどのような表現形式を使用しているのか、そして、使用にはどのような問題点があるのか、また、使用形態の可変性に組織性があるのかについてできるだけ詳細に記述することにある。さらには、このような習得のプロセスを実証的分析から理解することで、より効果的な日本語教育への新たな視点を得ることを目指す。

0.3　本書のスタンス

本書では文法はコミュニケーションの手段として使われる中で発達するとする機能的アプローチをとる。この視点に立った Givón (1980, 1995a, b) では、引用表現は引用句に表される事象と主動詞によって示される元の話者の発言行為という 2 つの事象からなっており、この 2 つの事象が文法的に統合された構造としている。このとらえ方は、引用表現の直接話法と間接話法の違いは埋め込み文がある複文構造かそうでないかの違いではなく、2 つの事象の統合の度合いの違いととらえる立場である (Li 1986)。本書ではコミュニケーションを通して習得される日本語の中間言語における引用表現の変化を見る目的があることからも、変化をとらえる視点として機能的アプローチが適切と考える。

0.4　本書の方法

第二言語習得研究上の諸々の問題を解決するために様々な方法論があるが、大きくわけて質的研究と量的研究がある。この 2 つの研究の特性をまとめると次のようになる。

　質的研究は学習者言語を動的な実在と仮定して、特定の個人の立場から人間行動を理解するという立場をとる。被調査者は数人で、時間経過に沿ったプロセスに焦点をあてた記述が中心となる。そのため、一般化には慎重であるべきである。一方、量的研究では学習者言語を静的な実在であると仮定し、主に個人主義とは無関係な社会の事実や原因をさぐる手法で、実験などの客観的な大量のデータに基づいた仮説検証が中心に行われる。そのため、一般化が可能である。しかし、いずれの方法をとっても、SLA における普遍性と、被験者ひとりひとりに生じる SLA の個別性との厳密な意味での識別は困難である (Reichardt and Cook 1979: 10)。

　本書は引用表現の使用実態とその変容の記述と組織性の探索が目的であるため、縦断的研究が目的にあった手法であるが、個別的 SLA であることによる限界は避けられない。この限界を補いより客観的な記述をめざすため

に、横断的な研究もあわせて行う。まず、教室インストラクションを受けていない自然習得か、あるいはそれに近い環境で習得された日本語を対象にした横断的研究と縦断的研究によって習得の仮説を探索し、そこで得られた仮説を教室習得者において検討し、より客観的な習得仮説の構築を試みる。

0.5　本書の意義

学習者がどのような引用表現を行っているか、その実態はまだ十分に記述されているとはいえない。効果的な日本語教育の計画・実践には、SLA研究において学習者の引用表現の使用実態、引用に関する知識の発達、その変容の様相を明確に記述し、問題点を把握することから始めることが有効である。つまり、教室に限らず自然環境における学習者言語の実態をも知るということは重要である（長友2000）。本書でこのような言語使用の実態を詳細に記述することによって、日本語教師にとってもっとも重要な、引用表現において〈何が困難なのか〉、そして、〈習得はどう進むのか〉を示すことができよう。そういう意味において、本書は引用表現の習得研究領域のみならず教育的領域においても重要な基礎的研究であると考える。

0.6　用語の定義と研究対象の範囲

引用表現の説明はしばしば用語の混乱を生じやすい。ここでまず本書の用語について紹介しておく。花子が「太郎が、あした晴れるだろうと言った」と伝達する場合、『あした晴れるだろう』を〈引用句〉、「と言った」のように引用を表示する形式を〈引用形式〉、引用形式の中の「と」を〈引用標識〉「言った」のように引用を示す動詞を〈引用動詞〉と呼ぶ。引用句の発話者である「太郎」を〈元話者〉、引用文の話し手である花子を〈伝達者〉と呼ぶ。「子どもの成長を祈ったという風習」などの「〜という名詞」の形式は扱わない。

0.7 本書の構成

第1章ではこれまで行われてきた引用表現についての研究と習得研究について概観する。1.1 の導入に続いて、1.2 で本書での「引用」と「話法」の定義を行ったあと、1.3 で引用表現に関する研究を概観する。引用表現についての研究は、日本語以外の言語から知見 (1.3.1) 及び日本語に関するもの (1.3.2) に分けて紹介する。1.4 の引用表現の習得研究については、第二言語としての日本語の習得研究はあまり行われていないため、日本語の母語習得についての関連研究にもふれる。第2章では、2.1 の導入に続き、2.2 で第二言語習得研究の大まかな流れを概観し、2.3 で本研究の基本的な立場である機能的アプローチの位置づけを行う。そのあと、2.4 で本研究の理論的背景となる Givón の機能的文法について紹介し、2.5 で引用という言語行為に対する本研究でのとらえ方について述べる。

第3章、第4章、第5章では研究について報告する。第3章【研究1】ではフィリピン人自然習得者5名の横断的データによって日本語引用表現の使用実態を分析し、その組織性を探る。第3章は大きく分けて2つの分析から構成されている。3.1 の導入、3.2 の研究目的に続いて、3.3 では引用表現の地の部分である引用標識と引用動詞の習得実態について分析する。そして、3.4 では引用表現の話法について分析を試みる。

第4章【研究2】では、ロシア語を母語とするウズベキスタン人学習者と、日常生活の社会交流を通して日本語を習得しつつあったタイ人学習者の引用表現の発達を時間にそって縦断的記述を行い、引用表現の変容の組織性をさぐる。4.1 の導入、4.2 の研究目的につづいて、4.3 で方法、4.4 で分析、4.5 で分析結果を示す。4.5 の分析結果は学習者ごとに行い、まず、4.5.1 でウズベキスタン人学習者の引用形式と話法の使用について、4.5.2 でタイ人学習者の各結果について記述を行う。4.6 で【研究2】の考察を行う。

第5章【研究3】では、自然習得で得られた仮説が教室習得において適用できるか、検討を試みるために中国語を母語とする学習者で外国語としての日本語を教室習得した被調査者に対して横断的研究を行う。5.1 の導入、5.2 の研究目的に続いて、5.3 で方法について示す。5.4 では引用形式の習得実

態についての分析と結果を示す。5.5 の考察 I では 5.4 で得られた引用形式の習得について考察を行う。続く 5.6 で話法の習得実態についての分析と結果を示し、5.7 の考察 II で話法の習得について考察を行う。

第 6 章では自然習得の横断的研究【研究 1】と縦断的研究【研究 2】、及び、教室習得の横断的研究【研究 3】から得られた結果について総合的考察を行う。最後に終章で本研究の成果と日本語教育への示唆、及び今後の課題について述べる。本論の構成を図 0-1 に示した。

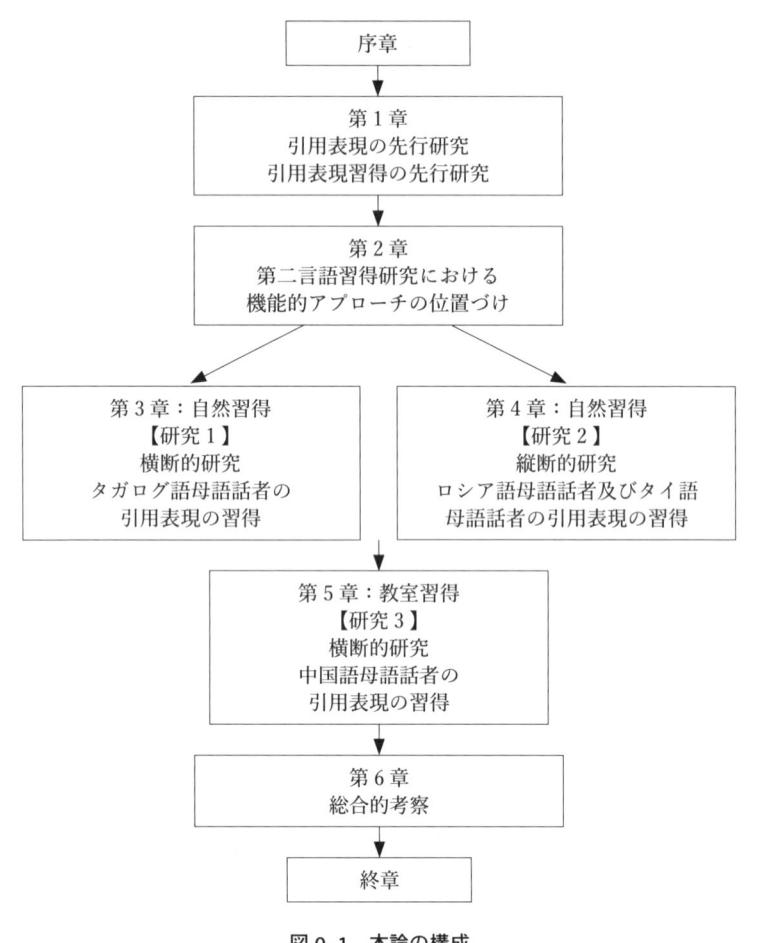

図 0-1 本論の構成

第 1 章
引用表現の習得―先行研究

1.1　はじめに

　第二言語としての日本語の引用表現の習得についての研究はまだそれほど多くないが、引用表現については日本語学や言語学の分野でかなりの研究が行われている。そこで、本章ではそもそも引用表現とは統語論的、語用論的にどういった特徴があるのかについてこれまでの研究を概観し、そのあと習得研究を紹介する。

　まず、1.2 では「引用」と「話法」についてのさまざまな考え方を紹介し、本研究での定義をする。その上で、1.3 で引用表現に関する研究を概観する。1.3.1 では日本語以外の言語における引用表現の研究について紹介する。コミュニケーションの中で引用がどのような表現意図のもとに行われるのかという機能論的観点が生み出された研究について述べる。1.3.2 では、日本語の引用表現について日本語学の分野、言語学の分野などの研究について概観する。1.4 で日本語の引用表現の習得研究について概観する。まず 1.4.1 で第二言語としての日本語の引用表現の習得研究について紹介し、1.4.2 では幼児の母語としての日本語習得における研究の中で引用表現に関連するものに触れる。

1.2 「引用」と「話法」の定義

引用研究において「引用」と「話法」は研究者によって定義がまちまちである。混乱を避けるために、本節で研究者によって異なる位置づけを紹介し、本書での定義を明確にする。

『日本語教育事典』(1982)では「引用」とは、他人や自分の言語・思考・判断・知覚などの内容を表現の素材として用いる表現形式で、引用句に助詞「と」を付けて、言語・思考などを表す動詞に続ける形をとると定義されている。それに対し「話法」とは言語主体が既に発話された言葉を引用して表現する方法で、助詞の「と」だけでなく「〜由」「〜旨」等の形式も使用されるとしている。つまり、「引用」と「話法」の違いについては、「引用」は言語化されていない内容をも素材とし、「と」で引用されるのに対し、「話法」では言語化されたものを直接の素材とし「と」や他の形式で表現される点で異なっているとしている。他に「話法」については、「自分の発話の中に別(または副時)の発話を引用する形式」(国語学辞典 1955)とか、「…ように」「…ことを」という形式を話法の問題から除外し基本的に「〜と」をとる形式のみ「話法」として扱うもの(三上 1953, 1972)もある。

砂川(1988a, 1989)、鎌田(2000)、寺村(1984)、柴谷(1978)、藤田(1999a, 2000)は「引用」と「話法」についてそれぞれの定義を示している。

砂川(1988a, 1989)では引用について、引用された発言が成立している場と引用文の話者の発言が成立している場という2つの時空間的場面があり、引用文の話者が引用された発言を再現しているものを「引用」とすると定義している。そして、引用という機能にかかわりをもつ「と」だけが、引用された場を再現させる機能を果たすことができるという理由から、「引用」を「〜と」で表す形式だけに限っている。そして「話法」は、発言や思考の内容を伝える表現である「〜こと」「〜旨」「かどうか」「〜か」など広範囲な表現を扱うものとしている。

それに対し鎌田(2000)は、「引用」は、ある場で成立した思考ないしは発言を別の発言の場に再現するのではなく、「取り込む」行為とし、「と」で受ける表現に限定せず伝聞表現の「〜そうだ」や行為指示表現の「〜ように」

なども「引用」に含めることを主張している。そして、引用を表現する形式を「話法」と定義している。つまり、砂川がいろいろな「話法」の中で二重の場を再現させる機能を果たしうるものとして「と」による表現のみを「引用」としたのに対し、鎌田は「引用」はある場で成立した思考や発言を新たな場に「取り込む」行為であるとし、「と」を伴う表現も伴わない表現も「引用」に含め、引用を表す形式を「話法」としているわけである。

　寺村（1984: 22–31）は「と」によって元の発話を客観的に報告伝達する言語行為を「引用」とし、元の場面で実際に口にだして言ったこと（いわゆる「直接話法」）を伝えているか、元の発話の内容をその発話時点、場所で自分を中心としていわば「言い直した」もの（いわゆる「間接話法」）であるかを話法の違いとしている。柴谷（1978: 80–103）は生成文法の観点から、「と」を引用を表示する標識とし、引用の中の下位カテゴリーとして「話法」を想定している（1.3.2で詳しく述べる）。藤田（1999a, 2000）は引用とは引用される発話なり概念なりを元発話との同一性において再現しようとする言語行為であるとし、引用を「と」に限定している。その上で、「話法」を文法的規則として記述するためには、文法的要素や形式の有無と意味とが相関する言語形式ととらえる必要があることから、統語論で扱う話法を「と」で引かれる形式に限り、その引用句に表されるコトバが伝達のムードを帯びたものは直接話法、そうでないものは間接話法とし、引用の中に話法を位置づけている。つまり、寺村、柴谷、藤田は基本的に「と」による表現のみを引用とし、話法とは引用の中での表現のちがいとしているわけである。

　本書の目的は学習者が他の場で表現された発話や概念を進行中の会話の場において再現するという意図をもって伝達する表現形式の使用実態を記述することにある。砂川や鎌田のように「話法」あるいは「引用」を広くとると、分析対象とする引用表現の形式の範囲に「こと」「そうだ」などが含まれることになり、分析の範囲があいまいになる可能性があるだろう。そのため、最も明確な形式で他の場の発言あるいは概念を引用する機能を表す「と」だけを引用を表す標識とし、分析対象を「と」によって引用されるべき表現、あるいは、「と」によって引用された中間言語に限定する。また、「話法」は、「と」で引用される引用句が進行中の会話の聞き手に対する話し手の意図や

関係づけによって決められる、「引用」の表現形態と定義する。つまり、本書では、本来「と」で引用されるべき表現を「引用」と呼び、「引用」の下位カテゴリーとして引用を表す表現形態を「話法」と呼ぶ。したがって、混乱をさけるために、先行研究もできるかぎりこの定義による用語を用いて紹介する。

1.3　引用表現の研究

1.3.1　言語学的研究　機能的視点の展開

Wierzbicka（1974）の研究

生成文法の枠組みの中で引用表現の話法に焦点をあてた言語学的研究では、間接話法は直接話法から単純に変形されるとされた。しかし、実際にそうであろうかという疑問が生じ、引用の機能的意味が示唆されるに至った。

　引用表現の（1）（2）は間接話法で（3）（4）は直接話法である。この2つの話法の間にはthatの存在、引用句内の主語の変換、主動詞と引用句内の動詞のテンスの一致などの統語的差異が見られる。一方、意味の面から見ると、（1）と（2）は同じ意味を表しているが、（3）と（4）は異なる発話を引用しており引用文として全く異なる意味である。

（1）　John said that he was a bachelor.
（2）　John said that he was unmarried.
（3）　John said: I am a bachelor.
（4）　John said: I am unmarried.　　　　　　（Wierzbicka1974: 267）

汎言語的に検討されてきたこれらの差異のうち、補文標識の存在によって、間接話法文を主文に埋め込まれた従属節subordinateをもつ複文構造として統語的に位置づける考え方が優勢であった。たとえば、Kuno（1972）は、Mary said that I am a fool は Mary said, "X is a fool", and (X is I) から派生するとする統語的な説明を行い、基底にある直接話法から直接的な変形によって間接話法が生じるとした。ところが、上の変形では説明では矛盾が生じる

場合があることから、Wierzbicka (1974) は引用の新しい概念として演劇的要素を提示した。これは引用表現の生成には伝達者の「想像 imagine」が介在しており、この「想像」とは伝達者 reporter が引用を行う時に、自分自身以外の、元発話に関係する人物であると想像して、その役を演じるという解釈である。例えば、直接話法は、伝達者が元話者であると想像して演じながら、現在の聞き手に元発話を知らせる表現である。直接話法では、元話者が言った言葉を伝えるだけでなく、その言葉がどのように発せられたかも伝達するのである。間接話法は、伝達者自身が元話者であると想像するだけでなく、自分自身が元話者と同じことを言う者 samesayer にもなると想像して、元発話の内容を知らせるものである。間接話法は、元の言葉だけを伝達する者、samesayer を演じると考えるのである。これは、間接話法において伝達者は「samesayer になる」(デイヴィッドソン 1991: 89, Davidson 1984: 104) を基にした提案でもある。

　直接話法も間接話法も、引用という言語行動には「想像して演じる」という演劇要素が働くという提案では、直接話法では「元の発話の話し手を演じる」ことであるのに対し、間接話法では「元話者と同じことを言う人 samesayer を演じる」行為が介在するとするのである。Wierzbicka が引用表現に演劇的要素という概念を導入したことによって、構造にのみ関心がもたれていた引用の機能的側面に光があてられ、引用行為の表現意図が注目されることになった。

Clark and Gerrig (1990) の研究
Clark and Gerrig は機能的視点をとり、引用の範囲を言語表現を越える表現に拡大した。引用とはできごとを描写する「示威」demonstration であると定義し、非言語的引用まで含んだ直接話法的表現であるとする。一方、間接話法は言語による記述とし、「引用」に含めていない。この定義による「引用」は、テニス選手のサーブのまねや歩き方のまねなどのような非言語的表現を含む描出 depiction であり、軽薄性を特徴とするとしている。このような「示威」によってできごとを示すことで、伝達者は自分が伝えたい意図を表現するのである。また、「示威」の機能のひとつに「直接的経験」をあげ

ている。この機能は直接的な経験の提供である。ある事象を「示威」によって描写すると、聞き手は、記述によるよりもはるかに直接的にその事象の追経験を感じることができるとする。

つまり、身振り手振りを加えて示す、広い意味での直接話法的な「示威」による引用は、言語による記述（間接話法）に比べて、状況を容易に生き生きと伝え、その経験の再現に受け手を巻き込んでいくことができ、これらの特色から非言語的引用を含むものまね的な直接話法がコミュニケーションで頻繁に使用されるとしている。

また、直接話法的な「示威」の中の自由間接話法[i] free indirect quote にふれ、この話法は、伝達者の視点を取る間接話法でありながら、直接話法の特徴を残したもので、間接話法にイントネーション、方言、感情などを表現できる長所があり、小説のナラティブに頻繁に使用されるとしている[ii]。また、自由間接話法は that 節をとらない引用動詞 "go" による引用が可能なところから、直接話法と非常に近い関係にあるとしている。しかし、一般的には、直接話法的な「示威」が自由間接話法より多く使用されており、その理由として、ここでも元話者の視点をとる直接話法の方が産出が容易で、受け手にとっても理解しやすく、直接話法的な引用は伝達効果が高いことを指摘している[iii]。

Li（1986）の研究

Li も引用のコミュニケーション機能という観点を導入し、話法について分析を試みた。英語の直接話法と間接話法の違いは間接話法における補文標識 that の存在、テンスの一致、引用句と引用動詞間のイントネーションの区切れの存在であることは一般的に理解されている。しかし、強調がない say の場合には say が有している意味論的意味が漂白され、「うわさ・伝聞」hearsay の意味が現れる。これは間接話法が前にきた（5）ではとくに顕著であるとする。

（5）　He didn't want to play tennis, John said.
（6）　"I don't want to play tennis", John said.　　　　　　　　（Li 1986: 35）

間接話法（5）と直接話法を含む（6）とを比べた時、統語的、意味論的な違いが極めて小さくなっているとする。言語によっては補文標識をもつ話法が間接話法とはかぎらないなど、直接話法と間接話法は言語間で大きく異なるという言語研究から得られた事実を考慮すると、間接話法は引用動詞の補文をもった構造であり、直接話法では引用句が文の統語論的、意味論的構成要素ではないという統語的な判別方法だけで、2つの話法の違いを説明することは無理があるだろうと主張した。つまり、伝統的な従属節の概念を用いて、従属節か否かという基準で2つの話法の違いを総括することはできない（Haiman and Thompson 1984: 519–520）という主張に同意を与えている。その上で、直接話法と間接話法の違いは、むしろ2つの事象がひとつの文に統語的に統合される「結合」binding[iv]（Givón 1980, 1995a）（2.3 で詳しく述べる）の度合いの違いとすべきであるとした。引用表現については直接話法、間接話法のどちらも統合の度合いのゆるい形であり、特に直接話法は統合の度合いが最低レベルにあることを指摘している。

　Li（1986）によれば直接話法はあらゆる言語に普遍的に存在する表現で、元発話の再現 reproducing や模倣 mimicking で、第一言語の習得開始点においてもまず模倣が行われることから、人類や類人猿などの生得的能力であるとする。さらに、さまざまな言語において、ナラティブの最高潮時には直接話法やオノマトペ表現や対話形式が生じやすいという事実などから、直接話法の機能論的役割の中心は、元の話者を演じるという演劇性にある（Wierzbicka 1974）ことが裏付けられるとしている。一方、間接話法は引用句の言い直し rephrasing や他の記号などへの言い換え paraphrasing を含んだより複雑なコミュニケーション・ストラテジーである。言語によっては間接話法をもたない場合もあり、直接話法と間接話法の両方をもつ言語の中には、伝達者が引用する発話について確信がない場合や他の言語から翻訳して引用する場合にのみ間接話法を使用する言語があるなど、伝える情報の由来の明確性が関係していると推測している。

　つまり、直接話法は伝達者が元発話者の役割を演じることで、形式、非言語表現、内容のすべてが元話者に由来することを受け手に信じさせようとする意図の表れであるに対し、間接話法は、引用されたことばの内容だけが元

発話者のもので、形式や非言語表現は伝達者の解釈であることを示す表現であるという、直接話法と間接話法の伝達機能の違いを指摘した。

この考え方を基に、直接話法と間接話法とは、伝達者が引用したことばの情報のリソースとその真正性 authenticity を示そうとする意図を表す方法で、元の発話の証拠性 evidentiality を示すものであると主張している。また、直接話法と間接話法の特徴を併せもつ自由間接話法は、伝達者の視点と元発話の視点を同時に提示しており、証拠性と言う点で直接、間接の2つの話法の区別を犠牲にした表現であるとしている。

つまり、引用表現によって情報がどのような表現意図で伝達されるのかという機能主義的観点では、2つの話法の差異は引用されたことばの証拠性を示す意図の違いと説明することができ、統語的差異は複文構造か否かに求めるのではなく引用句部分と主文の統合の度合いの違いと解釈することができるとの示唆がなされたわけである。

1.3.2　日本語引用表現の研究

本節では日本語の引用表現のうちで最も引用らしい引用形式である「と」による引用に関する研究に焦点を当てて概観する。

これまで引用についてさまざまな観点から考察が行われてきているが、それらの注目点を大きく分けると、1)「と」による引用とはどのような表現形式なのか、2) 引用と同じ「と」によって引かれるオノマトペ表現は引用表現とどのような関係にあるのか、3) 引用における話法とはどういう言語的特徴をもつのかの3点があげられる。この3点について1960年代から分析が行われてきたが、引用の全体像を十分に描くまでには至っていなかった。しかし、藤田 (1994, 1995, 1999a, b, 2000, 2001a, b) の一連の研究では、それまでの引用研究をふまえた上で新しい引用の概念が提示され、上記の3つの点を結びつけた研究成果を得ている。そこで、以下では「と」による引用の特性、オノマトペ表現、話法の3つの点に焦点をあてながら、(1) では藤田以外の研究の流れを紹介し、(2) で藤田が進めた分析を示す。

（１）　日本語の引用表現の研究（藤田以外の研究）

ⅰ）　引用標識「と」に関する研究

最も初期の日本語の引用研究には三上（1963）、奥津（1970）がある。引用の分析は主に話法について行われた。三上（1963）は「と」を用いる引用表現についてダイクシス、文体、「は」から「が」への変換など間接話法化の特徴について記述を行い、直接話法は引用句を括弧でくくることができるのに対し、間接話法の引用句は明確には括弧で閉じることができないいわば「半閉じ」の状態にあることを既に指摘し、引用と関わるモダリティの支配範囲の拡張を示唆している。それに続き、本格的に引用について論じた奥津（1970）は生成文法の観点から日本語の引用を示す「と」を引用の格助詞ととらえ、名詞化された引用文に後置されて引用格を作るとし、「と」による引用が名詞句であると主張している。また、引用における場の多層性を明示する一方、日本語にも話法が存在しておりダイクシスやモダリティなどに関する変換によって直接話法を間接話法に変換する詳細な間接化基本規則を提示した[v]。

　続いて、引用の「と」を従属名詞句を構成する「こと」との比較において分析する研究が行われた。柴谷（1978）は同じ生成文法の観点からであるが奥津とは異なり、基本的に「と」でくくられる「引用句」は補文標識の「こと」や「の」でくくられる句と違って助詞の「が」「を」がつかないことから、名詞節を構成しない副詞節であるとし、その点で「「おはよう。」と鈴木が入って来た」は「バタバタと鈴木が入って来た」のオノマトペ的表現や「いそいで鈴木が入って来た」の副詞節と同じ働きであると指摘している（柴谷1978: 83）。一方、久野（1973）は「と」と動詞の目的節を示す「こと」「の」を引用句の命題の真偽という観点から分析している。この「こと」「の」と「と」には明瞭な違いがあり、前者にはその節が表す動作、状態、出来事が真であるという話者の前提が含まれているが、「と」で終わる名詞句にはそのような前提は含まれていないと分析している[vi]。他に「と」と「こと」の違いに注目したものに砂川（1988a）がある。「と」と共起できる述語動詞を比較し、「と」は文全体の発言の場の中に組み込まれた別の発言の場や思考の場に即した「内容」が表されているのに対し、「こと」では文全体が話し

手によってとらえられ、別の位相にある発言や思考の場は関与していない対象化された事柄が表されているとしている。

山崎(1993)では「と」の範囲を「幅は45cmとコンパクトサイズ」のような客観的内容を提示する「と」にまで拡大し、その意味機能の類型化を試みている。また、山崎(1996)ではこれまで「と」に限定されてきた引用表現を「って」にまでひろげ、引用、伝聞の「って」について分析を行っている。引用の「って」は「と」に比べて文体的にインフォーマルというだけではなく、もっぱら発話・思考を提示する形式であるとし、「って」の中にはひとつの複合形式と考えられる「だって・んだって」があることを指摘している。そして「って」や「だって・んだって」は情報伝達、情報確認、情報のそのままの提示などに用法が限定されていると分析している。

つまり、「と」による引用句は副詞節的性格をもつこと、命題の真偽に対する話者の前提を含まないこと、認知した事柄を対象化せずに直接伝達することが明らかにされた。さらに、「と」には例示機能があることや「って」や「だって・んだって」に限定された情報提示機能があることなども明らかにされるなど、「と」についての統語的性格や意味機能についての分析が進んだ。

ⅱ) オノマトペ表現

「と」で引かれる表現で引用にかかわるものとして、オノマトペ表現(擬声語、擬態語)がある。明確に引用句の副詞節性を主張する柴谷(1978)は当然ながら「と」による引用の節 node は擬声語、擬態語に限らずどのような表現も支配できるとして、オノマトペ表現との連続性を指摘している。砂川(1989)はオノマトペ表現について、「場の二重性」を表す直接話法から元の発言の場の再現という側面が失われ、二重の場が崩れて一重化したところにオノマトペ表現があり、いったん擬声語にものまね的な音調が加わると引用句としてとらえられるとし、やはり、両者の間に明確な線を引くことが困難であるとする。

鎌田(2000)は「と」を引用の助詞とみなし、もともとある「言って」が直接話法において省略が可能であるとする立場をとっており、オノマトペ表

現とのかかわりについて次のような分析を行っている。

（7）　先生はちょくちょく {*と／φ} やってくる。
（8）　先生はバタン {と／*φ} 本を開いた。
（9）　先生は答えがわからない {?? と／と言って} 本を開いた。
（10）　先生は答えがわからないよ {と／と言って} 本を開いた。

(鎌田 2000: 39)

（11）　お嬢、お嬢って言うんですよ。　　　　　　　　　　　　(同上: 75)

「と」でくくられる表現は、オノマトペ性が高く語彙性が低いほど「と」が必要とされ、逆に、オノマトペ性が低く、語彙性が高いほど「と」は必要でないとされる(田守・スコウラップ 1999)。そのため、オノマトペ性の低い頻度副詞の(7)では「と」が必要でなく、「バタン」というオノマトペ性の高い(8)は「と」が必要である。間接話法の(9)では「と」だけより「と言う」の方が自然だが、直接話法の(10)では「と」だけでも適格性が高くなる。つまり、間接話法では「言う」を補う必要があり、直接話法ではそのオノマトペ性ゆえに「と」で導かれ、「言う」が省略可能となることから、もともと「と」は引用動詞「言う」の必須の補語を表示する助詞であると主張する。さらに、鎌田(2000)は引用の畳語表現(11)についても「と」が必要であることから、このような繰り返し表現と「現実自然界に間接的・比喩的に近づこうとした結果」(田守・スコウラップ 1999: 12)生まれてくるオノマトペ表現との連続性を示唆している。

　引用とオノマトペ表現の連続性についてはそれぞれの研究者が認めているが、両者の根本的なつながりについて説明が行われたとは言い難い。

ⅲ）　**話法**
引用研究において直接話法と間接話法は関心を呼んできたテーマのひとつである。初期の研究(三上 1963, 奥津 1970)においても主な観点は話法で、他の研究においても話法についてさまざまな分析が行われた。柴谷(1978)は生成文法の立場から、引用文は表層構造では直接話法、間接話法ともに「引

用句」が「と」によって文に埋め込まれるが、両者の違いは深層構造の違いにあるとしている。直接話法(「『おい』とぼくは言った」)では「引用句」の下にどのような表現が挿入されてもよい「引用」という節点があるのに対し、間接話法では節点「引用句」は「文」を支配しているとし、勧告文の引用表現を例にあげて、2つの話法の違いを説明している。

(12) 父親は息子に部屋へ行けと命令した。　　　　　　(柴谷 1978: 83)
(13) 父親は息子に自分の部屋へ行くように命令した。

柴谷は直接話法(12)の間接話法は(13)であると考え[vii]、「命令する」などの勧告動詞の間接話法化に必要な補文標識「よう(に)」の挿入規則を提示した。「行けと言った」の直接話法の間接化は他に形式がないことや「ようにと」のように「と」の付加が可能であることなどからも「動詞原形＋ように(と)」が引用標識であると主張している。ほかに「ように」を引用標識とするものには奥津(1970)、益岡・田窪(1992)などがある。

久野(1978)は引用句の中の授受表現について、「視点」(共感 empathy)に焦点を当てて分析している。「*太郎は僕にお金を貸してやった。」は、授受表現において発話当事者は常に自分の視点をとらなければならないという制約に違反しているため不適格文である。しかし、直接話法「太郎は『僕はXにお金を貸してやった』と言いふらしている。」の、Xを「僕」に変えた間接話法「太郎は、僕にお金を貸してやったと言いふらしている。」は適格文で、逆に表層文の視点制約にかなう「～くれる」を用いた間接話法「?? 太郎は、僕にお金を貸してくれたと言いふらしている。(久野 1978: 274; 275)」は不適格な文となる。一方、間接話法であっても間接話法「? 太郎が、前に僕にお金を貸してくれたことがあると、電話をかけてきた。(久野 1978: 276; 277)」の不適格度が少し低いのは、「言いふらしている」より「電話をかけてきた」の方がより文全体の話し手へ向けられた発話であることを示すためで、引用動詞に視点ハイアラーキー(「発話当事者の視点ハイアラーキー」久野 1978: 146)が働く可能性を主張している。

砂川(1988a, b, 1989)は、引用文が2つの場によって構成されているとし、

直接話法と間接話法における「二重の場」の有り様を細かく分析している。直接話法では元の発話や思考の場がかなり忠実に再現されるため、聞き手に強く結びついた応答詞・感嘆詞や、無意味な言葉や外国語などでも「言う」などを述語とする直接話法で伝達される。一方、間接話法の場合は元の発言の場を引用を行う発言の場に合わせて調整されねばならない。その調整のあり方を命令、質問、依頼など行為指示型の文の引用について検討し、述べ立てや意志表明などの文のダイクシス動詞が引用者の視点による調整を受けられるのに比べ、命令文や質問文など行為指示型の発言のダイクシス動詞は元の場への結びつきが強力であると分析している[ⅷ]。発話時における話し手の心的態度であるモダリティについては、引用句中のモダリティは引用文全体の話し手のモダリティではなく引用された発言の話し手の心的態度であるため、間接話法句の中に現れるモダリティ表現は制限されるとし、次のような例をあげている。

(14) 「犯人は十中八九その男にちがいない。」
(15) 彼は犯人は十中八九あなたにちがいないと思い込んでいる。

(砂川 1989: 377)

(14)の発言は(15)の引用句に入ることができる。「たぶん」「きっと」「必ず」「もしかしたら」などと同じように命題内容の真偽の度合いについて話者が発話時において下す、査定的判断を示す「真偽判断の副詞」や、聞き手への配慮を示す「です」「ます」や終助詞などは直接話法の読みを促す。つまり、聞き手めあてという伝達機能がより強いモダリティ表現は間接話法句の中に収まりきれないわけである。しかし、英語では命令文や質問文が間接話法化されると、語順や引用句の形式が変わり元の発話にあったモダリティが失われるのに対し、日本語では元の語順そのままで間接話法句に用いることができることや元の発話の時制が保持されることも考えあわせると、日本語の間接話法句が英語よりはるかに広い範囲のモダリティ表現を取り込みうると考えることができ、こうした話法のあり方はかなり完全に近い形で場の二重性が保持されていることを示すものと結論づけている。

鎌田(1988, 2000)は、引用とはある場で成立した発話や思考を新たな場に取り込む行為で、元の発話のもつ意図を伝達者が理解し、伝達者が表現意図に応じて新たな場と発話を「創造する」言語行為と位置づけている。鎌田によれば、話法に関与する命題やダイクシス表現やモダリティ表現を調整するのが「視点調整の原理」と「発話生成の原理」であるとする。直接話法では進行中の会話の場への視点調整は少なく、新たな発話の場の生成はより明確に表現されるのに対し、間接話法では視点調整の度合いが増し、発話の生成は抑えられる。つまり、引用表現を「視点調整の原理」と「発話生成の原理」に従ってダイクシス表現やモダリティ表現が調整されさまざまな形態で現れる連続体としてとらえているわけである。その中でダイクシス表現やモダリティ表現の調整が制限され十分行われない中間的な話法を「準直接引用」と「準間接引用」[ix]と命名している。

(16)　私が任命されるかもしれないと娘がわたしをよろこばせた。

(鎌田 2000: 158)

(17)　彼はみんなに帰りたいと言っているけど。

(18)　彼はみんなに僕が帰りたがっていると言っているけど。　（筆者作例）

「準直接引用」とは元発話者の視点を残しながら、つまり、視点調整がなされていないのに、終助詞などがなく間接話法の読みを許す(16)のようなものである。「準間接引用」とは、引用句の主格には視点調整が行われているが、述語では視点調整も発話生成も行われていない(17)(18)のような例である。久野(1978)の注目した視点表現と同様、独立文において感情・知覚表現も「私＋〜タイ」「彼＋〜タガル」と主格選択が限定される。ところが従属文である引用句(17)(18)では独立文の「私＋〜タイ」「彼＋〜タガル」という関係が崩れ、「彼＋〜タイ」「私＋〜タガル」という共起関係になり、文のすべての要素が伝達者の視点に調整される中で、モダリティ部分には元話者の視点を残さなければならない。文の適格性を保持するためにモダリティ部分で間接話法の特徴である「視点調整（＋）の原理」を破らざるをえないところから、このような引用表現に「準間接引用」というカテゴリーを

設定している。鎌田は、話法を視点調整、発話生成という2つの原理に従って調整されて表されるひとつの連続した言語表現とし、それに従わない話法に2つの中間的話法を設定した点に特徴がある。

　2つの話法に連続性の存在を主張する研究に遠藤(1982)がある。遠藤(1982)は日本語の直接話法と間接話法を連続体ととらえ、引用表現の間接化にはどのような文法規則が働き、また文法以外のどんな要素が間接話法化に関与するのかを明らかにしようと試みている。間接化の程度により、話法を、完全直接話法、一般直接話法、修正直接話法、一般間接話法、拡大間接話法に下位分類しつつ、これらの区別はそれほど厳密なものではなく、むしろ濃淡のグラデーションのように連なっているものとしている。話法変換の基本となる発話意図(文種)は相手に働きかける気持ち(伝達性)の低いものから高いものへと↓の方向に沿って次のように並べている。

　　　断定・感動・疑問・推量
　　　希望・意志
　　　質問・勧誘・依頼・命令・確認
　　　応答・挨拶・よびかけ　　　　　　　　　　　　(遠藤1982: 89)

伝達性の高いものほどそのままでは間接話法になりにくく、挨拶表現のように表現内容よりもむしろ「言うこと自体に意味のある」(遠藤1982: 87)文は、場を移して間接話法で正確に伝達することは難しいことなどを指摘する話法論を展開している。

　廣瀬(1988)は引用表現の中で、「犬はイヌと読む」は音韻的側面をとらえており、「dogはイヌという意味である」では意味論的側面をとらえていることに注目し、直接話法と間接話法の区別も、引用される言語表現のレベルと違いとしてとらえ分析を行っている。表現行為には心的状態を引用し伝達を目的としない非聞き手志向の「私的表現」と伝達を意図する聞き手志向の「公的表現」の2種類がある(ただし、独り言は自分への公的表現とされる)。「公的表現」は終助詞、命令表現、呼びかけ、応答表現、「です、ます」などによって特徴づけられる。例えば、出かけようとして窓の外を見た時、雨が

降っていると分かった時の表現として次のようなものある。(〈 〉私的表現、［ ］公的表現)

(19)　太郎は〈雨だ〉と思っている
(20)　*太郎は［雨だよ］と思っている
(21)　*太郎は［雨です］と思っている
(22)　AはBに［雨だよ］と言った
(23)　AはBに〈雨だ〉と言った　　　　　　　　　　　　(廣瀬 1988: 10)

「思う」は心的状態を表し、引用句に公的表現をとりえないため、私的表現の(19)は適格文だが、伝達が意図された公的表現行為を表す(20)(21)は不適格文となる。一方、発話動詞「言う」は表現行為を表せるため、引用句に私的表現と公的表現のどちらもとることができる。AがBに「雨だよ」と言った状況を記述する際、(22)と(23)が可能となる。ここから、(22)は引用句が公的表現で表された直接話法であり、(23)は引用句が私的表現で表された間接話法であると分析している。コミュニケーションにおける元の発話者の表現意図に注目した点において、遠藤(1982)とともに機能的視点を示唆する分析といえよう。
　以上、主に引用の「と」、オノマトペ表現、話法に焦点を当てて研究を紹介した。個々のテーマについて説得力ある分析であるが、「と」による引用、オノマトペ、話法という3つの大きなテーマが相互に関連する引用表現の全体像はかならずしも明確になっていない。それに対し、藤田はこれらの分析をふまえた上で、記号論の概念を援用して引用の基本的概念を明確に提示し、引用の「と」を体系的に説明する研究を行っている。次項で藤田の研究について概観する。

(2)　藤田(1994, 2000)の研究
「と」によって引かれる引用の本質とはどういったものか、引用の再現性とパースの記号論を基に明快に論を展開している。そして、引用の本質論の上にオノマトペとのかかわりや話法の問題を論じている。以下では前項と同

様、ⅰ)「と」による引用、ⅱ)オノマトペと引用との連続性、ⅲ)話法について藤田の引用論を概観する。

ⅰ)「と」による引用の基本的概念
引用における再現性
1.2で述べたように藤田は引用とは引用される発話や概念を元発話との同一性において再現しようとする言語行為とし、引用を「と」に限定している。その上で、統語論で問題とする引用とは、引用されたことばが実際に存在するかどうかに関係なく、元のことばをその同一性において再現して示そうという意図のもとに行われる表現であるとする。たとえば、「誠は『こんにちは』と言った。」という引用表現の「こんにちは」という発話が実際にあったかどうかは統語的に論じる場合には全く別の問題で、「誠は『こんにちは』と言うだろう。」のような推量・想像の世界においても、引用として取り扱うことができるのである。端的に言えば統語的にとらえる引用とは「どこかにあったことばを再現したらしく見える形―そうした形を含む構造」(藤田2000: 16–17)で、そのようなことばが、実在か虚構かに関係なく、存在したという姿勢でそれを再現してみせようとする表現であるとする。

引用句と地の文との記号の質差
もともとの発話の実在性が全く問題とならないことを明言した上で、引用の本質についてパースの記号論(ヴァルター1987, 米盛1988)を援用して引用表現を具体的に説明する。

(24)　智子「さっき食べてたの何？」
(25)　和博「リンゴだよ」
(26)　和博―黙って(あるいは「これ」等と言って)リンゴを見せる。

(藤田2000: 41)

例えば(24)の問いに対してリンゴを食べていた人は「リンゴだよ」(25)ということばで答えることもできるが、(26)のようにリンゴを差し出して見

せて答えることもでき、そこでコミュニケーションが成立する (図 1–1)。つまり、コミュニケーションの方法にはことばによる方法のほかに「実物表示」という方法があり、示されることばの性格についても同じことがいえるとする。

(27)　智子「さっき校長先生に何言ってたの？」
(28)　和博「えっと、朝のあいさつだよ」
(29)　和博「えっと、『おはよう、先生』だよ。」　　　　（藤田 2000: 45）

(27) の問いに対し、(28)(29) は和博が校長先生に朝のあいさつをしたことについての応答であるが、(28) は「おはよう、先生」という発話を名付け抽象化する形で「記号化」して示したものであるのに対し、(29) は元話者和博自身の発話と同等のものを具体的に差し出して示している (図 1–2)。すなわち「引用」と「実物表示」は、元がことばという点で大きく異なるものの、対象と表現との関係は基本的に同じようなものといえるとする。つまり、引用されたことばは、ことばではあるが、通常の言語記号とは異なる表現方式（「実物表示」）によることばであると主張するのである。

　藤田の引用の中心となる考え方は言語記号に質の差があるという見方である。文を形づくって現実に運用されているそれぞれの言語記号は、その表現すべき対象、内容とのかかわりにおいて一元的とは限らない。すなわち、表意の様式においてかならずしも常に同質とは限らないということである。この記号の質の違いを藤田はパースの記号論によって説明し、引用表現における引用されたことばを通常の言語記号とは異質なもので、本質は通常の言語記号とは対象を表現する表意のありかたにおいて異質な「イコン記号」の表現であるとしている。

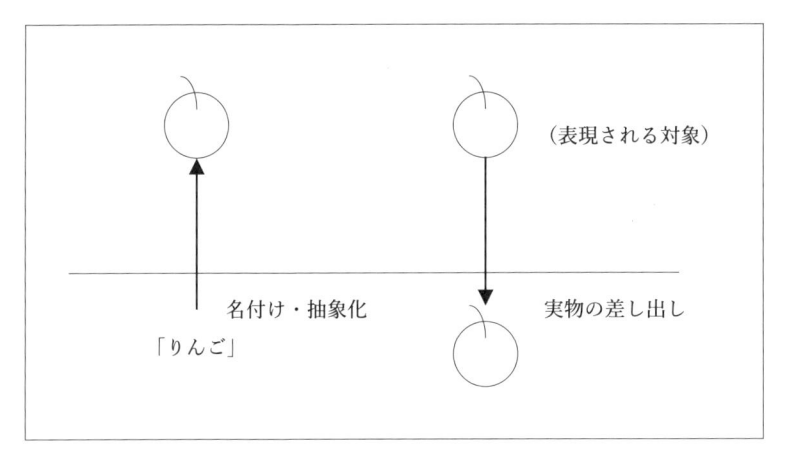

図 1-1 「記号化」と「実物表示」

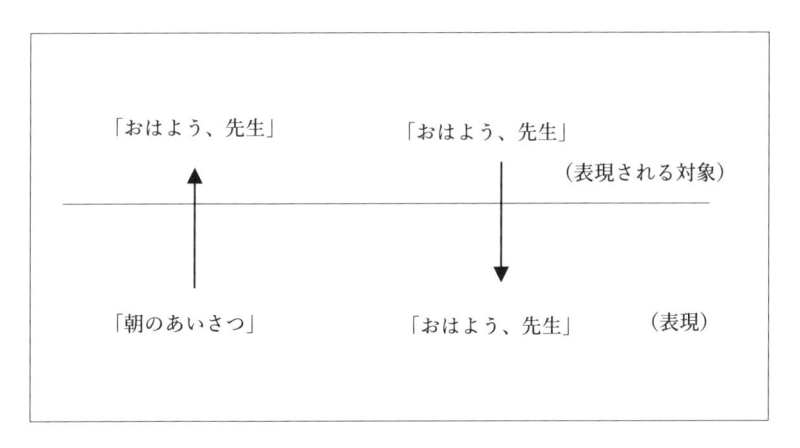

図 1-2 「記号化」と「引用」

(藤田 2000: 44)

イコン記号

イコン記号（類似記号）とはパースの記号論（米盛 1981）の記号カテゴリーのひとつである。パースは人間の思考すべてを記号活動としてとらえる立場から、広汎な記号論を展開しており、記号を類似（イコン記号）、指標（インデックス記号）、象徴（シンボル記号）の3つのタイプに分ける考え方を提案

した。パースによって考案された3分法にしたがって3つに分類された対象表意記号を簡単にまとめると、表1-1のようになる（米盛1981: 143-158）。

表1-1　パースによる3つの表意記号

	表意様式	対象との関連	例
1	類似記号 イコン icon	ある性質において対象と類似し、その類似性に基づいて対象の記号となる。	富士山の絵、「コケコッコウ」
2	指標記号 インデックス index	対象から実際に影響を受けることによって対象の記号となる。	風見（風の方向を示す）、ノックの音（来客を示す）
3	象徴記号 シンボル symbol	精神、心的連合、解釈などの第3のものの媒介によって対象の記号となる。	「人間」という語（人間一般や人類を示す）

つまり、このタイプわけの観点からみると、実物表示によって引き写されて引用されたことばはイコン（類似記号）に分類される。対象を写像ないし模倣することによって指示する記号である（ヴァルター1987: 69）。一方、所記概念を介して対象を表す通常の言語記号は、パースの分類に従えば、シンボル（象徴記号）として機能している。つまり、この記号論的観点から見ると、シンボル記号である通常の言語記号と、類似記号である引用されたことばには質の差が明確に存在すると主張する。

　引用された文（ことば）は、対象世界に所与のものとして先行してある（と見なされる）ことばや文が「実物表示」されたものであるがゆえに、それが発話された元の場の秩序に従う。それに対し、地の文は表現方式が違い記号の質が違うため、1文の中にあっても、引用句と地の文とは別の秩序に従うという現象が生まれる。このような1文における異なる2つの秩序の存在が「場の二重性」（砂川1988a 他）や「準間接引用」（鎌田2000 他）という結果として現れるもので、引用の本質は引用句と地の文の記号性の違いにあるとし、新しい引用論の枠組みを示した。

引用されたことばの品詞論的性格

引用されたことばとは第一義的に発話とか思惟とかの、行為・出来事を実物表示するものである。すなわち引用されたことばは類似性に基づいてリアルに再現して表すものであり、社会的な約束事としての所記と能記の恣意的な結びつきに基づいて、対象を抽象化して表す通常の言語記号のような一定の文法的な品詞性をもつということはない。

(30) 和博が「おはよう」と言った
(31) 雨戸がバタンバタンと鳴る。
(32) 和博が「おはよう」と入ってきた。
(33) その時、ヒゲの男が「ちょっと待て」。
(34) 「ちょっと待て」に私は驚いた。

(例 32, 34, 35, 36 藤田 2000: 55)(例 33: 同 56)

引用句 (30) と、擬声語、擬態語 (31) は、「言う」「鳴る」の具体的なあり方を示す形で結びつき、引用句 (32) も同様に副詞として述語との間に同じ関係を構成している。ところが、(33) では主語として働く「ヒゲの男」に対して、引用されたことばがその動作 (発言行為) をさしだされ、述語 (用言) 的に働いている。つまり、引用されたことばがその主体の示す主語と対置されるときは、その主体の行為としての発話を描くという性格が相対的に際だって述語的 (用言的) になる。また (34) では引用されたことばが単独で置かれることによって、格助詞を伴って名詞として機能している。引用されたことばは第一義的に行為、出来事を表すイコン記号であることから、通常の言語記号のような一定の品詞性をもつものではなく、その品詞性は文中における分布によって相対的に決まるというのである。これまで「と」による引用句が名詞句であるとする奥津 (1970, 1993) や副詞句とする柴谷 (1978)、あるいはどちらとも決めない鎌田 (2000) に対し、藤田は引用されたことばの品詞性について記号論を援用して明確な説明を与え、「と」による引用は副詞節であるとしている。

ii）オノマトペと引用の類型
引用句とオノマトペ表現
藤田は「と」でくくられる引用句は言葉あるいは形を再現するイコン記号であるとし、引用とオノマトペを連続した形態ととらえる。

(35)　兎がピョン。
(36)　兎が跳ぶ。　　　　　　　　　　　　　　　　　（藤田 2000: 69）

(35)はオノマトペの「ピョン」を用いて跳ぶ形を音まね的に再現しようし、リアリティをもった方式で表意している。一方、(36)の「跳ぶ」は描くべき跳躍という行為を「跳ぶ」の所記が引用に該当するものと同定して名づける方式で示す。通常の言語記号の表現はリアルな対象を抽象化して表すが、リアリティの乏しい表現となる。

(37)　兎がピョンと跳ぶ。　　　　　　　　　　　　　（藤田 2000: 70）

(37)は同じことを「ピョンと」で具体的に、そして「跳ぶ」で抽象的にとレベル変えて二重に表現した構造となっており、ここにおいて(37)を複文的構造と見ることができるわけである。そのわけは、「ピョン」のような擬態語は「と」をともなって副詞として働くことができるが、(35)のようにそれのみで主体の行為を表して、述語的に働くこともできるからである。こうした一種の複文的表現が成り立つのは、擬声語・擬態語が主体の行為を音声的に模倣して差し出すもの、すなわちイコン記号であるため、行為を表す述語としての表現性をもてるからとする。しかし、一方で、擬態語・擬声語が述語の「文」では、通常の動詞述語の文と違い、時制もムードも分化しないため、時の既定語や「きっと」のようなムード副詞と共起できない(38)。

(38)　*兎がきっとぴょん。　　　　　　　　　　　　（藤田 2000: 66）

つまり、述語として働く擬声語・擬態語は、行為をリアルに再現して示すだ

けであって、過去─現在─未来といった時の範疇や確からしさの程度の中にそれを位置づける抽象性はもたない。このことも述語にたつことばの表現性が通常の述語文とは異なるイコン記号であることを示すとする。「先生は答えがわからないよ {と／と言って} 本を開いた。」(鎌田 2000: 例 10 に同じ) において、「言って」が「省略された」というとらえ方は統語的な構造説明としては不十分であるとする。また、ことばの「再現」という側面が失われ、二重の場が一重化したところにオノマトペ表現があるとして連続性を予想しながら理論化に至っていない議論 (砂川 1989) について、藤田は類似記号の概念を用いることで、オノマトペ表現と引用されたことばとの記号的同一性を説明している。

複文的構造について─引用の 2 つ類型

藤田は、引用表現における引用句を副詞的修飾句であると位置づけた上で、引用とは「と」でくくられる「引用成分」が後続する思考、認知、言語行動を意味する動詞などに「内容」として関係し、その関係が文として成立する統辞現象であるとする。そして、引用句と動詞のかかわり方によって、引用表現を第 I 類と第 II 類に類型化した (表 1–2)。

表 1–2　引用構文の構造類型

	一般的な構造	複文的ヴァリエーション
第 I 類 [二重表現的構造]	(39) 誠は「ごめんください」と言った。	(41)「ごめんください」と声がした。
第 II 類 [並示的構造]	(40) 誠は「ごめんください」と戸を開けた。	(42)「ごめんください」と戸が開いた。

(藤田 2000: 81)

まず、第 I 類は「と」で示される発話、心内の思惟、認知と、述部の示す動作や状態とが事実上一致するもので、述部は引用句に示される現実の発話や思惟の名付けや特徴付けを行うことができる[x]。第 II 類は引用句「～と」で表される発話と述語で表される行為とが同一場面での共存の関係にある。第 I 類の (39)(41) は「誠」の発言行為をそのまま具体的に表すとともに、

その行為を「言った」「声がした」という言語記号をあてはめて抽象化して示し、発言と行為が「と」を介して照合される形を取った二重表現である。一方、第Ⅱ類の (40) (42) の構造では主体「誠」の「ごめんください」という発話と、それと同一場面に共存する「戸を開けた」「戸が開いた」という別の行為とを並べて示す並示的構造とする。

さらに藤田は (41) (42) を一般的構造の (39) (40) のバリエーションと考える。(41) (42) では「声」や「戸」を引用句の前に置くことができず、「声がする」と「戸が開く」はひとまとまりで「ごめんください」と対峙・相関する。すなわち、引用されたことばの「ごめんください (と)」は、それ自体でひとつの事柄の表現ともなり、単に置かれて文的にも機能する。いわば、引用句は、主節に対する従属節のような位置をとることになり、「ごめんください (と)」自体もひとつの事柄を述べるひとつの節として表現性を際だたせ、全体として複文的構造をつくっていると説明するのである。但し、「ごめんください」という発話と「戸が開く」という出来事とは、たまたま同一場面に共存して成り立つわけではなく、主節の出来事と引用句の発話とが同一の何者かによって引き起こされたものとの推論が可能な場合に限られ、同一場面に存在していても、「*『ご町内の皆様』と猫がネズミを追いかけた。」(藤田 2000: 78) のように同一の何者かが推論されない場合は不適格文となる。つまり、(42) のような例は、同一主体の 2 つの行為を示す第Ⅱ類で、行為主体が表面から消え、同じ主体について共存する事柄がそこで起こっている出来事という形で取り上げられ描かれた表現であると説明している。鎌田 (2000) は藤田の第Ⅱ型のような引用表現について「(と) 言って」が省略されたものと主張しているが、それに対し、ここでも記号的に異質なイコン記号を援用することで、引用句の品詞性を越え、引用表現を同一主体の発言行為と同時に起こる 2 つの事象ととらえて解決を試みている。このとらえ方において、Li (1986) や Givón (1980, 1995a) と類似した引用構造のとらえ方がうかがわれる。

ⅲ） 話法
話法のとらえ方
話法についての先駆的な研究（三上 1963, 奥津 1970, 柴谷 1978）につづき、1980 年代にはいると、話法を直接話法と間接話法に二分するだけでなく、その中間段階を細かく分けて、話法を段階的、連続的に記述しようという考え方（遠藤 1982, 鎌田 1988）が生まれた。藤田は間接話法では終助詞や感動詞のような要素が引用句の部分にあらわれないという事実から、日本語でも「話法」が統語論の問題として論じられるものであるとしている。しかし、話法の連続性について、その相違をいうことが口頭語により普通に見られる形かどうかを云々することになりがちで、規則性を論じにくいものが多い。藤田は、このような違いは文体論的な論議、すなわち語用論で行うべき論議[ⅺ]で、連続性を主張する話法論は語用論で扱うべき文体的変容を統語論で扱っているとして異を唱え、統語論で扱うべき話法の範囲と語用論で扱う範囲とを区別した。話法については、基本的に元話者の立場に即して秩序づけられていれば直接話法、それを引用した全文の話し手の立場に即して読まれるなら間接話法であるとする。また、統語論で扱う話法とは秩序の基準の相違であるべきで、話法を「と」以外の形式にまで広げる議論（砂川 1988a, 1989）に対し話法の対照性はないとして反論している。

　基本的に直接話法と間接話法の 2 つの別で十分であるとする藤田によれば、直接話法と間接話法の区別は引用句における伝達のムード[ⅻ]の有無に対応する。

(43)　明浩は智子に、私が正しいと言った。
(44)　明浩は智子に、私が（＝明浩）正しいと言った。
(45)　明浩は智子に、私（＝全文の話し手）が正しいと言った。
(46)　明浩は智子に、ああ、私が正しいさと言った。

（藤田 2000: 615）

(43)が(44)のように読まれれば直接話法、(45)のように読まれれば間接話法だが、(46)のように終助詞や感動詞といった形式として伝達のムードを

明示すればもはや間接話法の読みはできなくなる。

(47) *明浩は、それが正しいぞと知った。
(48) 　明浩は、私が正しいと知った。

「知る」のように伝達のムードが現れない環境(47)では、(48)の引用されたことばには「私」＝全文の話し手となる間接話法の読みしか認められない。つまり、伝達のムードがあることがはっきりしている場合には、直接話法としか読めず、伝達のムードがあり得ない場合には間接話法としか読めないのだから、直接話法とは伝達者のムードを帯びたものとして読まれる形で、間接話法とは伝達のムードを欠くものとして読まれる形といえると説明している。

　直接話法と間接話法の別は伝達のムードの有無と連動するものであり、そうした文法的な要素とのかかわりでひとつの規則性として記述されるものであるとする[xiii]。文の一部のみが全体とは別の伝達ムードを帯びていると読めるということは、それが先行する別の「場」で発話されたものであることである。別の「場」で発せられたととれる引用されたことばは、当然元の「発話の場」の秩序、つまり、もともとの話し手を中心とする時空の関係づけに即して構成されていると読まれる。発話者は、引用されたことばのもともとの話し手であれ、それを引く全文の話し手であれ、その文の「発話の場」での人称詞、指示詞、時制表現などのいわゆる「自己中心的特定語」の指示内容決定の中心である。それが"定点"となって文表現の秩序が決まるとし、引用表現における話法のダイクシス表現の決定のメカニズムや従来の統語的分析で問題となっていた視点や感情表現(久野1978, 鎌田2000, 砂川1989)について説明を行った。

話法と話し手投射
これまでの一般的な見方(奥津1970, 三上1963, 寺村1984など)では、間接話法とは元のことばを変容して引くものといったごくおおざっぱな理解が成されてきており、そのような見方では次のようなものまで間接話法ということになり話法の論が成り立たないと主張する。

(49) 橋本「オイ米谷、ライトつけろ」
　　 この発話を米谷にとりついで、…
(50) 鷲原「橋本が『電気をつけてくれ』と言っているぞ」

(藤田 2000: 616)

(50)が元のことば(49)の変容というだけなら、(50)も間接話法ということになり、こうした言い換えに規則性はなく統語論で扱うことができない。それゆえ、このような問題は、統語論を越えた語用論的問題であるとする。直接話法と間接話法の違いは、伝達のムードをもった「生きた」文をひいてくるか、伝達のムードを取り去り、全文の話し手の立場からの秩序にしたがって引用構文全体の中の一部分として従属させたかにある。統語論で扱う話法の範囲はここまでで、それを越える変容現象を「話し手投射」と呼び、語用論的問題とする。「話し手投射」とは、現実の所与表現が引用される際、話し手というひとつのフィルターを通して取り込まれる、つまり、引用表現における解釈者を通して再現・提示されることを言い、忠実に再現する「忠実再現」とほぼ等しい意味に言い換える「意味的変容」の2つの方向を設定する(図1–3)。

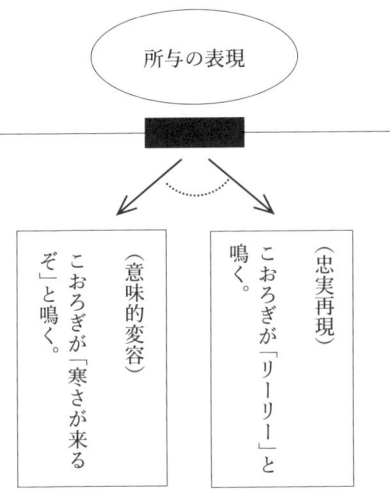

```
          ┌─────────┐
          │ 所与の表現 │
          └─────────┘
              ■
          ↙       ↘
   ┌──────────┐   ┌──────────┐
   │(意味的変容)│   │(忠実再現) │
   │こおろぎが  │   │こおろぎが │
   │「寒さが来る│   │「リーリー」│
   │ぞ」と鳴く。│   │と鳴く。   │
   └──────────┘   └──────────┘
```

図1–3 「話し手投射」の2つの方向

(藤田 2000: 158)

（51）　もう２ 3週間したら、彼ら［コオロギ］は寒さが来るぞと鳴くだろう。

（藤田 2000: 156）

　　引用には元のかたちに近い「コオロギがリーリーと鳴く」という引用もあれば、話し手が意味を読み込んで「寒さが来るぞ」(51)とする表示もある。現実世界にあったかどうかが問題なのではなく、引用表現とは、もともとの表現とみなされるものを何らかの「同一性」において再現・提示しようとする表現意図によったものである。形を変えていても、意味における同一性が保持されていれば、一応「引用」したとみなせる。その引用に「話し手投射」に2つの方向性があるということは、どのような「同一性」を重視するかによる表現の違いとする。そして、引用とは基本的に忠実再現の方向がとられ、何らかの語用論的理由のある場合に変容が生じるとする。

　　引用されたことばを通常の言語記号とは異質な類似記号と位置づけたことによって、「と」による引用句が「言う・聞く」といういわゆる引用動詞だけでなく、副詞句としてさまざまな動詞にかかわる時、引用句は述語性をもっていることや引用文全体が複文的構造をもつという重要な示唆が得られた。また、統語論で扱う話法の領域と語用論で扱う「話し手投射」とを分けたことで、話法の区別がより明確になった。

　　本章1.3.1で引用表現についての研究を概観した中で、Li (1986)は引用を統語的複文構造ととらえる視点として、パースの記号論を理論的背景とするGivónの機能的文法の観点を提示した。一方、藤田(1999a, 2000)もパースの記号論により、引用されたことばを通常の言語記号とは異質なものと位置づけ、引用表現の本質が通常の言語記号とは対象を表意する表意のあり方において異質な類似記号の表現である点にあるというまったく新しい主張をし、加えて引用句に述語性が存在し複文的構造と解釈することができると指摘した。藤田は、引用表現における引用句のイコン記号性と地の文におけるシンボル記号性という記号性の差異の存在を主張しているもので、この点で、類似性と規約的文法（シンボル記号）の相互関係によって文法が成立するとするGivónの機能的文法との共通点がある。つまり、藤田の日本語の引用論と言語変化を予測するGivónの機能的統語論とに基づく視点は、引

用表現の習得過程を記述する観点として、特にコミュニケーションを通して第二言語を習得する自然習得の記述には、有効であると考えられる。

1.4　引用表現の習得研究

1.4.1　第二言語としての日本語の引用表現の習得

Kamada (1990)、鎌田 (2000) は外国語としての日本語学習者6名を対象に引用表現において働く心理言語的プロセスの解明を試みている。この研究では学習者は、各自が行ったインタビューで得た情報を口頭で報告するというタスクが与えられた。その報告を分析した結果、次の2点が明らかになったとしている。まず、引用表現を習得していると思われる上級の学生でも引用標識のない非文法的な引用表現 (52) が見られた。

(52)　はじめにあのう、Lさんが、K先生に、あのう「なぜ日本語教えていらっしゃいますか」と聞いたら、K先生が「? 最初は大学は国語学の専門として、助詞、日本語の助詞がだんだんなくなってきたという傾向について論文をかきました」　　　　　　（Kamada1990: 235)

　このような誤りについて、日本語では「…という」という間接形で伝達すべき情報 (神尾 1990) を、英語では一旦得た情報は自分のものとして伝達するために生じる誤りで、情報伝達に関する母語の影響の可能性を示唆している。対象とした学習者が日本語と英語の情報伝達形式の違いを認識していないことから、母語である英語の伝達形式を使用したと考えるべきで、単なる形式面の転移とは異なり情報処理の方法における母語転移の現象であると推測している。2番目に、相対的に低い日本語能力レベルの学習者では、誤りを少なくするために困難な形式を回避するストラテジー (Corder 1981) が行使され、その結果直接話法が避けられることを指摘している。

(53)　あのう、その面接の前にAさんは「他のひとは<u>本当に</u>パーソナルな質問をしてちょっとこまりました、??<u>こまった</u>」といいました。

(Kamada 2000: 235)
(54) 私はあんまり聞こえなかった。日本語の、あのう、きたない言葉、例えば、アメリカへ帰ってきてから、私の友達はあのう、??「きたない言葉を教えてください」と言って　　　　　　（Kamada 2000: 236)

(53)では強調された「本当に」と「た」形は整合しておらず、文体面でも不適切である。(54)は臨場感豊かな引用をするために直接話法での引用を行って、親しい友達の発話としては文体が不適切になった例である。つまり、文体の選択にはリスクが伴い、文体の習得は遅いとしている。

　能力レベルが相対的に低く、第二言語としての日本語使用の経験がない学習者が直接話法を回避するストラテジーを行使する理由としてa)直接話法引用は文体が多様であるため、単純な文体の間接話法引用を使用する、b)教科書で引用は従属文の練習として導入されて普通体の練習に使用されるため、引用句の文体が選択できることが教えられない。その結果、普通体が義務的であると認識され、その結果(53)のような過剰な訂正が生じるのではないかと指摘している。Kamada (2000)のデータを見る限り、教室インストラクションだけの学習者、すなわち、日本語での実際のコミュニケーションが少ない学習者で相対的に文法的知識が少ないと推定される学習者では、普通体による引用が生じる傾向がうかがわれる。

　Kaplan (1993)は、米国の外国語としての日本語(Japanese as a foreign language)学習者を対象に、引用文を構造的に補文構造ととらえ、日本語の機能範疇の習得を縦断的に研究し、分析を行っている。この研究の調査項目の一部として補文標識の「か」(「行くかききました」)、「と」(「できると思います」)、「かと」("来るか" とききました」)が分析されている。その結果、英語の補文標識thatにあたる「と」と、相当する英語の補文標識がない「かと」は容易に習得されるが、補文標識if／whetherに相当する「か」は容易ではなかった。他の調査項目の分析と総合した結果、機能的範疇はL1習得時に生物的成長と共に出現するという成熟性仮説と矛盾すると結論づけている。また、英語に相当する補文標識がある「か」は習得困難で、相当する標識がない「かと」が容易に習得されたという結果から、L1にない機能範疇

は習得しにくいという予測も否定された。「と」は英語で対応する補文標識 that が存在するため、L1 からの転移が疑われるものの、「と」は義務的である点で削除可能な that と異なるにもかかわらず、なぜ容易に習得されるかも明確ではないとしている。また、「か」より「かと」が習得されやすい理由は明らかではないが、「と」は補文標識として明確であるが、「か」は疑問の終助詞ととらえられているからではないかと推測している。

Kaplan (1993) の分析には文法性判断テストと模倣テストが用いられているため、模倣において自発的な訂正反復が見られたとはいえ、実際にコミュニケーションにおいて使用可能なまでの習得がなされているがどうかは不明である。

白畑 (2000) は、機能範疇は初期から出現するという仮説について、日本に居住し、英語を母語とする学童 (8 歳、11 歳) を対象に L2 としての日本語 (Japanese as a second language) 習得を縦断的研究によって検証を試みている。その結果、機能範疇が使用可能であっても表示すべきことばがわからないため表出されない場合もあるが、機能範疇は L2 の習得初期から使用可能であると結論づけている[xiv]。紹介されているデータを見る限りでは引用を示す標識が明示的にあらわれている。日本滞在 2 ヶ月目で「シジネイ、エスパルス、勝ったって」「Professor、お母さんいいって」という「って」による引用をはじめ、3 ヶ月目には「曽根先生ね、どうしたって言った」のような「って＋引用動詞」の形式が表出されており、引用の標識「って」のみから、引用動詞がある「って言う」への変化がうかがわれる。「と」の表出例は示されていない。教室で日本語教育を受けているかどうかには言及されていないが、学童という年齢から学校でさまざまな書きことばとの接触はあると推測される。それにもかかわらず書きことばで頻用される「と」ではなく、「って」が習得されているようである。この結果は次に述べる L1 日本語の習得研究において「って」の習得が早いことと共通すると思われる。

1.4.2　第一言語習得における引用表現の習得

幼児の L1 日本語の習得研究には岩淵・村石 (1968)、大久保 (1967, 1973)、Clancy (1985)、伊藤 (1990) などがある。中でも大久保、Clancy は長期に渡

る縦断的研究を行っている。
(以下データの記載論文は大久保 (1967): ［大］、Clancy (1985): ［ク］[xv]と表示する。)

(55) なあーにって (1歳6カ月) ［大］
(56) アーンって泣いてるの (1歳8カ月) ［大］
(57) ブーンって飛ぶの (1歳11カ月) ［ク］
(58) あしたおまつり行くんだからだって (1歳10カ月) ［大］
(59) オギャアオギャアと生まれたよというおはなし。(2歳1カ月) ［大］
(60) おかし食べるってゆった (2歳1カ月) ［ク］

　個人差はあるが、まとめると大体次のようになる。習得の初期段階では、1語か音を「って」で引用する (55)。この「って」は後ろの引用動詞がない終助詞的な用法である。これは動作に付随して考えや発話や音を表す典型的方法で、日本語の日常的な会話で非常によく見られる。そして、動作動詞をともなった「って＋動詞」(56) (57) や、終助詞的な「だって」(58) が表出される。3歳から5歳までの言語発達においては、「だって」や「「～」ってゆってんだって」のような二重引用と「んだって」の使用が年齢の増加とともに増えたことが報告されている (大久保1973)。「と」は「というN」で生じ、少しおくれるようである。「って」が「言う」などの引用動詞と連接した形式 (60) は多語期にはいると同時に表出され、この時期では引用表現が統語的に最も複雑で長い文構造を構築していることを報告している (Clancy 1985)。
　Clancy は構造の違いから L1 英語の習得との比較は困難であるとしつつも、L1 英語の幼児の引用表現の習得について、that のない引用 (Tell him wake up) は and と前後して産出されること、音の引用に say と go (Cows go "moo") が1歳11ヶ月～2歳5ヶ月で使用されること (Limber 1973)、それに対し、補文標識をもつ補文構造は表出がおそいこと (Bloom, Lahey, Hood, Lifter and Fiess 1980) を紹介している。
　日本人の幼児言語はアメリカ人の幼児言語より引用表現が頻繁で、他の補

文標識や動詞連接文の表出以前に引用の「って」が表出される理由として、Clancyは言語的要因と文化的要因をあげている。言語的要因としては、オノマトペ表現の豊富さと、引用表現が統語的発達というよりむしろ終助詞のような形態素「って」が使用されるという文法構造の容易さをあげている。日本語の埋め込み文は英語の埋め込み文のような時制の一致などの難しい点はないが、埋め込み文の使用は引用動詞の省略された「って」でまず練習されるのではないかと指摘している。そして、文化的要因としては母親の子どもに対する社会慣習の教育に伴うインプットなどをあげている[iii]。

　つまり、L2日本語習得においては、日常的な社会交流が非常に少ないJFLとして日本語が習得される教室習得では、「という」、あるいは「かという」という「と」を用いた形式が習得されること、また、話法については、丁寧体を用いたとき不適切な使用が生じやすいなどの理由から直接話法は避けられる傾向があり、その結果文体の習得が遅れることが示された。「って」や「だって」の表出はまったく見られなかった。一方、L2日本語であっても、日常的に日本語で交流を行う児童のJSL日本語の習得では、終助詞的な「って」から動詞を伴った「っていう」の表出が見られることから、「って」が習得されていることがうかがわれた。それに対して、幼児のL1日本語の習得においては、動詞を連接しない終助詞的な「って」が最も早く表出され、続いて「だって」「というN」「っていう」などさまざまな形式が表出され、特に引用標識の「って」と「だって」は早期に習得されることが示された。

　以上の研究は成人、児童のL2日本語の習得、幼児のL1日本語習得における引用構造の実態の一端は示している。しかし、Kamada (1990)の成人による習得研究は外国語としての日本語の学習内に組み込まれたタスクに関連する分析であり、学習者が社会的交流の中で実際にどのような引用表現が使用するのか、その変容は如何なる道筋を通るのかについての記述ではなく、引用の習得の実態を理解するには不十分である。Kamada (1990)は学習者を自然習得の環境におくことで、さまざまな規則を自身で発見したり、本物のコミュニケーションの場で必要と目的にそって発話を自己訂正したりすることが可能になるとし、教室外学習のメリットを示唆しているが、では実際に相互交流においてどのような習得が起こるのかについてはまだ明らかになっ

ていない。また白畑、Kaplan はともに生成文法の立場からの研究で運用という点で分析を行ったものではない。

　本書は伝達の手段としての日本語の中間言語がコミュニケーションを達成するためにどのように変容をしつつ習得されていくか、習得のプロセスがどのように進むのかを、言語使用の実態を記述することによって明らかにし、日本語教育に対する新たな視点を得ることを目標とする。そのための研究の理論的背景として、藤田の研究が示した引用の記号論的アプローチと Li (1986)、Givón (1980, 1995a) の機能的統語論はともにパースの記号論に依拠しており、引用の習得過程を記述する理論的枠組みとしての有効であると考える。次章では第二言語習得研究における Givón の機能的アプローチの位置づけとそれを理論的背景とする本書の引用のとらえ方について述べる。

注

i 　直接話法：And I said 'Do you mean for lunch or dinner?'
　　間接話法：And I asked her whether she meant for lunch or dinner.
　　自由間接話法：And I said, # did she mean for lunch or dinner#.
　　　　　　　　　　　　　　　　　　　　(Clark and Gerrig 1990: 786)
　　自由間接話法の # で括られた引用句では、直接話法の you が間接話法と同じ she となっており、視点表現のみ伝達の場に合わせられているが、引用句部分は間接話法とちがい質問形式を残している。伝達者以外の話者の発話の自由間接話法の次の例もあげられている。When this woman came along and said # what were we looking for# (Clark & Gerrig1990: 787). この例も引用句は質問形式を残した直接話法でありながら、伝達者の視点に合わせたダイクシス表現 we が用いられている。

ii 　日本語の自由間接話法については寺倉 (1985) の分析がある。小説の中の「る」形で「た」形に変えるとおちつきが悪くなるものがあり、このような「る」形文を描出文であるとしている。日本語の描出話法は主人公の思考や感情を表すのに用いられ、しばしば物語の副次的事象を表す文の中に使用されていると指摘している。

iii 　記号論理学から引用を定義したものにグッドマン (1987: 69–98) がある。

iv 　Li (1986) は「融合」fusion という用語を使用している。これは「結合」binding (Givón

1980, 1995) にあたる概念で、第 1 文の動作主が第 2 文の動作主をコントロールする度合いが強いほど融合の度合いが高いとする。

v 「あなたは私にわたしはあなたを憎んでいると言った。」(奥津 1970: 1)。奥津は引用句内の「わたし」の指示対象が、もともとの発話者である「あなた」をさす直接話法の読みと、地の文でも引用句内でも一貫して「わたし」は同じ人物(全文の話し手)をさす間接話法の読みがあることを指摘して、文の意味を考える時、話法の区別を考える必要があるとした。

vi （1） 彼はマリコが不運だと思った。
（2） *彼はマリコが不運なことを思った。
（3） *彼はマリコが不運だと忘れた。
（4） 彼はマリコが不運なことを忘れた。
（5） 彼はマリコが不運だと嘆いた。
（6） 彼はマリコが不運なことを嘆いた。　　　　　　　　　　　　(筆者作例)

たとえば「こと」は命題が真であるという前提を含んでいるため、話者の前提を含んでいない動詞「思う」は共起できない。一方、前提を含まない句を引用する「と」は話者の前提を含んでいる動詞「忘れる」と共起できない。そして、「と」と「こと」の両方をとることができる動詞「嘆く」については(5)では話者はマリコが幸運だとも不運だとも言っていないが、(6)では、話者はマリコが不運であることを前提としていると解釈され、両者に微妙な意味の違いが生じると指摘している。つまり、「と」は命題が真であるという前提なしに使用される標識であると指摘している。

vii 間接話法であるならば深層レベルの引用句部分に主語がある文があるはずで、その構造に［父親は息子に［息子 i が息子 i の部屋へ行く］命じた］を設定しなければならない。この構造に主語が誘発する再帰代名詞化の規則を適用すると、「父親は息子に［自分の部屋へ行く］ように（と）命じた」で問題がない。それに対し、深層レベルの引用句に主語がない文を仮定すると［父親は息子 i に［息子 i の部屋へ行く］命じた］となり、再帰代名詞化が主語に誘発されるとする規則が適用できないことになる。主語によって誘発される尊敬語化についても同様に証明され、したがって、直接話法(12)の間接話法は深層構造に主語をもった(13)であると主張している。

viii 命令、質問、依頼など行為指示型の文の引用では引用句のダイクシス動詞の選択は元の発言の場で用いられる形式が優先され、引用の場に調整されることができない。
（1） 父は「あいつに金を送ってやれ」と母に向かって言ったそうだ。
（2） 父はおれに金を送ってやれと母に向かって言ったそうだ。

(3) *父はおれに金を送ってくれと母に向かって言ったそうだ。

(砂川 1989: 372)

(1)の引用句は命令・要求で、聞き手に対する動作要求である。その場合の動作とは、命令を発している主体の側から見た動作でなければならず、この命令文を間接話法にしたときも、(2)のように命令主体の視点から見たものでなければならない。したがって、(3)のように引用者の視点が入り込むことはできない。

ix　ここでいう鎌田の「～引用」は本書の定義では「～話法」にあたる。

x　発話の名づけには、外的な特徴づけ(1)、心の状態の特徴づけ(2)、発語内的行為による特徴づけ(3)、発語媒介行為による特徴づけ(4)などをあげている(藤田1988: 36)。

（１）「今はない。もう少し待て」と木ではなをくくったような返答だ。
（２）　それだけのことだったのかと与六はすこし失望した。
（３）　是非読むと約束した。
（４）　既婚がばれてからは「妻子とわかれる」とだましつづけた。

同様のカテゴリー化は砂川(1989)、鎌田(2000)も行っている。

xi　以下の3例の違いは口頭語に近いかどうかの違いにすぎないとする(藤田2000: 614)。

（１）　和博は　先生に　宿題を忘れたと言った。
（２）　和博は　先生に　宿題を忘れましたと言った。
（３）　和博は　先生に　宿題、忘れましたと言った。

xii　「伝達のムード」はいわゆる「聞き手めあて」の表現に対応するもので、顕在的形式としては、間投助詞、終助詞の類としている。なお藤田は「述べ立て」とか「命令」といった文の通達的意味についてはこれまで別にし、「文の通達的意味」あるいは「表現類型的意味」と呼んでいる。「です」「ます」のような敬体は発話現場での聞き手志向性をもつので、伝達ムードを担う要素に準じて考えるべきとしている。また、伝達のムードは形式として顕在化されていなくても存在しうるもので、伝達のムードを帯びたものと読まれるかいなかによって決まるとする。

xiii　「準間接引用」(鎌田1988, 2000)について以下のように反論している。

（１）　米谷：「藤田がさみしがっている」
（２）　*米谷は、私がさみしいと言った。
（３）　米谷は、私がさみしがっていると言った。

「～がっている」「さみしい」のような感情形容詞述語には「1人称＋タイ」、「非1人

称＋〜タガル」という共起制限がある。しかし、このような感情を表す述語の共起制限はある時点・ある場面、つまり、「発話の場」と結びついたものである。間接話法の引用句は元の発話の場の秩序が改編されて地の文に従属し、元の場が消えているわけだから、元の場とむすびついた「共起制限」はありえない。

　文の表現類型(仁田1980)によっても説明が可能とする。文類型によると、「わたしはさみしい」(表出型で自称詞のみ)「彼はさみしがっている」(演述型で他称詞のみ)となる。(1)は演述型であるから、類型が変化し表出型になった(2)は不適であり、分類型の維持の原則にあった演述型の(3)は適切であるとする。つまり、間接話法では引用されたことばから伝達のムード的要素は失われるが、類型的意味は残るとし、この2つの点から話法は2種類であるとしている。

xiv Radford(1990)では、機能的範疇、非主題的成分はL1の習得初期の語彙的／主題的段階では働かず、24ヶ月ぐらいで使用できるとしている。しかし、これに対しては、アウトセット時から使用できるという議論もある。また、Lakshmanan and Selinker (1994)は幼児のL2英語習得を分析し、補文構造は極めて初期段階から働いており、テンスのある補文標識であるthatについて、幼児のL2習得初期段階では埋め込み文のthatは義務的ゼロ標識obligatorilly null complementizerで表されると指摘している。

xv Clancyでは幼児言語の引用がローマ字で表記されている。

xvi 日本人の母親のインプットには、アメリカ人の母親に比べて、社会的に必要とされる定形表現を教える表現やオノマトペ表現が多く見られることや、他人の言うことに注目させようとする言語表現などの使用が多いことなど、文化的要因を指摘している。また、Clancyのデータは、他の母親や子供と交流場面のような文脈のものであるため、引用や報告形式が多くなる可能性がうかがわれ、研究の方法論的な問題があるかもしれないとしている。

第 2 章
第二言語習得研究における機能的アプローチの位置づけ

2.1 はじめに

前章において、中間言語における引用表現の習得が相互交流の中でどのように進むかというプロセスを観察記述するために、藤田の提示した引用の基本的概念と Givón (1980, 1995a, b) の機能的文法による第二言語習得へのアプローチが有効であろうと述べた。本章では SLA 研究における Givón の機能的アプローチの位置づけを示し、機能的文法について述べる。まず、2.2 では第二言語習得研究の発達についておおまかに概観し、2.3 で機能主義的視点の位置づけとその視点からの主な研究について触れる。そして、2.4 で Givón の機能的文法で引用の習得研究の理論的背景となる部分について述べた後、2.5 では本研究における引用のとらえ方について述べる。

2.2 第二言語習得研究：形式から機能へ

1960 年代頃までの構造言語学に基づいた言語教育観では、学習者の誤りは学習者の母語と目標言語の類似点と相違点を体系的に比較する対照分析によって予測でき、それによって効果的な言語教育が可能であると考えられていた (Lado 1957 他)。母語と類似している場合は正の転移が起こり、習得が容易になるが、異なる場合には負の転移、すなわち「干渉」が生じ習得が困難となるとする仮説である。習慣形成によって言語の習得を促進しようとす

る行動主義と結びつき、当時の言語教育の主流をなしていた。それに対し、むしろ言語心理学的観点から言語教育を研究すべきであるとする潮流のなかで、行動主義的言語教育への批判が起こった。それと同時に、対照分析の実証的研究の結果から、学習者は母語から目標言語への転移では説明のつかない誤りをしばしば犯すことが明らかになり、対照研究は誤りの予測には有効ではないとされ、仮説に対する批判が起こった (Hyltenstam 1977 他)。

　Corder (1967) は、言語学習の研究にとって学習者の誤りが非常に重要で、誤りを分析することで学習者の第二言語の学習ストラテジーを予測できると主張した。誤用分析の概念においては、誤りは間違った習慣として忌避すべきものではなく、目標言語を十分に習得していない学習者が起こす体系的な逸脱であり、学習者の潜在的言語能力を反映しているとされる。ここでは、学習者は単にインプットを取り入れるだけの受動的な存在でなく、インプットの処理、仮説の構築と検証、更新を行う能動的な行為者と見なされる。学習者が言語習得過程において示す、母語とも目標言語とも異なった独自の規則を有した連続した体系を、「中間言語」(Selinker 1972: 35) と呼ぶ。この考え方は 1970 年代以降の中間言語を中心とする文法的形態素などの形式の習得順序研究につながっていった。

　誤用分析が行われるにしたがって、誤用分析の限界が次第に明らかになった。研究者が誤りという産出面にのみ注目したため、うまく習得が起こったことに注意を向けなかっただけでなく、学習者言語の全体像を見失う結果となった。また、誤りとして明示的に現れない不使用についての予測は困難であり、誤用分析の手法では解決できなかったのである。

　誤用分析と同時に、幼児の L1 における形態素の習得順序 (Brown 1973) が明らかにされたのを機に、成人の L2 習得においても形態素習得研究が多く行われ、形態素の習得順序や母語習得との比較などに大きな関心が向けられた[i] (Dulay and Burt 1974, Bailey, Madden and Kraschen 1975, Larsen-Freeman 1975)。

　しかし、これらの研究は誤用分析という呼称が示すように、中間言語を目標言語の形式の不完全な形ととらえている。規則を有し、機能するひとつの言語体系として中間言語をとらえようとする場合、目標言語からの隔たりを

計るのではなく、中間言語をコミュニケーションの手段としてどう使用しているかという言語機能を明らかにすることが重要となる。つまり、中間言語の可変性 (variability) は、学習者がその形式によって表そうとする機能 (function) に注目しないかぎり明確に解釈できないことから、個人のコミュニケーションを達成するために生成される言語の機能と形式の関係に注目した機能的談話的アプローチをとる研究が行われるようになった。

2.3 機能主義的第二言語習得研究

2.3.1 機能主義的アプローチ

機能主義的アプローチでは、文法の概念と言語の使用をコンテクストの中で結びつけ、意味論と語用論をまきこんだ総合的視点にたっており、意味を伝えようとする学習者の試みが形式的な文法体系の発達を促す要因となるとされる。チョムスキーらの言語知識と言語使用を区別し、文法を自律した抽象概念ととらえる視点とは対立する言語観である。「機能」という用語の使用は研究者によってさまざまに異なるが、いずれも同じ機能的アプローチの異なる側面を見ているものである[ii]。

基本的にL2学習者が産出する発話はコミュニケーションや言語体系の構築のための認知的、言語的プロセスあるいはストラテジーであると考えることができる。このようなプロセスやストラテジーとしての発話を問題とするとき、産出された言語形式だけでなく、その形式が産出される文脈にある語用論的機能やコミュニケーションを達成しようとする話し手の意図に目を向けることの必要性が生じる。このアプローチが機能的アプローチである。

機能主義的視点からの縦断的研究にHuebner (1983) のモン語母語話者のL2英語習得研究がある。この研究は、形式が担う意味機能について、成人モン語母語話者のL2としての英語習得者を対象にis (a) とda という形式に注目しその変化を観察した。is (a) はまず主題と叙述 topic-comment の境界線のマーカーとして機能し、やがて母語話者と同じコピュラ copula として機能するようになった。また、da は談話情報的な2つの弁別特性に拠って組織的に意味機能を変化させた。つまり、学習者は形と意味機能の関係を確

立しており、いきあたりばったりではなく、談話情報に拠って組織的に変化させているということを発見した。ここで、形と談話情報の間の相互作用が明らかにされ、中間言語の形―意味機能の関係が談話構造に影響を受けることが示された。

この他に、形態素 -ing に注目して、4つの異なる時間表現が表され、目標言語における機能が習得される前にその言語形式が習得されることを明らかにしたもの (Wagner-Gough 1978) や、スペイン語母語話者のドイツ語習得における時間表現について、文法形態素をまだ使用できない学習者は語彙的に時間を表すなど、時間表示機能について他に多くの研究が行われた (Dittmar 1984, Meisel 1983, 1987, Sato 1988, Schumann 1978, Klein, Dietrich and Noyau 1993)。

形だけでなく、その形と機能の関係を見ることによって、これまで見えなかった習得の別の側面が明らかになり、習得の全体像により一層近づくことができたのである。

2.3.2 基本的変異仮説

ヨーロッパでは高度経済成長期に生じた外国人労働者の移入により、1980年代から成人の第二言語の自然習得に関心が寄せられた。機能的アプローチによる縦断的研究では対象言語が限られていることから、一般性の欠如という弱点が生じる。それを補うために、Klein and Perdue (1992) などによる大規模な研究が実施された[iii]。目標言語は英語、ドイツ語、フランス語、オランダ語、スウェーデン語で、母語はイタリア語をはじめ計6カ国語である。この研究から、機能語が使用されない名詞的文要素の並置構造 Nominal Utterance Organization (名詞的発話構造：主題・叙述順の機能的語配列) から文法的形態素のない動詞をもつ発話 Infinite Utterance Organization (不定動詞形発話構造：主体が文頭の意味論的配列) を経て、目標言語に近い文法的形態素を高度に備えた発話 Finite Utterance Organization (定動詞形発話構造：主語・述語を有す統語的配列) へ発達するとする、基本的変異 Basic Variety 仮説が提示された (Klein and Perdue 1992, 1993)。学習者は名詞中心の前基本的変異 pre-basic variety 段階を経て、2番目の基本的変異 Basic Variety に至

る。基本的変異は第二言語習得でだれもが達する中間言語で、この段階より上の段階への発達は、代名詞システムの分裂文のような焦点化機能の習得など従属節化の方法の習得によって引き起こされる可能性を予測している。

2.3.3 ピジン・クレオール研究からの仮説

異言語接触による言語変化を通時的に研究するピジン・クレオール研究から、1970年代中ごろに SLA とピジン・クレオール言語の類似性について多くの論議がなされ、この分野の研究は SLA に可変性 variation の理論的枠組みを提供した (Labov 1969, Bailey 1971, ビッカートン 1985 (Bickerton 1981), Schumann 1978a など)。この枠組みの中心概念は、言語はもともと可変的なもので、この可変性は体系的であるということである。この新しい枠組みはさらに精緻化され、言語は空間と時間を通して進化する動的な過程ととらえることが主張された。Schumann (1978a など) はピジン化を中間言語の初期段階の記述に拡大適用し、第二言語習得を新しい文化に順応するプロセスの一側面ととらえる理論的枠組みを提供した。

また、ピジン・クレオールの言語研究から Givón (1979a, b, 1985b) の統語化記述モデル (機能・類型学的統語分析 Functional Typological Syntactic Analysis) が提示された。統語規則はコミュニケーションにおける「人間言語の談話の特性から生ずる」(Givón 1979b: 49) との観点に立っており、FTSA の示す語用論的モードと統語論的モードの特性はすべての言語変種に適用できるとする。各モードには統語論、意味論、語用論及び音調面でそれぞれの特性がある。たとえば、SLA において、トピック—コメント構造から主語—述語構造へ、あるいは、接続詞がない 2 文並置構造から統語的な複文構造へ移行するなどの変化が起こるとする。トピック—コメント構造から主語—述語構造に移行するという予測について、それを肯定する結果 (Schumann 1982, 1987, Ditmmar 1984, Stauble and Schumann 1983, Kelley 1983) や、必ずしもそうではないとする研究 (Sato 1988, Pfaff 1992) があり、すべての言語変化においてトピック・コメント構造がはやく表出されるという点では論議が分かれている。2 つの文の並置から複文構造をもつひとつの文への発達については Sato (1988, 1990) が縦断的研究で検討し、並列接続詞

の使用はあったが、複文構造が明示されなかったため、接続関係の不安定な並置的構造から、接続構造が明示された確固たる従属関係への移行に関する明確な証拠は得ていない。

2.4 Givón の機能的文法

言語類型論研究で明らかにされた含意的普遍性について、言語のコミュニケーション機能が文法構造に影響を与えるという機能主義的観点から説明しようとする機能的言語類型論の立場から、Givón の機能的文法が唱えられた。2.3 で Givón (1979b 他) の 2 つのモードの仮説について述べたが、機能的文法は、パースの記号論[iv]を背景に、表現される対象と言語形式は基本的に非恣意的に結びつけられているとする理論が展開されている。

Givón によれば有機体や文化にとってある経験が語用論的に見て重要であればあるほど、他との弁別が明確にできるようイコン的にコード化される。たとえば、談話的トピックと言語形式との関係では、予測性の度合いが高くなるにつれて言語形式が小さく、予測性が低いものには大きな言語形式が与えられることを示し、形の大きさについて具体的な尺度を提示した (Givón 1983)。これは主題維持性の汎言語的研究から得られた量的尺度である。このようにイコン性と統語構造との相関性に注目して言語変化を分析する機能的文法において、文法は対象と形式の認知的類似性が高いイコン的要素とより恣意的なシンボル的要素とを結合する装置であるとされるのである (Givón 1980, 1985a, 1995a, b)。

2.4.1 文法の発達とイコン性

文法は言語の自動的処理をスピードアップする手段である。節と節の間のつながりを示すてがかり示すことで、多重命題の処理の円滑化に関与する。従って、文法の発達は、コミュニケーションの発達過程で生じる命題の複数化とその迅速な言語処理の必要性と密接な関係があるわけである。

ところで、言語における非恣意性、すなわち言語におけるイコン性はサピア (Sapir 1921, サピア 1998) などで古くから指摘されていたが、チェイフ

(Chafe 1970, チェイフ 1974)、ボリンジャー (Bolinger 1977, ボリンジャー 1981) などの研究を機に再び注目が向けられるようになった。Haiman (1983)、Givón (1995a, b) らは、文法は概念と記号の恣意的な組み合わせで成り立っているのではなく、心的指示物と異種同型 isomorphism をなすイコンが統語構造に反映する一方、文法はイコン性のみによって成立するのではなく、規約的規則との相互補強によって成立するとする。「前文法的モード pre-grammatical mode」(語用論的モード) から「文法的モード grammatical mode」(統語論的モード) へ習得が進み、前文法的モードの前段階に以下のような文法発達が幼児にも成人にも生じることを予測している。

(1) 前文法・単一命題の段階
幼児の１語期にあたるこの時期の発話の特徴は、1) メッセージはほとんど単一命題からなっており、2) 単一の突出性のある語彙的アイテムがひとつの節内にコード化されている、3) コードは 80％ が動作主か対象か場所を示す名詞である、などである。

(2) 「原文法 Proto-grammar」と複数命題談話の段階
２語期にあたる段階で、前文法的モードの文法が生じるとされる。２語 (名詞＋名詞、名詞＋動詞、名詞＋形容詞) による節と、複数の命題からなり一貫性をもったメッセージの談話が同時に発達する。この時期の統語構造は、文法形態素や複文や埋め込み構造はないものの、イコン的で認知的に透明な以下の３つのコード化原理に基づいているとし、「原文法」と呼んでいる。

ⅰ) 量の原理 The quantity principle
量の原理によって、情報量が大きい情報や予測が困難な情報や相対的に重要な情報に大分量のコードが与えられる。強調アクセントや語彙のサイズは情報の大きさを反映しており、語彙的意味の変化と形式[v]、派生と非派生語彙、事象の記述[ⅵ]、受身文などにも見られる。

ⅱ) 近接性原理 The proximity principle
近接性原理によって、機能的、概念的、認知的に近い実体や、機能語と関連ユニットなどは時間的空間的に近接してコード化される。音素、語、句、節

同士の距離に適用される。近接性は補部と主節との統合の度合いの階層性や、談話や文で関連性が深い実体の表現や、限定修飾語や関係節と名詞、格表示や定指示詞や複数詞などの文法的形式と名詞・動詞との関係においても働く[vii] (Haiman 1983: 782, Hopper and Thompson 1984, Bybee 1985: 11, Slobin 1985: 229-230, Givón 1988 ほか)。

iii) **継起語順原理** Sequential order principles
この原理は 2 つの自然語順原理からなる。ひとつは意味論的な semantic 原理である。この原理に基づいて、描写されるできごとは時間系列にそってことばが配置される。イコン記号性が高い配列である。原因や条件は結果より前に表現される[viii]。もうひとつはトピック性が関連する語用論的語順である。より重要で緊急な情報や、接近可能性が低く予期できない情報は語列の頭に置かれる (Greenberg 1966 ほか)。以上 3 つのイコン的原理が文法の骨組みとなっているとしている。

複文構造になると、規約的文法の原理も同時に働くとし、主節と補部の主語・目的語について、2 つのできごとの統合度が高いほど、補部の主語—目的語は主文の主語—目的語にあたる格表示をもつことが少なく、補部の動詞は主節の動詞より定動詞性が減じるとしている。

2.4.2 統合尺度

Givón (1980, 1995a) では、文法は認知的に透明なイコン的要素と、記号と対象が恣意的に符合した象徴的要素とが結びついた複合的装置で、両者が結びつくことで補強しあっているとされる。動詞補部と主節に表される 2 つのできごとの統合度はイコン的要素と規約的要素の相互補強によって生じるとし、統合の階層性を統合尺度 binding scale (表 2-1) に示した (矢印は統合の度合いを示す)。この階層では、主節の動詞が意味論的、心理的に従属文の内容の真理性にかかわる度合いによって動詞を分類し、say を最も度合いの低い位置に位置づけている。その結果、主動詞の意味論的スケールに従った主節と補部との結びつきの度合いについての統合尺度には、引用の直接話法と間接話法の統合度の違いが示され、直接話法は統合の最下位に位置づけられている。

この尺度の考え方によると、引用表現は、だれか発言するというできごと

と引用された発話が示すできごとの 2 つからなっている。表 2–1 で引用と関連するのは［直接話法引用補部］(j)、［間接話法引用補部］(h, i)、［不定詞補部］(d) の 3 つである。動詞 say は意味論的に補部への影響が最も少ないうえに、引用句部の独立性が高い直接話法引用は、2 つの事象を結びつける統語形式の中で最も統合度が低い。英語では間接話法は直接話法に比して文法的制約が強く、統合度が相対的に高いことを示している。日本語の引用で「ようにと言う」にあたる［不定詞補部］については、補部の動詞は辞書形をとり、補部の主体が主格を失い、補部の動詞と主語述語の対応関係がないため、主節と補部が示す 2 つの事象の統合度はより高いとしている。

表 2–1　統合尺度

	統合度が高い	
	主動詞の意味論的スケール	補部の統語形式
a	She let go of the knife. 彼女はナイフを放した。	CO-LEXICALIZED COMP. 複合語彙補部
b	She made him shave. 彼女は彼にヒゲを剃らせた。	BARE-STEM COMP. 語幹補部
c	She caused him to leave. 彼女は彼を去らせた。	INFINITIVE COMP. 不定詞補部
d	She told him to leave. 彼女は彼に去るようにと言った。	
e	She wanted him to leave. 彼女は彼に去って欲しかった。	
f	She wished that he would leave. 彼は彼が去ることを望んだ。	SUBJUNCTIVE COMP. 仮定法補部
g	She agreed that he should leave. 彼女は彼が去ることに賛成した。	
h	She knew that he left. 彼女は彼が去ることを知った。	INDIR. QUOTE COMP. 間接話法引用補部
i	She said that he left. 彼女は彼が去ってしまったと言った。	
j	She said: "He might leave later" 彼女は「彼が後で去るかもしれないよ」と言った。	DIR. QUOTE COMP. 直接話法引用補部
	統合度が低い	

（Givón 1995a: 57）

2.5 本研究の「引用」のとらえ方

Givón (1980, 1995a) の統合尺度では、引用表現が2つの事象の統合という観点から、引用表現が2つの事象からなることが示された。引用表現を2つの事象とする観点を図示すると以下のようになる（図2-1）。事象Aは引用されることばに表される事象、事象Bは元話者が伝達者に発言するという事象である。

本書が記述を試みる引用表現は、進行中の伝達の場にいる伝達者によって生成される表現である。伝達者は事象Aを引用句に、事象Bを地の部分に表し、元話者を主語としたひとつの文を構成するわけである。その際、元の発話の独立性を維持したまま表現すれば直接話法であるし、それを減じて伝達者の場に合わせた表現をすれば、間接話法となるわけである。

藤田 (1999a, 2000) は日本語の引用表現における引用句部分はイコン記号であり、地の部分はシンボル記号的性格、すなわち規約的記号性があると主張している。引用表現が習得される過程において、コミュニケーションにおける透明度が高いイコン的記号と規約的記号である地の部分はどういった過

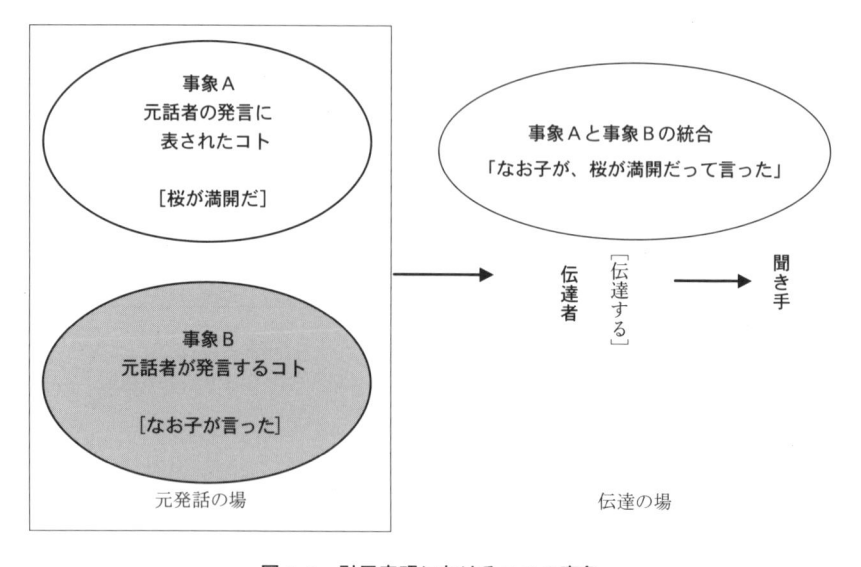

図2-1　引用表現における2つの事象

程をたどって構造化されるのであろうか、記号性の差異によって引用句部分と主節部分の習得速度や到達度に違いがあるのだろうか。Givón の機能的文法の視点から引用表現を 2 つの事象の統合ととらえ、統語化をイコン記号とシンボル記号という記号的に異なる表現の統合と考える理論を背景とした枠組みを用い、第 3 章、第 4 章、第 5 章で引用表現の習得過程の記述を試みる。

注
i 　言語運用分析 (Performance Analysis) と呼ばれる。
ii 　「機能」についてはその意味する範囲が異なる。機能的モデルを提唱した Littlewood (1979: 125) では、このモデルは言語の説明に人間的要因 human factors を取り入れるアプローチを意味し、機能の意味は範囲が広い。Bates (1981) はより狭い意味でコミュニカティブ機能（依頼、勧誘等）を「機能」とし、これは L1、L2 習得研究でかなり一般的な使い方である。Meisel (1982: 206) はさらに狭い意味で「機能」と「意味」という対立軸で使用している。
iii 　European Science Foundation 計画
iv 　パースは対象との関係性に基づき、記号の 3 種類の表意形式としてイコン（類似）、インデックス（指標）、シンボル（象徴）の 3 項をたてた。イコンの性質の特性は対象の直接の表出にある。したがって純粋なイコンは自然には存在しない。あらゆる点で類似していることはなく、ある仕方で類似しており、表意形式となっていれば、その記号はイコン的となりうる。こうしたイコン性の度合いの違いを形像 image、図形 diagram、暗喩 metaphor の 3 つの様式で区別した。
　（1）　形像：対象との間に直接的な類似性をもつ。擬音、声喩、具体詩など。肖像、絵画、似姿等の他に心象風景など。映画テレビの画像も指す。
　（2）　図形：設計図、配線図、時間的ながれで構成されたすべてのテクスト。「来た、見た、勝った」
　（3）　暗喩：類似性の弱い事物にみられる平行性を理解させる表現法。
パースは言語におけるイコン性を絶対視しているわけではない。
「あらゆる言語の文法には規約的規則 conventional rule に支えられるような論理的イコン性 logical iconicity がある」(Peirce 1940: 106, Givón 1985a に引用) に示されるよう

に、規約的文法を参照することはイコン性とシンボル性の相互作用への注目を意味するとする。

v　have は (1) から (2) へと「持つ」という語彙的意味を失うにつれて、形式が小さくなる。

（1） I *have* two books.
（2） I'*ve* got two books.
（3） I'*ve* read two books.

vi　情報は予測性が低いほど大きな形式が付与され、高いほど小さい形式が付与される。形式量は語彙名詞＞独立代名詞＞非強調代名詞＞ゼロ照応の順に小さくなる（Givón 1995a）。

Once there was *a wizard. He* lived in Africa. *He* went to China to [φ] get a lama. *The wizard...* (a wizard は初出は語彙名詞で、2 回目は独立代名詞、最後は φ になる Givón 1995a: 50)

vii　主節と補部の統合の例に以下のものがある（Givón 1995a: 52）。1 語化した a の方が 2 語で表される f より近接性が増している。

a. She *let-go* of him
b. She *let him go*
c. She *wanted* him to *go*
d. She *wished* that he would *go*
e. She *forgot* that he had *gone*
f. She *said*:" He's *gone*".

viii　a が原因、結果の順に記述しているのに対し、b は結果を先に記述している。また、c は時間的に前に生起することすることをのべ、次に後に起こることを述べているのに対し、d はその逆である。

a. 可能 : He shot and killed her.（因果に沿った配列）
b. 可能性低い : *He killed and shot her.（* 因果に逆らった配列）
c. 頻度高い : *After* she shot him, he died.（時間軸に沿った配列）
d. 頻度低い : He died *after* she shot him.（時間軸と逆らった配列）

(Givón 1995a: 54)

重要で予測性の低い語を文頭におく例として以下が挙げられている。

a. John milked the goat.（中立語順）
b. He milks the cow, but **the Goat** he wouldn't milk.（対照的）

c. It's the **Goat that** John milked it.（the goat が焦点化されている）

（Givón 1995a: 56）

第3章
タガログ語母語話者（フィリピン人）の引用表現の習得—横断的研究【研究1】

3.1 はじめに

Givón (1980, 1995a, b) の機能的文法の枠組みに拠り、日本語の引用表現は引用句内に表される事象Aと元話者がその事象について話すという発言行為である事象Bからなっており、引用標識を介して伝達者によってひとつの引用表現に統合されたものととらえることができる。第3章では、引用表現が事象Aと事象Bからなるとする概念を基に、学習者言語の引用形式と話法について分析を行う。

　第3章のフィリピン人学習者を対象とした横断研究は次のように構成されている。3.2「引用形式の習得」では、引用文の主節である事象B（元話者の発言行為）を表す引用形式がどのように言語化されているかについて分析と記述を行う。続いて3.3「話法の習得」では、引用文の引用句部分である事象Aと発話の場との関連づけが引用句内にどのように反映されているかを示す話法に焦点を当てて分析を行う。

3.2 引用形式の習得

3.2.1 研究目的

教室内学習者では、不十分な言語知識からであれ、情報伝達に関する談話レベルの母語の転移によるものであれ、引用であることを表示する「引用標識

＋引用動詞」という形式自体がまったく表出されない場合があること、また表出された場合には「と＋引用動詞」が使用されることが報告例に見られる（Kamada1990, 鎌田2000）。一方、幼児の母語習得や児童のL2日本語習得では、引用動詞のない終助詞的な「って」が最も早く、続いて「だって」「って言う」が習得される（大久保1968, 1973, 白畑2000）。また、統語的研究では、引用句がもともと伝達者の発話なのか否かによって異なった引用形式が使用される場合があることが示された（堀口1995, 山崎1996）。これらをふまえ、次の3点を研究目的とする。

1. 元話者の発言行動（事象B）はどのような形式に表現されているか。
2. 伝達者以外の話者の発話の引用と伝達者自身の発話の引用とでは引用形式に違いがあるか。
3. 引用形式の知識が十分でない場合、どう補われているか。

なお用語については、花子が「太郎が、あした晴れるだろうと言った」と伝達する場合、『あした晴れるだろう』を［引用句］、「と言った」のように引用を示す形式を［引用形式］、「と」を［引用標識］、「言った」のように引用を示す動詞を［引用動詞］と呼ぶ。引用されたことばの話し手である「太郎」を［元話者］、引用文の話し手である花子を［伝達者］と呼ぶ。

3.2.2　方法
（1）　タガログ語の引用表現
本書の被調査者の母語であるタガログ語は基本的にVSO、VOS言語である（Schachter1972, 角田1991）。引用表現には直接話法と間接話法があり、それぞれの話法において、a）引用動詞が引用句の前にある［引用動詞＋元話者＋引用句］とb）引用動詞が引用句の後ろにくる［引用句＋引用動詞＋元話者］の二通りの語順がある（Schachter 1972: 169–176）[i]。

（2）　被調査者
被調査者はタガログ語を母語とするフィリピン人女性5名で、面接から得た

情報ではいずれも日本語教室などで教授を受けた経験はほとんどない。5名は日本人男性と結婚し、データ[ii]収集時には日本人の夫や子どもと日本に居住していた。家庭や仕事などでは主に日本語を使用しており、日本語との接触は非常に広範囲である。データ収集時の年齢及び通算滞日年数は表3-1の通りである。但し、初来日以来継続的に日本に居住していたわけではなく、1年あまり帰国を余儀なくされた者もある。その離日期間は通算滞日年数には含まれていない。各学習者のプロフィールを以下に述べる。

表3-1 被調査者の年齢・通算滞日年数と面接録音時間

学習者	年齢	通算滞日年数(年)	面接録音時間(分)
M	32	4	36
S	42	7	38
R	28	7	57
E	40	8	44
L	38	13	28

1. 学習者M

1967年に生まれ、データ収集時に32歳で、滞日4年であった。ハイスクール卒業[iii]まで郷里で教育を受けたあと、都市にウェートレスとして働きに出た。そこで中国系フィリピン人との間に2女をもうけた後、家計を支えるためにM市に移り、休日には実家に帰って子育てをするという生活を送った。1993年26歳の時にいとこを介して現在の夫と知り合い、1995年にフィリピンで結婚、配偶者ビザで来日した。1996年にMの2人の娘を日本に呼び寄せた。日本人の夫は自営業を営んでおり、Mは主婦、母親業の他にレストランや弁当工場で働き、夫婦とも車をもち活動的な暮らしをしている。将来の夢は、娘が成人したらフィリピンに帰り、塾か料理店を開くことで、そのために都市近郊に候補地を見つけてあると語っている。娘たちがタガログ語を忘れないように、かならずタガログ語で話すようにしているが、子どもからの返事は日本語になってしまったと述べている。来日4年の面接時に、仕事場面においてもすでに日本語の問題はないとしている。

2. 学習者 S

1957年に生まれ、データ収集時には42歳で、滞日7年であった。ハイスクールを卒業後カレッジに進学し、1年でやめた。22歳のときセクレタリーとして就職したのをはじめ、出身校の事務員などもした。フィリピン人男性との間に1988年、1990年と子どもが生まれた。1990年33歳のときに姉と一緒に来日し、工場で働いた。その後、夜もスナックで働き、そこで出会った現在の日本人の夫とフィリピンで結婚した。1997年に再来日し、面接当時は夫との間の実子と夫の母親と生活していた。

3. 学習者 R

1970年に生まれ、データ収集時に29歳で、滞日7年であった。父親の経済的失敗により、日本で働く叔母の経済的援助でフィリピンのハイスクールを卒業した。しかし、希望していた進学をあきらめざるを得なくなったため、家出をするなど不安定な生活をおくり、18歳のとき娘を出産した。娘のためにエンターテイナーのライセンスを取得し、21歳のときに日本人のパブ経営者に依頼して来日した。現在の夫である経営者との間に実子が2人あり、フィリピンから娘を呼び寄せて一緒に暮らしている。6ヶ月の就労ビザであったため、初来日以来、結婚までに3回帰国している。

4. 学習者 E

1959年に生まれ、データ収集時に40歳で、滞日8年であった。ハイスクール卒業後家事を手伝った。その後、助産婦の資格をとり地元の病院で働いた。31歳のとき姉が働いていた日本のN市に来た。4年後34歳の時に現在の夫と結婚し、引き続きN市に在住している。来日当初は日本語ができず文化や食生活の違いで苦労したと述べている。1年間フィリピンに戻り、1995年に再来日した。夫は警備会社を経営しており、人手が足りないときは現場の仕事を手伝うこともある。夫婦間には実子がないため、フィリピンにいる妹夫婦から姪を引き取り、養子縁組を希望している。

5. 学習者 L

1960年に生まれ、データ収集時には38歳で、滞日13年であった。1980年と1983年にフィリピンで娘2人をもうけ、1985年25歳のときに娘をフィリピンに残して来日した。Lの5名の姉妹は日本に在住し、うち4名には日本人配偶者がある。1993年まで帰国せずに日本で働いて実家の家計を支えた。1994年に会社を経営する現在の日本人の夫と結婚し、フィリピンに残してきた娘たちを呼び寄せ、一緒に暮らしている。上の娘はボランティア教室で日本語を勉強し、下の娘は公立中学校の3年生である。L自身は来日当初は日本語がわからなくて困ったが、フィリピン人の友人や会社の日本人などから教えてもらったと述べている。文字についてはひらがなとかたかなが少し読める程度で、漢字は自分の名字だけ書けるということである。

（3）データ収集

今回分析対象とするデータは、5名の被調査者に対してソーシャルワーカーが行った面接における会話データである。被調査者5名はフィリピン人の夫との間に出生した子ども等と現在の日本人の夫との間に国際養子縁組を希望しており、すでに養子候補児として家庭で試験的に養育中のものもいる。そういった状況のなかで、ソーシャルワーカーは申請者に対し約30～60分（表3-1）の面接を行い、養親家庭における適応状況の調査を行う。分析対象とするデータは、ソーシャルワーカーが録音した面接の音声資料と、ソーシャルワーカーを含めた研究者グループが文字化した資料である[iv]。

　この面接は養子縁組の可否を判断する資料にするために、申請者である被調査者とその家庭の状況について調査するもので、正確な報告を作成するという目的をもっている。そのため、話題は子どもとの具体的生活から家庭の経済状況にまで踏み込んだものまである。報告の公的性格からソーシャルワーカーと被調査者との間に誤解が生じないように聞き直しや確認が頻繁に行われている。申請者である被調査者は養子縁組を強く望んでいるため、面接の応答は単なる雑談と違った真剣な面があり、その結果、引用された発話の発話者の同定はかなり容易となっている。

3.2.3 分析

5名に対するインタビューの文字化資料から発話の引用表現をとり出した。これらは必ずしもすべてに引用標識と引用動詞が整っているわけではなく、ポーズ、音調、前後の文脈などから引用と判断されるものもある。

まず、学習者が引用表現に関する言語形式をどの程度習得しているかの目安とするために、基準形式として発話引用の「典型的引用表現」を設定した。日本語では「来ると（って）言いました」のように、［引用句＋と（って）＋引用動詞］という形式が文法的である。しかし、会話では「言いましたよ、来るって」のように引用動詞が引用句の前に来る形式［引用動詞＋引用句＋と（って）］も普通に使用されている。そこで、まず［引用句＋と（って）＋引用動詞］と［引用動詞＋引用句＋と（って）］の2つを典型的引用表現とし、発話30分当たりの表出数を求め、引用表現に関する知識の学習の度合いについて調べた[v]。その上で以下の分析を行った。

元話者が伝達者自身かそうでないかは引用形式とかかわってくる（山崎1996）。そこで、取り出したすべての引用表現を、1）伝達者以外の者の発話が引用されたと推定される引用（以下「他者発話の引用」と呼ぶ）、2）伝達者自身が他の会話で行った発話が引用されたと推定される引用（以下「自己発話の引用」と呼ぶ）の2種に分類し、それぞれで使用された引用標識とその表出数を見た。その際、「って」、「だって」、「んだって」の区別については、たとえば、「だめだよって」のように「だ」と引用標識「って」の間に終助詞が介在する形式は「って」の使用とし、「だめだって」のように終助詞の介在しないものは「だって」の使用とした（山崎1996）。引用標識がまったくない引用（以降「標識なし」と呼ぶ）の表出数については、話しことばでは引用句の切れ目が明確でないことや、伝聞を示す助動詞などは連文や談話をもその作用対象とすることができる（三上1963: 138–139, 仁田2000: 158–159）ことなどから、連続した複数の引用文は引用数を1とカウントした。

また、「言う」などの動詞と引用句の位置関係について、引用句の前にあるか（以降「先行型」と言う）、後ろにあるか（以降「後続型」と言う）を観察し、そのそれぞれの表出数をカウントし、先行型と後続型の割合を算出した。

なお、取り出した表現が引用かどうか、あるいは引用句が他者発話か自己発話かの判定は日本語母語話者の大学院生1名と共に行い、判定が一致したものを分析対象とした。

3.2.4 分析結果

被調査者5名の典型的引用表現の表出数を表3-2に示した。

表3-2 典型的引用表現の表出総数と30分当たりの表出量

		学習者	V＋引用句＋と／って	引用句＋と／って＋V	計	表出数／30分
I	1	S	−	−	−	−
	2	E	−	−	−	−
II	3	R	1	1	2	1.1
	4	M	−	3	3	2.5
	5	L	5	15	20	21.5

(V: 引用動詞)

30分当たりの表出数の少ない順に被調査者を1から5とした。学習者Sと学習者Eでは典型的引用表現はまったく見られなかった。この結果から、典型的引用表現がまったく使用されていない学習者S、学習者EのグループIと、使用されている学習者R、学習者M、学習者LのグループIIの2グループにわけた。グループIについては、学習者Eでは「ンダッテ言う」という典型的引用表現に類似した表現が表出されているため2番とした。以降、この2つのグループに着目して結果を見ていく。

(1) 他者発話の引用

ⅰ) 引用標識

他者発話引用における引用標識の表出数と、各標識表出数の引用総数に対する割合（単位%）を学習者ごとに示した（表3-3）。

他者発話の引用では「標識なし」「だって」「んだって」「って」「と」の5種類の形式が見られた。「って」は、引用動詞と一体化した「ってった（って言った）」なども「って」の使用とした。標識の例を学習者の使用例から

表3-3 引用標識の表出数と表出割合（他者発話）

		標識なし		だって		んだって		って		と		引用数
		表出数	%	表出数	%	表出数	%	表出数	%	表出数	%	合計
I	S	4	44	4	44	0	0	1	11	0	0	9
	E	10	36	16	57	2	7	0	0	0	0	28
II	R	8	44	1	6	5	28	4	22	0	0	18
	M	1	7	0	0	0	0	13	93	0	0	14
	L	3	9	4	12	5	15	21	61	1	3	34

注）％値は少数以下を四捨五入したため、合計が100になっていない場合もある。

示す((　)内：推定される意味を伝達者の視点から間接話法の読みで記した。ソーシャルワーカーの応答や前後の文脈から意味を推定し、必要に応じて語を補った。英文字は学習者を示す）。

「標識なし」
（1）おとこ、ビール買ってきて　（彼がビールを買ってくるようにと言った　E）

「だって」
（2）ごめんなさいだけですも、彼だて　（彼がごめんなさいと謝った　S）
（3）だんなさんは、だいじょうぶだって　（夫が大丈夫だと言った　E）

「んだって」
（4）お母さんもゆったよ、Kちゃんは神さまわかるんだって　（母が、Kのことは神様も知っていると言った　E）

「って」
（5）なんで結婚しないのって言われた　（なぜ結婚しないかと言われた　L）

「と」
（6）わがままとゆっとる　（夫は娘がわがままだと言っている　L）

　グループIの学習者Sでは「標識なし」と「だって」がともに44％であるが、学習者Eでは「だって」(57％)の方が「標識なし」(36％)より多い。さらに、学習者Eでは「んだって」(7％)も表出されている。ここから、グ

ループ I では「標識なし」が用いられる中で、使用標識が「だって」のみから「だって」「んだって」の併用へと量的にも質的にも習得が進んでいると推測される。また、(1)、(2)、(3)のように文内あるいは文脈内に元話者が明示された。

　グループ II においては「標識なし」は学習者によって大きな違いが見られる。学習者 R では「標識なし」が 44% と使用が多いものの、「だって」、「んだって」、「って」もあり、その中で主な使用標識は「んだって」(28%) である。学習者 M と L では、「標識なし」は急激に減少し、引用標識の使用が現れる。学習者 M では「って」93%、学習者 L では、「って」61%、「んだって」15%、「だって」12% となっており、この 2 名の主な使用標識は「って」になっていることがわかる。つまり、グループ II では「標識なし」が減少し、同時に主な使用標識は「だって」「んだって」から「って」へと変わっており、そういった中で、学習者 R はグループ I に近い使用傾向をもっていることがわかる。

　つまり、5 名のデータをまとめると、他者発話を引用する標識は、習得レベルの低い段階ではまったく明示されないことが多く、その後に標識が使用されるようになり、使用標識は「だって」の習得が最も早く、続いて「んだって」、そして最後に「って」の習得が進むことが推測される。「と」はほとんど使用されない。

ⅱ）　引用動詞

(a)　引用動詞の有無と位置

次に、他者発話の引用における引用動詞の表出数と引用句との位置関係を標識毎に示した(表3-4)。標識と動詞の位置関係には、動詞の有無、位置によって以下の 3 つの型がある。動詞がない「動詞なし」型 (1)(2)(3)、動詞が引用句の前にくる先行型 (4)、引用句の後ろにくる後続型 (5)(6) の 3 つである。動詞も引用標識もない形式をゼロ形式と呼ぶ。動詞の 3 つの型と標識とを組み合わせた、以下の 13 の形式が表出された。その形式の引用表出数と、引用総数に占める割合(表内「%」、単位%)を示した。

　まず、グループ I では、学習者 S は引用標識の使用はあるが、引用動詞

表 3-4 引用動詞の表出と引用標識の関係

		動詞なし				先行型				後続型				合計
		標識なし［ゼロ形式］	だって	んだって	って	標識なし	だって	んだって	って	標識なし	だって	んだって	って	と	
I	S	4	4		1										9
	%	(44)	(44)		(11)										
	E	8	13	1	0	1	2	1		1	1				28
	%	(28)	(46)	(4)	0	(4)	(7)	(4)		(4)	(4)				
II	R	3	1	3	2	5			1			2	1		18
	%	(17)	(6)	(17)	(11)	(28)			(6)			(11)	(6)		
	M	1			9				1				3		14
	%	(7)			(64)				(7)				(21)		
	L		2	3	1	2	2	2	5	1			15	1	34
	%		(6)	(9)	(3)	(6)	(6)	(6)	(15)	(3)			(44)	(3)	

注）％値は小数点以下を四捨五入したため、総計 100 になっていないものもある。

の表出自体がまったくなかった。つまり、ゼロ形式（44％）、または、標識のみ（だって 44％、って 11％）で引用を表示している。学習者 E では、ゼロ形式 28％、標識のみで引用動詞がない引用 50％（だって 46％、んだって 4％）と、動詞がない引用が 78％を占めている。動詞がある引用 23％のうち、先行型 15％（標識なし 4％、だって 7％、んだって 4％）、後続型 8％（標識なし、だって）で、先行型の方が後続型より多い。つまり、学習者 E は引用動詞がない引用が圧倒的に優勢で、動詞がある場合には主に先行型を使用していることがわかる。

　グループ II では、学習者 R はゼロ形式 17％、引用標識のみ（動詞なし－標識あり）は 34％、引用動詞のみ（先行型－標識なし）28％、標識と引用動詞を両方とも備えた引用（先行型－って、後続型－んだって／って）は 23％で、多様な形式を用いて引用を表示していることがわかる。標識または引用動詞のどちらか一方だけで引用を表示するものは 62％にのぼっている。また、動詞の位置に焦点を当てて見ると、先行型 34％（標識なし 28％、って 6％）

に対して後続型 17%（んだって 11%、って 6%）で、先行型が 2 倍になっている。学習者 R についてまとめると次のようになる。ゼロ形式が少なくなり、動詞の使用が増え、引用動詞のある引用とない引用がほぼ半数となっている。また、標識か引用動詞のどちらか一方だけで引用が表示される傾向が強い。動詞の位置は先行型の方が後続型より多い。

　学習者 M ではゼロ形式は 7% と非常に少なく、残りの 92% は「って」が使用されている。「って」による引用で動詞がないものは 64%、動詞がある引用は 28% で、「って」だけで引用を表示する場合の方が多い。動詞の位置を見ると、先行型 7%、後続型 21% と後続型の方が多くなっている。つまり、学習者 M では引用動詞は使用されているが、標識「って」だけによる引用の方が好まれる傾向があり、動詞がある場合の動詞の位置は、学習者 E, R と異なり、後続型が優位となっている。

　学習者 L ではゼロ形式は表出されていない。標識のみで動詞がない引用は 18%（だって 6%、んだって 9%、って 3%）、動詞のある引用は先行型、後続型を合わせて 83% と、動詞のある引用の方が非常に多く見られる。動詞の位置は、先行型 33%（標識なし 6%、だって 6%、んだって 6%、って 15%）、後続型 47%（標識なし 3%、って 44%）で、学習者 M と同様に後続型の方が多い。「だって」「んだって」で先行型が残っているのに対し、「って」では後続型のみである。5 名のうちでは引用形式が最も多様である。

　以上から次のことが明らかになった。グループⅠではほとんどの引用に動詞が使用されず、主要な引用形式はゼロ形式、または、標識のみ（「だって」）である。学習者 S は動詞の使用がまったくないのに対し、学習者 E では先行型動詞がわずかに表出された。一方、グループⅡでは、ゼロ形式が減少し、動詞の使用が増加した。しかし、動詞の使用は学習者によって異なっており、「って」が十分に使用可能な学習者 M, L では、動詞がない［引用句＋って］、引用動詞がある［引用句＋って＋引用動詞］、［引用動詞＋引用句＋って］というさまざまな引用形式が見られた。動詞の位置はどちらの学習者も後続型が優勢である。グループⅡの学習者 R はゼロ形式が減少し、引用動詞の使用が増加はしている。しかし、引用動詞と標識のどちらか一方による引用が多い。しかも、ゼロ形式の残存や先行型が後続型より優勢であること

からも、学習者Rはグループ II であるが、グループ I に最も近い引用形式を使用していることを示している。

さて、5名の標識「って」について見ると、「って」は標識のみか動詞後続型で用いられることが多く、先行型が表出されにくいことが示された。標識「って」だけでの引用はグループ I の学習者 S において既に表出され、グループ II の学習者 R、M においても最も多く使用されている。一方、「って」が動詞と共起する形式は後続型が学習者 R で表出され、グループ II において先行型より優勢な形式となっている。また、グループ II 3名の「って＋引用動詞」19例のうち5例が(7)、(8)のような「って」と引用動詞がひとかたまりになった引用形式であった。「って」が後続動詞〈言う〉とひとかたまりになりやすい性格があることがわかる。

（7）　Jがうんちゅったの。（Jがうんと言った　R）
（8）　まちがいがあると怒るでしょってったの（間違いがあると怒るだろうと言った　L）

つまり、「って」は習得の初めから標識のみ、あるいは、後続型の［って＋引用動詞］で用いられることが多いことを示している。「だって」、「んだって」は標識のみ、または先行型から、後続型と共起する方向へ進んだ。この点において「って」の習得過程は異なることが推測される。

(b)　5名の引用形式（他者発話の引用）

以上の結果から5名で使用された主な引用形式をまとめると次のようになる（表3–5）。

まず、習得の初期段階の引用表現は、元話者と引用句だけが明示され、標識も引用動詞もない形式［元話者＋引用句］である。習得段階にかかわらず、元話者は引用表現の中あるいは文脈内に明示される。次に、引用標識「だって」または「んだって」が引用句の後ろに付与された［引用句＋だって／んだって］となる。それと、前後して引用句の前に動詞がある動詞先行型［引用動詞＋引用句＋だって（／んだって）］が使用されるようになり、

表 3-5　引用動詞の表出と引用標識の関係

	元話者	引用動詞	引用句	引用標識	引用動詞	S	E	R	M	L
13	元話者		＋引用句	＋と	＋V後続					3
12	元話者	＋V先行	＋引用句	＋って				6	7	15
11	元話者		＋引用句	＋って	＋V後続			6	21	44
10	元話者		＋引用句	＋って		11		11	64	3
9	元話者		＋引用句	＋んだって	＋V後続			11		
8	元話者		＋引用句		＋V後続		4			3
7	元話者	＋V先行	＋引用句	＋んだって			4			6
6	元話者		＋引用句	＋だって	＋V後続		4			
5	元話者		＋引用句	＋んだって			4	17		9
4	元話者	＋V先行	＋引用句	＋だって			7			6
3	元話者	＋V先行	＋引用句				4	28		6
2	元話者		＋引用句	＋だって		44	46	6		6
1	元話者		＋引用句			44	28	17	7	

単位: %　太字: 主要な形式　（小数点以下四捨五入したため100%になっていない場合もある）

その後「だって」「んだって」の後ろにくる動詞後続型［引用句＋だって／んだって＋引用動詞］の形式が習得される。そして、最後に標識「って」が習得される。「って」は、動詞がない単独のものと、後続型の表出がはやい。

(c)　「だって」「んだって」と引用句との接続

引用標識の種類について、グループⅠで使用できるのは「だって」「んだって」だけである（表3-5）。それに対し、グループⅡでは主な使用標識として「って」が使用されているものの、「だって」「んだって」も使用されている。それではグループによって「だって」、「んだって」の使用に違いはあるのか、その状況を見るために「だって」、「んだって」と引用句との接続状況を見る。

　通常、「だって」は名詞、ナ形容詞に直接接続し、「んだって」はイ形容詞、動詞及び「ダ」の活用形（現在・肯定形以外）には直接接続し、名詞、ナ形容詞には「ナ」が必要である[vi]。先行文要素と「だって」、「んだって」との接続状況を表3-6に表した。

表 3–6 「だって」、「んだって」の接続

学習者		だって			んだって		
		名詞・ナ形容詞	イ形容詞	動詞	ナ形容詞	イ形容詞	動詞
I	S	+	−	+			
	E	+	+	+	−	−	+
II	R	+	−	−	−	−	+
	M				−	−	−
	L	+	−	−	+	+	+

+:表出あり、−:表出なし、ブランク:標識自体表出なし

　グループIの学習者の「だって」は名詞・ナ形容詞、イ形容詞、動詞とすべての品詞との接続が見られた（9）(10)(11)。一方、グループIIの学習者R、学習者Lでは名詞につく例だけ見られた。

(9)　だいじょうぶ<u>だって</u>　（夫が大丈夫だと言った　E）
(10)　アイスキャンディーも、おいしい<u>だって</u>　（姉がアイスキャンディもおいしいと言った　E）
(11)　おとこ、かれはー、用事ある<u>だって</u>、あとはなくなったです　（彼は用事があると言って、出ていった　S）

　「んだって」を見ると、グループIの学習者Eと、グループIIの学習者Rでは動詞につくもの(12)だけなのに対し、学習者Lではイ形容詞(13)やナ形容詞(14)にも接続が見られる。

(12)　すぐ先生に言った<u>んだって</u>　（娘はすぐ先生に言ったと言った　R）
(13)　あなたの子ども、すごい、走るうまい速い、走るで速い<u>んだって</u>　（先生が私の子どもは走るのがとても速いと言った　L）
(14)　きらい<u>んだって</u>[vii]　（子どもが、数学がきらいだと言った　L）

　つまり、グループII（学習者L)は先行する文要素によって「だって」と「んだって」の使いわけが行われていることがわかる。同時に、グループIIでは

動詞や形容詞の引用には標識「って」の使用(15)(16)がすでに優勢になっており、最もグループ I に近い学習者 R においてでさえ動詞には「って」が使用されている(17)。

(15) 日本に、アダプションする<u>って</u>言った
 　　（夫が養子にすると言った　L）
(16) ママだけきびしい<u>って</u>
 　　（娘が、母の私だけが厳しいと言った　M）
(17) いな<u>って</u>　（友達が、娘はいないと言った　R）

　まとめると、グループ I では「だって」が名詞・ナ形容詞・イ形容詞・動詞に直接つく形式で表出される傾向があるのに対し、「って」が使用可能になっているグループ II では、「だって」は名詞、「んだって」は動詞とイ形容詞に接続させていると言え、グループ II では先行する語によって標識が決まるという標識使用領域の分化が進んでおり、グループ I より統語化が進行していることが推測される。

(２)　自己発話の引用
ⅰ)　引用標識
自己発話の引用における引用標識の表出数及び自己発話引用総数に対する標識表出の割合(表内「％」、単位%)を表 3–7 に示し、以下に使用例をあげた。

「標識なし」
(18) わたしゆった、もうわたし結婚してるよ　（私はもう結婚していると言った　E）
「って」
(19) 今度そんなことしないで<u>って</u>　（私は、今度はそんなことしないようにと言った　R）

　5 名の自己発話の引用には「標識なし」(18)と「って」(19)のみ使用され

表 3–7 自己発話の引用形式の表出数と表出割合

		標識なし 表出数	%	って 表出数	%
I	S	6	100	0	0
	E	7	100	0	0
II	R	7	78	2	22
	M	0	0	10	100
	L	4	29	10	71

ており、「だって」「んだって」「と」は全く観察されなかった。

　グループⅠでは、2名とも標識はまったく使用されていない。一方、グループⅡにおいては、学習者Rでは「標識なし」が78％なのに対し、学習者Lでは29％、学習者Mでは0％と非常に減少している。「って」による引用はグループⅡの学習者で見られ、学習者R（22％）は少ないが、学習者M（100％）、学習者L（71％）では非常に優勢となっている。つまり、自己発話の引用においては、グループⅠでは「標識なし」、グループⅡでは「って」が優勢であることがわかる。但し、学習者Rは「って」も使用可能であるが、「標識なし」の方が優勢であり、グループⅠに近い使用傾向をもっていることが自己発話引用の分析結果からもわかる。「標識なし」では元話者（すなわち伝達者自身）を示す「わたし」が明示され、自己発話であることが表示された。

(a) ［［ダ］って］の不使用

自己発話の引用では「だって」はまったく見られなかった。名詞やナ形容詞を伴うコピュラ文（名詞＋ダ、または、ナ形容詞＋ダ）を「って」で引用するとき、たとえば、「わたしはだめだって（言った）」というように［名詞・ナ形容詞ダって］という形式が可能で、この場合「ダッテ」という音形が生じる。すなわち、自己発話の引用においても「ダッテ」という音形が生じる可能性があるわけである。そこで、「って」が使用可能なグループⅡの3名について、「ダッテ」という音形が可能な引用、例えば、自己発話の「だめ」

の引用をみると、学習者Rでは「だめ<u>って</u>」、学習者M、Lでは「だめだよ<u>って</u>」のようになっており、「だ」がないか、「だ」と「って」の間に必ず終助詞が介在していた。つまり、「ダ」と「って」が直接つながった「ダッテ」の音形をなす形式の表出は1例もなかった。ここから、「ダッテ」という音形が他者発話引用の専用標識ととらえられた結果、自己発話引用での使用が回避されている可能性が推測された。

ⅱ) 引用動詞

(a) 引用動詞の有無と位置

自己発話引用における引用動詞の表出数と、引用標識及び引用句と引用動詞との位置関係を示した(表3-8)。引用標識ごとに、「動詞なし」型、先行型、後続型の3つの型による引用の表出数と引用総数に対する割合(表内「%」、単位%)を表した。

　グループⅠの学習者Sではゼロ形式67%、引用動詞(先行型)のあるもの33%、学習者Eではゼロ形式71%、引用動詞(先行型)のあるもの29%と、両学習者ともゼロ形式が非常に多く、標識も引用動詞もない［わたし(元話者) + 引用句］という引用表現が非常に多いことがわかる。しかし、引用動詞が表出されているという点で他者発話引用と異なっている。動詞がある場合も、学習者S、Eではほとんど〈言う〉で、［わたし + 言う + 引用句］である。

　グループⅡの学習者Rの場合は、ゼロ形式は44%であるのに対し、引用動詞か「って」のどちらか一方が使用された引用も44%(先行型動詞のみ33%、「って」のみ11%)である。一方、引用標識と引用動詞が併用されたものは11%にとどまる。つまり、学習者Rにおいてはゼロ形式が減少し、引用標識か引用動詞のどちらか一方によって引用が表示される場合が増加している。この傾向は他者発話の引用形式と同様の傾向である。また、「って」で動詞が共起する場合は後続型のみ見られた。グループⅡの他の学習者ではゼロ形式の表出はない。学習者Mではすべての引用に「って」が使用され、そのうち、引用動詞のないもの60%、先行型10%、後続型30%となっており、動詞がなく標識「って」単独での引用が最も多い。動詞がある場合はや

表 3-8　引用動詞と引用句の位置関係（自己発話）

		動詞なし		先行型		後続型	計
		標識なし （ゼロ形式）	って	標識なし	って	って	
I	S	4		2			6
	%	(67)		(33)			
	E	5		2			7
	%	(71)		(29)			
II	R	4	1	3		1	8
	%	(44)	(11)	(33)		(11)	
	M	6			1	3	10
	%	(60)			(10)	(30)	
	L	2	4		1	7	14
	%	(14)	(29)		(7)	(50)	

注）％値は小数点以下を四捨五入したため、総計は100になっていないものもある。

はり後続型の方が優勢である。学習者Lでは、「って」による引用は71％（動詞なし14％、先行型7％、後続型50％）を占めており、そのうち、後続型がもっとも多い。また、引用標識がなく、先行型動詞のみの引用（29％）も見られた。

　以上の結果をまとめると次のようになる。グループIでは引用動詞も引用標識もない引用句だけの引用が非常に優勢であるが、引用動詞も用いられる。この場合引用動詞は先行型である。他者発話引用より引用動詞の習得が早い。グループIIでは引用動詞の使用の増加が見られる。しかし、学習者Rはゼロ形式の引用がまだかなり使用されているうえに、引用標識か引用動詞かどちらか一方だけで引用が表示されることが多い。引用動詞の使用は主に先行型で、安定した引用形式になっていない。一方、上位者である学習者M、Lでは後続型の方が多くなる。「って」については、「って」は単独か後続型で使用されやすいことを示している。

　自己発話引用でグループIIの3名の「って」による引用（表3-8）には、動詞がない単独型、先行型、後続型の3つの型がある。しかし、グループI

に最も近い使用傾向を見せている学習者Rでは単独型と後続型の2つの型だけで、3つの型の表出がある学習者M、Lにおいても、単独型と後続型は、先行型より表出割合が高い。他者発話引用においても単独型、あるいは、後続型で用いられることが多いことが明らかになっている。つまり、「って」については、単独で引用を行う［引用句＋って］、または、後続型［引用句＋って＋引用動詞］という形の習得が早く、先行型が先に習得される「だって」「んだって」とは異なる習得プロセスをとる可能性が推測される。

(b) 5名の引用形式（自己発話の引用）

5名が主に使用する主な自己発話引用形式をまとめると表3-9のようになる。この表から以下の習得順序が推測される。1) はじめの引用形式は引用動詞も引用標識もない［元話者＋引用句］である。次に、2) 早い段階で引用動詞が引用句の前に生起する先行型が生じる。この場合引用標識はない。そして、3) 引用句の後ろに動詞がある［元話者＋引用句＋って＋引用動詞］と、4) 標識「って」が単独で引用する［元話者＋引用句＋って］が使用可能になる。最後に、5) ［引用動詞＋引用句＋って］という引用句の前後の位置に引用動詞と「って」が分離された形式も使用されるようになる。自己発話引用においても、標識「って」は、単独、あるいは、「って＋引用動詞」という後続型の方が先行型より早く習得されるといえる。

表3-9 引用動詞と引用句との位置関係（自己発話）

元話者	引用動詞	引用句	引用標識	引用動詞	S	E	R	M	L
元話者	＋V先行	＋引用句	＋って					10	7
元話者		＋引用句	＋って	＋V後続			11	**30**	**50**
元話者		＋引用句	＋って				11	**60**	14
元話者	＋言う／V先行	＋引用句			33	29	33		29
元話者		＋引用句			**67**	**71**	**44**		

単位: %、太字: 主要な形式　（四捨五入したため、総計は100％になっていない場合もある）

（3） 対話の引用

他者発話と自己発話とからなる対話の引用では、(20)のように、元の会話場面を生き生きと描写する一人二役の落語調(鎌田 2000)に当たるものが見られた(**ゴシック体は母親発話を、**無印は学習者発話を示す)。

(20) **こんどまたやるねー**、うーん、やらないです。**やるね？** はい
（「次もまたやるのね」と母が言ったので、「ううん、やらない」と私は言った。母が「やるんでしょ」と言ったから、私は「うん、やる」と言った S）

　(20)はタガログ語で行われたグループⅠの学習者Sと実母との会話をSが引用しているものである。ここでは、タガログ語の会話の中の実母の発話が普通体で表され、S自身の発話が丁寧体で表されている。引用された発話の話者によって異なる文体の使い分けが行われているわけである。普通体と丁寧体という文体の使い分けによって、引用された発話が母親と子どもであるS自身が発したものであることが示され、同時に伝達者と母親の社会的関係が表示されているわけである。学習者Sは典型的引用表現が使用できず、引用形式についての言語知識は5名のうちで最も少ない学習者である。しかし、親と子という社会的な上下関係を普通体と丁寧体という日本語の待遇表現で表現することは可能で、この意味で語用論面の習得は進んでいることがわかる[viii]。

分析結果のまとめ

5名のデータの分析から、研究目的に対し次のような結果が得られた。

1. 習得レベルが最も低い学習者の引用形式は標識も引用動詞もない［元話者＋引用句］である。
2. 「だって」「んだって」はグループにかかわらず他者発話引用の専用標識である。しかし、「だって」「んだって」と先行文要素との接続は、グループⅠよりグループⅡの方で統語化が進んでいる。

3. 引用動詞の使用はグループⅠよりグループⅡの方が多い。引用動詞の位置は、グループⅠでは先行型、グループⅡでは後続型が優勢である。グループⅡとグループⅠの境界にある学習者では、引用標識か先行型引用動詞のどちらか一方が使用され、両者の併用は少ない。
4. 「って」は「引用句＋って＋引用動詞」が習得されたグループⅡでのみ使用される。このレベルの使用標識は「って」が圧倒的に優勢である。但し、グループⅠに近い学習者では「って」の使用は少ない。
5. 「って」については、単独または動詞後続型の方が、動詞先行型より優位に使用される。
6. 自己発話の引用については、グループⅠでは標識も引用動詞もない［わたし（元話者）＋引用句］か、先行型動詞だけの［わたし＋言う＋引用句］の形式で表示される。グループⅡでは、「って」単独か、後続型動詞との併用が優勢である。
7. 「と」の使用はほとんど見られない。
8. 引用形式の知識が不十分な学習者Ｓでは、母語のタガログ語で行われた親子の対話を引用するのに、母親の発話には普通体、自身の発話には丁寧体と日本語の待遇表現を使い分けており、語用論的側面の習得は進んでいる。

3.2.5 考察（引用形式）

（1） 引用形式の習得仮説

上の結果から引用形式の習得仮説を次のように表すことができる（図3-1）。

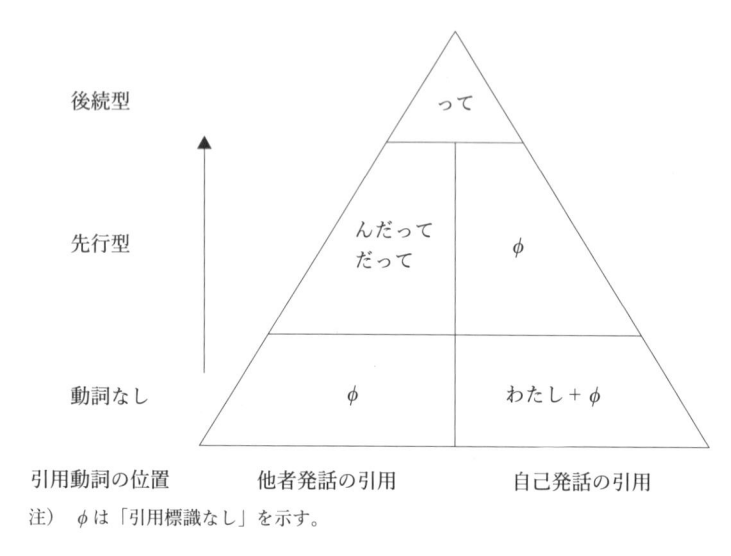

```
                              って
後続型


先行型              んだって       φ
                    だって


動詞なし              φ        わたし + φ

          引用動詞の位置    他者発話の引用    自己発話の引用
```

注）φは「引用標識なし」を示す。

図 3-1　引用形式の習得仮説：自然習得

上図が示すように、引用表現の習得は、他者発話の引用は、1）[元発話者＋引用句]、2）[引用句＋だって・んだって]、3）[引用動詞＋引用句＋だって・んだって]、4）[引用句＋だって・んだって＋引用動詞] へと習得が進む。一方、自己発話の引用は 1）[わたし＋引用句] から 2）[わたし＋言う＋引用句] へと進む。このように、習得初期には他者発話と自己発話の2種類の引用にそれぞれ異なった形式が当てられるが、最終的にどちらの引用にも使用可能な汎用の引用標識「って」の習得によって2種類の引用が [引用句＋って＋引用動詞] で表示されるようになり、引用形式が習得されると推測される。自然環境では「と」はほとんど習得されないことが予測される。

本データに見る限り、成人の自然習得者の引用形式は、「と言う」が使用される教室内習得者（Kamada 1990, 鎌田 2000）とも、「って」が最も早く、続いて「だって」「って言う」が習得される幼児の L1 の習得（岩淵・村

石 1968, 大久保 1967, 1973, Clancy 1985, 伊藤 1990) や児童の L2 習得 (白畑 2000) とも異なっている。しかし、標識の種類にとらわれず、引用句に引用標識だけが付加された形式から標識と動詞が付加された形式へ習得が進むと考えれば、極めて限定的であるが、本データで得られた習得仮説と L1 習得過程及び児童の L2 習得過程との類似がうかがわれる。

(2) 引用表現における事象の分化と統合

引用表現は元発話(事象 A)と元話者の発言行為(事象 B)からなる複文的構造と考えることができる(藤田 1999a, Givón 1980, 1995a)。本章 3.2「引用形式の習得」で観察・記述したのは元話者の発話を引用する発言行為(事象 B)を示す引用文の主節部分で、元話者を指示する語と引用標識と引用動詞からなる部分の形式である。3.2 の分析結果から得られた習得仮説(図 3-1)によって、事象 A と事象 B からなる引用表現について以下のように説明することができる。

　まず、習得の初期段階では、引用されたことばが示す事象 A が主に表現され、事象 B は元話者のみ明示された[元話者+引用句]で表現される。つまり、主節となるべき述語がないことから、事象 A と事象 B という 2 つの事象がひとかたまりとして認識され、言語化されているということができる。引用句は話されたことばをそのまま実物提示して示すイコン記号的性格から、置かれる環境にあわせて品詞性を変えることが可能で、述語としても機能できる(藤田 2000)。この点で、[元話者+引用句]は単文的構造ということができる。次に引用標識「だって」「んだって」が使用されるが、この段階では事象 B に付与される形式は小さく、事象の 2 分化はまだ明確ではない。

　さらに習得過程が進むと、先行型引用動詞の使用が始まる([元話者+引用動詞+引用句])。この段階では引用動詞の明示によって事象 B が言語化されており、前段階ではひとかたまりにとらえられていた事象の 2 分化が生じる。引用されたことばが表される[引用句]の事象 A 部分と、[元話者+引用動詞]からなる事象 B 部分が明確に分離される。引用動詞が動作主体に近接されていることで事象 B は独立性が高い文に表現される。つまり、

ここでは事象Aと事象Bが時間的、空間的に明確に分離され、それぞれ独立性の高い並置的な2文で表される並置的構造となる。
　最終段階では引用標識と動詞が併用される。前段階で2つの文に表現された事象Aと事象Bが、引用標識「って」と後続型引用動詞の使用によって、統語的に統合される（[元話者＋引用句＋って＋引用動詞]）。さらに、「って」と引用動詞の併用形式を習得した段階では、引用動詞の使用及び位置は任意である。つまり、最終段階では引用句との境界の明確さを保持できる限り、事象Bの言語形式の最小化が可能となり、経済化が進むと考えられる。自然習得の引用表現は、単文的構造から並置的複文を経て、文法的に統合された複文的構造へと習得が進むことが推測される。

(3)「だって」「んだって」の他者引用専用性
引用標識では「だって・んだって」の習得が早かった。その理由として、他者発話引用の頻度の高さと地の部分との境界の明確化の必要性が考えられる。引用形式の習得がまだ進んでいない段階では、前接する品詞の如何を問わず「だって」を付加し引用を表示している（例2）。このことからも、他者発話の引用を表示する形式がコミュニケーションに不可欠であることがわかる。「だって」や「んだって」は単独で、あるいは複合体としてインプットに存在する（山崎1996）。その「だって」「んだって」が、学習者を取り囲む社会的リソースから、他者発話専用の標識として取り込まれたと推測される。
　また、「だって」はひとかたまりで他者発話専用の引用標識ととらえられた結果、「だって」の音形が生じる自己発話の引用［名詞文だ＋って］の回避がうかがわれた。「だって」は、他者発話引用という機能に対して1対1の関係が成立している。形式と機能・意味の1対1対応関係の構築はコミュニケーションを効率的にするストラテジーとされる（Andersen1984, Slobin 1985）。自然習得学習者は社会交流によって日本語を習得しており、コミュニケーションをスピーディに効果的に行える形式と機能・意味の1対1対応関係が一旦確立し言語体系に組み込まれると、その関係が維持される傾向が強いと思われる。本データで見る限り「だって」は他者発話を引用する独自

の中間言語として学習者の引用表現体系に組み込まれており、これは自然習得の限界のひとつであろう。

（4） 語用論面の習得

引用知識のレベルが最も低い学習者では、母語で行われた母親との対話の引用に、日本語の待遇表現の使い分けで元発話者を示すという語用論的ストラテジーの使用が見られた。言語能力レベルの低い教室内学習者では文体選択にリスクを感じている（Kamada 1990）とされたが、本データでは最も言語知識が少ないと思われる学習者でむしろ文体の違いを積極的に利用するストラテジーが観察された。また、終助詞や実際の会話の場に合わせた待遇表現は教室内学習だけでは不十分になりがちであるが、この学習者で見られたような統語知識の不足を補うストラテジーの使用は、自然習得の可能性のひとつを示していると言えよう。

3.3 話法の習得

3.3.1 研究目的

基本的に話法は、事象Aを表意する引用句に元話者の伝達のムード（藤田 2000: 147-154）をどう表すか、または、現行の伝達の場へのダイクシス表現の調整が明示されているかどうかによって決まる。

　Kamada（1990）では教室習得者は間接話法（普通体）が優位に使用されること、特に日本語能力レベルの低い教室内学習者では直接話法を使用しない傾向があることを指摘している。この不使用は、間接話法学習に偏った教科書やコミュニケーション手段としての日本語の使用経験の有無と関係があると推測している。では、コミュニケーションによってのみ日本語を習得した自然習得者ではどのような話法形態を使用しているであろうか。本章では前節の「引用形式の習得」で分析したフィリピン人の自然習得学習者のデータを用い、話法の使用実態の記述と分析を試みる。

　学習者の引用形式の習得の度合いや引用された発話が他者のものであるか伝達者自身のものであるかによって、使用される引用標識が異なることが明

らかになった。そこで、他者発話と自己発話に分けて次の2点について引用表現の実態の記述を試みる（用語については3.2.1参照）。

1. 自然習得学習者は話法をどのように使用しているか。
2. 話法と引用形式（引用標識及び引用動詞）は関係があるか。

3.3.2　方法
対象者及びデータ収集は省略する（3.2.2参照）。被調査者の引用表現の使用数に基づいたグループ分けについてのみ再度示す（表3-10）。

表3-10　典型的引用表現の表出数によるグループ分け

		学習者
I	1	S
	2	E
II	3	R
	4	M
	5	L

3.3.3　分析
（1）　分析の枠組
本書では話法は直接話法と間接話法の2つとする。直接話法と間接話法は藤田（2000, 1995他）によれば、引用句が「聞き手めあて」の表現かどうか、すなわち、伝達のムードをもっているかどうかで決定される。直接話法とかかわる伝達のムードが引用句に具現化されるとき、文末表現だけでなく、鎌田（2000: 68-80）が示した最も劇的に元の発話を生成する直接話法の表現や、ダイクシス表現によって示される。

たとえば、直接話法を明示的に示す要素は、ポーズ[ix]、間投詞、呼びかけなどによる開始の表示、繰り返し表現（「お嬢、お嬢って」鎌田2000: 75）、丁寧語（デス・マス体など）、終助詞（よ、ね、なあ、など）や、命令のナサイ形や要求のテ形のようなモダリティ性のある表現である。これらが引用句

に出現すると、引用句は伝達の場からより独立した直接話法らしい表現[x]となるとされる。以上のような表現を本書では直接話用を表す「特性」と呼ぶ。
　ダイクシス表現によっても話法を表示できる。

1. 昨日松島君は明日君のうちに行くよと言った。
2. 昨日松島君は今日僕のうちへ来ると言った。（鎌田2000: 108　下線筆者）

　例1と例2を比べると、例1は「明日」「君」「行く」という元発話の場を示すダイクシス表現によって元の発話者の視点、すなわち、元発話の場が維持された表現（以降、「ダイクシス（−）表現」と呼ぶ）で、直接話法である。また、終助詞「よ」によっても引用句は伝達のモダリティをもった直接話法の読みが確定する。一方、例2はダイクシス表現が「今日」「僕」「来る」という伝達の場の視点に合わせて調整され（以降「ダイクシス（＋）表現」と呼ぶ）、終助詞がないなどモダリティ表現が明示されていないことから間接話法の読みとなる。
　すべての直接話法に鎌田（2000）の示した直接話法の「特性」があらわれるわけではないが、反対にこのような最も直接話法らしい直接話法を示す「特性」があらわれる引用は必然的に直接話法と解釈される。そこで、間接話法と直接話法の区別をする以下の「特性」（鎌田2000: 68-80）を基本的分析項目として用いる。本データに見られた直接話法を示す「特性」、及び、直接話法、間接話法にかかわるダイクシス表現の具体例を以下に示す。（（　）内は可能な限り伝達者の視点からの間接話法の解釈を示す。アルファベットは学習者を示す。）

ⅰ）直接話法
呼びかけ
(21)　お母さんお母さん、これ何、何で1円あげる？　（母にそれは何か、
　　　なぜ1円あげるのかと聞いた　E）

間投詞
(22)　知らないのおばあさん、ねえねえ、あなた子どもある　（知らない老

夫人が私に子どもがあるか聞いた　E）

繰り返し表現

(23)　あたし怒る怒るばっかりって　（夫は私がいつも怒っていると言っている　L）

命令・要求（ナサイ形、テ形など）

(24)　早く帰って来てっていう　（私は、早く帰るようにと言う　L）

(25)　お姉さんがあなたのアルバイト少しだから、もっと作りなさいだって　（姉が、私のアルバイトが少ないからもっと作るようにと言った　E）

(26)　私から、ちょうだい、ちょうだい　（私がくれと言った　E）

丁寧形

(27)　許してくれないんですかって　（許してくれないかと頼んだ　M）

でしょ

(28)　まちがいがあると怒るでしょってったの　（間違いがあると怒るだろうと言った　L）

終助詞

(29)　でも、大変だよ、きびしいよって　（でも大変だし、きびしいと言った　R）

ダイクシス（－）表現

　　　元発話の場を示すダイクシス表現である。

(30)　お姉さんがあなたのアルバイト少しだから、もっと作りなさいだって　（姉が、私のアルバイトが少ないからもっと作るように言った　E）

(31)　なんで、わたしだけちがうのって　（娘が、なぜ自分だけちがうのか聞いた　M）

ⅱ）　間接話法

ダイクシス（＋）表現

伝達の場に合わせられたダイクシス表現である。

(32)　わたしが愛してるだって　（夫が私を愛していると言った　S）

（2） 分析手順

5名の自然発話データから引用表現を取り出し（引用表現の抽出手順については 3.2 参照）、引用された発話を他者発話と自己発話に2種類に分類した。その上で、直接話法の「特性」及びダイクシス（−）表現をもつ引用句を直接話法、ダイクシス（＋）表現を含むものを間接話法、と2種に分類し、どちらの特徴ももたないものを特定不可話法とした。その後、引用標識ごとに表出数をカウントし[xi]、引用総数に対する各話法の引用表出割合を学習者ごとに算出した（単位％）。また、直接話法ひとつ当たりの「特性」表出数、ダイクシス（−）表現表出数を算出した。間接話法についても同様の手順で分析を行った。

3.3.4　分析結果
（1）　他者発話

上記の判定項目に照らして判定した直接話法引用、間接話法引用、直接話法・間接話法のどちらの要素も含まずどちらとも特定できない特定不可話法の引用数と、学習者毎の引用数に対する割合を示した（表 3–11）。表中の（　）内の数値は直接話法のうち、同時に間接話法を示すダイクシス（＋）表現を含むものである。

表 3–11　各話法の表出数と表出割合（他者発話）

	S		E		R		M		L	
引用数	9		28		18		14		34	
直接話法	4	44%	12	43%	8	44%	11(1)	79(7)%	20(3)	59(9)%
間接話法	1	11%	2	7%	0	0%	0	0%	0	0%
不特定話法	4	44%	14	50%	10	56%	3	21%	14	41%

小数点以下は四捨五入したため％総計は100になっていないものもある。

直接話法は学習者 S（44％）、学習者 E（43％）、学習者 R（44％）、学習者 M（79％）、学習者 L（59％）で、間接話法（学習者 S 11％、学習者 E 7％、学習者 R、M、L はすべて0％）より圧倒的に多い。しかし、「特性」や

ダイクシス表現があらわれない特定不可引用表現は、グループⅠ（学習者 S 44％、学習者 E 50％）と学習者 R（56％）では直接話法と同じか、少し上回っている。それに対し、グループⅡの上位者（学習者 M 21％、L 41％）は直接話法の方が多く使用される傾向がある。一方、グループⅡの上位者の学習者 M と L では直接話法を示す「特性」と、間接話法の読みを促すダイクシス（＋）表現の両方を含むものが、それぞれ 7％、及び、9％見られた。つまり、5 名において直接話法は間接話法より表出割合が高く、グループⅡの上位になると特定不可話法が減少し直接話法が増加する中で、間接話法と直接話法の混淆した自由間接話法の表出も見られた。

ⅰ）　直接話法の表出状況と表出割合

直接話法の表出数と引用形式との関係を表したものが表 3–12 である。表内数値は、斜線の左側が直接話法表出数、右側がその形式による引用数である。

表 3–12　直接話法の表出と引用形式の関係（他者発話）

	元話者	引用動詞	引用句	引用標識	引用動詞	S	E	R	M	L
13	元話者		＋引用句	＋と	＋V					0/1
12	元話者	＋V	＋引用句	＋って				1/1	1/1	**2/5**
11	元話者		＋引用句	＋って	＋V			1/1	2/3	**10/15**
10	元話者		＋引用句	＋って		1/1		0/2	**7/9**	1/1
9	元話者		＋引用句	＋んだって	＋V			0/2		
8	元話者		＋引用句		＋V		0/1			1/1
7	元話者	＋V	＋引用句	＋んだって			0/1			1/2
6	元話者		＋引用句	＋だって	＋V		0/1			
5	元話者		＋引用句	＋んだって			0/1	0/3		0/3
4	元話者	＋V	＋引用句	＋だって			0/2			0/2
3	元話者	＋V	＋引用句				1/1	**3/5**		1/2
2	元話者		＋引用句	＋だって		1/4	**3/13**	0/1		1/2
1	元話者		＋引用句			**2/4**	**8/8**	**3/3**	1/1	

表内数字: 直接話法表出数／引用数
V: 引用動詞あるいはその機能をもつ語
太字: 主要な引用形式

直接話法の表出割合を学習者ごとに見てみる。まずグループⅠを見ると、学習者 S では引用標識も引用動詞もないゼロ形式で 4 例中 2 例（50％）が直接話法であるのに対し、「だって」では同じ表出数 4 例中 1 例（25％）と直接話法の生成は少ない。学習者 E においてもゼロ形式の引用は 8 例中 8 例すべて直接話法で、直接話法の表出が最も多い。ところが、使用形式数が 13 と最も多い「だって」のみによる引用では直接話法は 13 例中 3 例（23％）しかなく、ゼロ形式に比べると直接話法の出現率はかなり低い。つまり、グループⅠの学習者においては、直接話法は標識も引用動詞もないゼロ形式の場合に最も生じやすく、「だって」では直接話法が生じにくいといえる。
　次にグループⅡの学習者 R の直接話法の割合を見ると、ゼロ形式は引用 3 例中 3 例すべてが直接話法である一方、動詞のみでの引用（形式 3）では 5 例中 3 例（60％）である。つまり、ゼロ形式の方が、先行する動詞がある引用よりも直接話法が生じやすいことになる。また、標識がある場合は、「って」（形式 10, 11, 12）においては 4 例中 2 例（50％）が直接話法であるのに対し、「だって」、「んだって」では直接話法はまったく生じていない。
　学習者 M, L は「って」が最も優勢な標識である。学習者 M では「って」を用いる引用形式 13 例中 10 例（77％）が直接話法となっており、最も使用数が多い「って」単独の引用で 9 例中 7 例（78％）が直接話法である。ゼロ形式 1 例の引用も直接話法である。学習者 L においても「って」による引用の 21 例中 13 例（62％）が直接話法で、最多の「って＋引用動詞」は 15 例中 10 例（67％）に上っている。また、動詞のみでの引用も 3 例中 2 例（67％）が直接話法と高率である。それに対し、「だって」「んだって」においては、直接話法は「だって」4 例中 1 例（25％）、「んだって」5 例中 1 例（20％）と低く、直接話法が生じにくいことがわかる。
　まとめると次のようになる。グループⅠでは、直接話法はゼロ形式で生じやすく、「だって」「んだって」では生じにくい傾向が見られる。一方、グループⅡにおいては、主要な引用標識である「って」での引用においても直接話法が十分に使用される。「だって」「んだって」では、グループⅠよりさらに直接話法は生じにくい。ただ、グループの境界に近い学習者 R では、ゼロ形式と、先行型動詞だけ（形式 3）で直接話法が多く、しかも「って」による

引用でも直接話法が使用されており、2つのグループの特徴を兼ね備えている。学習者全体の傾向として「だって」「んだって」による引用では、ゼロ形式や「って」に比べて直接話法が相対的に少ないが、グループ間で比較すると、引用形式の習得が不十分なグループⅠは「だって」においてさえ直接話法で引用する傾向が強いということができる。

ⅱ) 間接話法の表出状況と表出割合

間接話法の表出数と引用形式の関係を表3-13に表した。表内数値は、斜線の左側が間接話法表出数、右側がその形式の引用数である（表内太字: 間接話法が使用された形式，*印: ダイクシス（＋）表現があるが、「特性」も残しているもの）。

表3-13　間接話法の表出と引用形式の関係（他者発話）

	元話者	引用動詞	引用句	引用標識	引用動詞	S	E	R	M	L
13	元話者		＋引用句	＋と	＋V					0/1
12	元話者	＋V	＋引用句	＋って				0/1	**1*/1**	0/5
11	元話者		＋引用句	＋って	＋V			0/1	0/3	**2*/15**
10	元話者		＋引用句	＋って		0/1		0/2	0/9	**1*/1**
9	元話者		＋引用句	＋んだって	＋V			0/2		
8	元話者		＋引用句		＋V		0/1			0/1
7	元話者	＋V		＋んだって			0/1			0/2
6	元話者		＋引用句	＋だって	＋V		0/1			
5	元話者		＋引用句	＋んだって			0/1	0/3		0/3
4	元話者	＋V	＋引用句	＋だって			**2/2**			0/2
3	元話者	＋V	＋引用句				**1/1**	0/5		0/2
2	元話者		＋引用句	＋だって		**1/4**	0/13	0/1		0/2
1	元話者		＋引用句			0/4	0/8	0/3	0/1	

表内数字: 間接話法表出数／引用数
V: 引用動詞あるいはその機能をもつ語

5名において間接話法の使用は非常に少ない。グループⅠでは「だって」で表出されているが、ゼロ形式では間接話法が生じていない。グループⅡで

は、間接話法はなく、ダイクシス（+）表現をもちながら直接話法の「特性」が残された自由間接話法（表内*印）が見られ、「って」が話法に関係なく使用されることがわかる。

ⅲ）「特性」とダイクシス表現
5名の学習者の「特性」とダイクシス表現について標識ごとに表3-14a、b、c、dに表した。直接話法を示す「特性」（「呼びかけ」「間投詞」「繰り返し」「命令・要求」「デス・マス」「でしょ」「終助詞」）の表出数とこれらの「特性」表出数の合計（表内「特性数合計」）を示した。また、ひとつの直接話法に「特性」がいくつ使用されているかを算出し示した（表内「特性数／直」）。直接話法を示す要素であるダイクシス（-）表現についても、表出数（表内「ダイ（-）」）と直接話法引用ひとつ当たりの数（表内「ダイ（-）／直」）を算出し、表に示した。間接話法については伝達の場に調整したダイクシス（+）表現（表内「ダイ（+）」の表出数と間接話法引用ひとつ当たりの表出数（表内「ダイ（+）／間」）を示した。表内の（　）数字は、混淆話法（自由間接話法）におけるダイクシス（+）表現の表出数と、引用ひとつ当たりの数である。「と」による引用は1例のみで、直接話法の表出はなかった。

表3-14　直接話法及び間接話法を示す特性（他者発話）

表3-14 a「標識なし」

直接話法	S	E	R	M	L
呼びかけ			1		
間投詞		3	1		3
繰り返し		4	2		
命令・要求	1	3	1	1	
デス・マス		2			
でしょ	2	1			
終助詞		3	4	1	1
特性数合計	3	16	9	2	4
特性数／直	1.5	1.8	1.5	2.0	2.0
ダイ(-)	0	6	1	0	1
ダイ(-)／直	0	0.7	0.2	0	0.5

表3-14 b「だって」

直接話法	S	E	R	M	L
呼びかけ					
間投詞		1			1
繰り返し		3			
命令・要求	1	1			
デス・マス					
でしょ					
終助詞					
特性数合計	1	5	0	−	1
特性数／直	1.0	1.7	0	−	1.0
ダイ(-)	0	2	0	−	0
ダイ(-)／直	0	0.7	0	−	0

表 3-14 a 「標識なし」

間接話法	S	E	R	M	L
ダイ(+)	0	0	0	0	0
ダイ(+)／間	0	0	0	0	0

表 3-14 b 「だって」

間接話法	S	E	R	M	L
ダイ(+)	1	2	0	−	0
ダイ(+)／間	1.0	1.0	0	−	0

表 3-14 c 「って」

直接話法	S	E	R	M	L
呼びかけ			1		
間投詞				2	1
繰り返し					1
命令・要求					1
デス・マス					
でしょ					1
終助詞				3	8	12
特性数合計	0	−	4	10	16
特性数／直	0	−	2.0	1.0	1.2
ダイ(−)	1	−	0	7	2
ダイ(−)／直	1.0	−	0	0.7	0.2
間接話法					
ダイ(+)	0	0	0	(1)	(3)
ダイ(+)／間	0	0	0	(1.0)	(1.0)

表 3-14 d 「んだって」

直接話法	S	E	R	M	L
呼びかけ					
間投詞					
繰り返し					
命令・要求					
デス・マス					
でしょ					
終助詞					
特性数合計	0	0	0	−	0
特性数／直	0	0	0	−	0
ダイ(−)	0	0	0	−	1
ダイ(−)／直	0	0	0	−	1.0
間接話法					
ダイ(+)	0	0	0	−	0
ダイ(+)／間	0	0	0	−	0

−：その標識自体の表出がないことを示す。

直接話法の使用及び間接話法を示す要素の表出を標識ごとに見てみよう。

(a) 「標識なし」

「標識なし」(形式 3, 8) の直接話法における「特性」の表出数をみると、直接話法ひとつ当たり 1.5 (学習者 S、R)、1.8 (学習者 E)、2.0 (学習者 M、L) で、他の標識 (表 3-14b, c, d) と比較すると「特性」の使用が多い。表出された「特性」の種類を全体的に見ると、「標識なし」では「特性」が 7 種類表出されており、他の標識における直接話法より多様である。多く使用された「特性」は間投詞、繰り返し表現、命令・要求のテ形、終助詞である。デス・マス体の表出は非常に少ない。学習者毎に見てみると、最下位にある学習者

S、及び上位者のM、Lでは「特性」の種類は2種と少ないのに対し、2つのグループの境界にある学習者Eでは6種類、学習者Rでは5種類と非常に多様な「特性」が用いられている。

ダイクシス（－）表現は学習者E、R、Lで表出されているが、ひとつ当たりの表出数は学習者Eが0.7と5名中、最も高い。学習者Eのダイクシス（－）表現は引用句の中の伝達者自身を指示する「あなた」（＝伝達者）が多く用いられているのに対し、グループⅡの学習者R、Lでは元話者を指示する「わたし」（＝元話者）を使用しており、ダイクシス（－）表現であっても具体的な使用語は異なっている。

以上の結果をまとめると次のようになる。「標識なし」、つまり、ゼロ形式（グループⅠ、グループⅡ）か、先行動詞のみの引用表現[ⅶ]の直接話法引用（グループⅡ）では、全体に「特性」の使用が多い。2つのグループの境界にある学習者E、Rでは、使用された「特性」の種類が多く、元発話の「聞き手めあて」性を強く表示した発話として提示している。特に学習者Eでは「特性」の量・質面の表出に加えダイクシス（－）表現の3つの手段を使用して、直接話法らしい直接話法を生成していることがわかる。それに対して、引用知識の最も少ない学習者Sは使用数も種類も少なく、直接話法の生成が十分可能になっていないことが推測される。グループⅡの学習者M、Lは「標識なし」による引用数自体が少なく「特性」の種類も少ないが、直接話法は十分に使用されている。「標識なし」では間接話法はまったく見られなかった。

(b) 「だって」
「標識なし」に比べると「だって」では直接話法の生じる割合は低く、その上、間接話法も見られた（表3–12、表3–13）。直接話法ひとつ当たりの特性の使用数を見ると学習者S1.0、学習者L1.0で「標識なし」の最低値1.5より少ない。その中で、学習者Eだけは1.7と「標識なし」の場合と同程度に多く、使用された「特性」の種類も3種類と他の学習者よりは突出して多い。直接話法を示すダイクシス（－）表現（伝達者を指示する「あなた」）の表出は学習者Eのみで、直接話法ひとつ当たり0.7とこれも「標識なし」(0.7)

と同様に高い。つまり、「だって」による引用では「標識なし」に比べるとグループⅠ、Ⅱとも「特性」は種類も表出数も少ない中で、学習者Eでは「特性」とダイクシス（−）表現が「標識なし」に劣らず多く使用されていることがわかる。

「だって」においては間接話法が見られ、間接話法を示すダイクシス（＋）表現はグループⅠの学習者Sで1例、学習者Eで2例あった。この3つの表現すべてが引用句の中の伝達者自身を「わたし」(33)(34)と表現したもので、このダイクシス表現と「特性」との共起はなかった。

(33) （夫が）わたしが愛してるだって　（既出32 私を愛していると言った　S）
(34) 先生もゆった、わたしも問題ないだって　（医者が私も問題がないと言った　E）

まとめると次のようになる。「だって」による直接話法引用は全体に「特性」の使用が少ない。また、グループⅠの2名で間接話法を示すダイクシス（＋）表現が見られ、間接性が高い引用を行っていることからも、「だって」が間接性の高い引用を行う標識であることがわかる。しかし、グループⅠの上位学習者Eは「だって」の数少ない直接話法引用にも量的、質的に多くの「特性」やダイクシス（−）表現を投入している。学習者Eは十分な引用形式をもたないが、「特性」とダイクシス（−）表現によって元発話を直接話法で明確に表示することが可能な習得レベルに達していることがわかる。学習者Sも引用形式はもたないが、学習者Eほど直接話法の「特性」を産出できるレベルまでに至っていないと推測される。

(c)　「って」

直接話法ひとつ当たりの「特性」表出数はそれぞれ2.0（学習者R）、1.0（学習者M）、1.2（学習者L）で、「標識なし」と比べて多いのは学習者Rだけで、学習者M、Lでは少ない。用いられた「特性」の種類は「標識なし」に比べて多くはなく、終助詞に偏っている。つまり、「って」による引用で

は「標識なし」のようなバラエティに富んだ直接話法の明確な表示は見られない。しかし、2グループの境界にある学習者Rは「標識なし」に匹敵するほど多くの「特性」が表出された。

　直接話法を示すダイクシス(−)表現は学習者Mと学習者Lで表出されている。このダイクシス(−)表現は引用句の中の伝達者自身を指示する「あなた」(30)と、元話者を指示する「わたし」(35)である。このダイクシス(−)表現の「あなた」(＝伝達者)はグループⅠ(学習者E)においても使用されている。しかし、「わたし」は、グループⅠでは伝達者自身を示す間接話法的使用のダイクシス(＋)表現(「わたし」＝伝達者)だけで、(31)のようなダイクシス(−)表現(「わたし」＝元話者)はなかった。つまり、「って」を習得した学習者においては「わたし」の指示するものが、伝達者と元話者の2つになっているわけである。

　さらに、「って」習得者のダイクシス(＋)表現は、引用句内の伝達者を指示する「わたし(＝伝達者)」(35)(36)においても、また、元話者を「自分＝(元話者)」で指示したもの(37)においても、終助詞的な「の」や繰り返し表現「怒る怒る」があるため、間接話法ではなく、直接話法との混淆形態である自由間接話法[xiii]になっている。

(35)　なんで、<u>あたし</u>だけあげるのって　(夫がなぜ私だけがあげるのかと言った　L)
(36)　だんな、いつも<u>あたし</u>、いつも怒る怒るばっかりっていってる　(夫は私がいつも怒ると言っている　L)(21)で既出
(37)　比べます、<u>自分</u>のうちは、なんで、こんなきびしいなの？なんで、そっちは平気なのって　(娘がなぜ自分の家だけが厳しいのか、なぜ友達の家は平気なのかと友達と比べる　M)

　つまり、「って」(グループⅡ)による直接話法引用では、「特性」の使用は「標識なし」ほど顕著ではないが、「わたし」の指示対象の複数化だけでなく、元話者を、引用表現全体の主語としてではなく、引用句の中に「わたし」(直接話法)と「自分」(間接話法)の2通りに明示するなど、より複雑な指示

関係の表現が可能になっていることがわかる。グループⅡで最も習得レベルが低い学習者Rでは、「って」による直接話法でも多くの「特性」が投入されたが、ダイクシス(−)表現は使用できなかった。以上のことから、「って」が十分に習得された段階では、ダイクシス(−)表現の多様化に加え、直接話法にダイクシス(+)表現と「特性」が共起する混淆した話法(自由間接話法)が見られ、引用句に伝達者の視点がより多く反映されていることが示された。

(d) 「んだって」

「んだって」による引用では直接話法は少ない。学習者Lで1例観察されたが、「特性」で明示されるのではなく、元話者を指示する「あなた」というダイクシス(−)表現によって表示されている(38)。つまり、「んだって」は「特性」を受け入れない傾向があり、直接話法性が低いことがわかる。

(38) principal、principal、それで話ししたの、あー、<u>あなた</u>の子ども、すごい、走る、うまい、速い、走るで、速いんだって　(校長が私の子どもは走るのが速いと言った　L)

以上の他者発話引用の話法の分析結果をまとめると以下のようになる。

1. 直接話法の場合、グループⅠでは、引用形式がまったく表出されない傾向があり、グループⅡでは動詞の有無、位置にかかわらず「って」で引用される。グループⅡで下位にある学習者では、グループⅠの特徴も同時に見られる。
2. 全体的傾向として「だって」「んだって」で直接話法が表示されることは少なく、間接話法性が高い。しかし、グループ間で比較すると、グループⅠの方が「だって」によっても直接話法が引用される傾向が強い。2つのグループの境界にある学習者Eは「だって」の直接話法引用に「特性」などを多用する一方で、間接話法引用も行っているところから、「だって」を直接話法と間接話法引用の両用に使用している。

3. 直接話法の「特性」は、全体的に、標識がない場合に多く使用される傾向がある。主な「特性」は終助詞、繰り返し表現、間投詞、要求・命令のテ形で、デス・マス体は非常に少ない。グループⅠとグループⅡとの境界にある学習者、つまり、引用形式は不十分であるが発話は困難ではない学習者では、直接話法には大量かつ多様な「特性」やダイクシス（−）表現が投入されて引用句が明確化される。一方、引用形式の最も不十分な学習者は発話も困難で「特性」の表出が少ない。
4. 間接話法は非常に少なく、ゼロ形式ではまったく生じない。グループⅡでは間接話法も「って」によって引用される。
5. 「んだって」は直接話法性が低い。
6. 間接話法の「わたし」（＝伝達者）はグループⅠで用いられ、グループⅡでは直接話法の「わたし」（＝元話者）が加わった。グループⅡでは「自分」（＝元話者）もあらわれた。

（2） 自己発話

自己発話の引用における引用総数に対する直接話法の割合を算出した。直接話法の割合が最も低い学習者 S でも50％で、他の4名はそれぞれ86％（学習者 E）、67％（学習者 R）、70％（学習者 M）、93％（学習者 L）と高く、自己発話においては他者発話よりも直接話法が生成されやすいことがわかった。以下で自己発話の直接話法を詳しく見てみる。

ⅰ） 直接話法の表出状況と表出割合

直接話法の表出数と引用形式との関係を表したものが表 3-15 である。自己発話で用いられた形式は5種（形式 1, 3, 9, 10, 11）である。表内数値は、斜線の左側が直接話法数、右側がその形式での引用数である（太字は主要な引用形式）。

　グループⅠでは、学習者 S ではゼロ形式は4例中2例（50％）、動詞のみは2例中1例（50％）と、半数が直接話法である。学習者 E では、ゼロ形式は5例中5例（100％）、動詞のみは2例中1例（50％）が直接話法である。他者発話と同様にゼロ形式において直接話法が最も使用されやすいといえる。

表 3–15　引用形式毎の直接話法の表出数（自己発話）

	元話者	引用動詞	引用句	引用標識	引用動詞	S	E	R	M	L
12	元話者	＋V	＋引用句	＋って					1/1	1/1
11	元話者		＋引用句	＋って	＋V			1/1	3/3	6/7
10	元話者		＋引用句	＋って				1/1	5/6	2/2
3	元話者	＋V	＋引用句			1/2	1/2	2/3		4/4
1	元話者		＋引用句			2/4	5/5	2/4		

　グループⅡの学習者Rは、最も優勢なゼロ形式（4例中2例、50％）、動詞のみ（3例中2例、67％）、そして、「って」による引用（2例中2例、100％）ですべての引用形式で直接話法の使用は多い。学習者Mにおいても「って」の10例中9例（90％）、学習者Lでは10例中9例（90％）が直接話法である。Lの動詞のみによる引用においても4例中4例すべてが直接話法である。

　つまり、自己発話の引用における直接話法の表出は、ゼロ形式だけでなく他の形式においても他者発話に比べて非常に多く、特に、グループⅠの上位者以上で多用されるということができる。

ⅱ）「特性」とダイクシス表現

自己発話の直接話法引用における「特性」とダイクシス（−）表現の表出数を表した（表3–16 a, b）。表内の文字の示す意味については他者発話と同じである。

(a)　「標識なし」

「標識なし」（形式1, 3）による直接話法引用は4名（学習者M以外）で表出されている。直接話法ひとつ当たりの「特性」表出数の傾向は学習者によって異なっている。学習者S、Rはどちらも1.0と少ないのに対し、学習者E、学習者Lは2.5と非常に多く使用されている。グループⅠの学習者Eは「特性」の種類も多く、量的、質的に直接話法を強調的に表示しており、他者発話の引用と同じ傾向があることがわかる。4名で、「呼びかけ」が7例、終

表 3-16　話法を示す特性とダイクシス表現（自己発話）

表 3-16 a「標識なし」

引用数	S	E	R	M	L
呼びかけ	2	3	1		1
間投詞		2	1		
繰り返し		4			
命令・要求		1	1		
デス・マス					
でしょ					4
終助詞	1	5	1		5
特性数合計	3	15	4	－	10
特性数／直	1.0	2.5	1.0	－	2.5
ダイ(-)	1	0	0	－	0
ダイ(-)／直	0.3	0	0	－	0

表 3-16 b「って」

引用数	S	E	R	M	L
呼びかけ					
間投詞				1	2
繰り返し					1
命令・要求			3	1	2
デス・マス			1	3	1
でしょ					1
終助詞			1	10	8
特性数合計	－	－	5	15	15
特性数／直	－	－	2.5	2.1	1.7
ダイ(-)	－	－	0	2	1
ダイ(-)／直	－	－	0	0.3	0.1

－：その標識自体の表出がないことを示す。

助詞 12 例と多く用いられている。デス・マス形の使用はない。

(b)　「って」

「って」はグループⅡの 3 名で表出されている。直接話法ひとつ当たりの「特性」表出数は 2.5（学習者 R）、2.1（学習者 M）、1.7（学習者 L）と非常に多い。「特性」の種類を見ると、引用形式の「って」を習得している学習者 L、M はそれぞれ 6 種類、4 種類と多様で、他者発話よりもはるかに生き生きとした直接話法を生成していることがわかる。「特性」は命令形や要求テ形、デス・マス形、終助詞が全員で見られるなど、全体に種類が豊かである。

　他者発話の引用には用いられなかったデス・マス体が、自己発話の「って」を習得した学習者で表出された。「お願いします」のような定型的なものもあるものの、対話の相手や話題によって普通体とデス・マス体が使い分けられている。(39)の警察官との対話は、警察官の発話には普通体（ゴシック体）、伝達者自身の発話にはデス・マス体（下線）と、文体が巧みに使い分けられた例である。

(39) お巡りさんに、謝って、ほんとに、わから、あの切れちゃって、ほんとにわからなかったから、ただ、まだ、一ヶ月しか、あの切れてないからって、すぐ<u>直します</u>から、<u>許してくれないんですか</u>って。まあ、免許のこと、許すんだけど、あなたのスピード違反は、**許さないだら**って（免許が切れていることを知らなかったが、まだ1カ月だから許してくれないかと警官に頼んだ。警官は、免許のことは許せるがスピード違反は許すことはできないと言った　M）

引用形式の項ですでに示したが、次の(40)(＝既出20)は、引用形式も「特性」の表出も自在にはできない、習得レベルの最下位にある学習者Sのものである。引用は、対話をまるごと引用する対話の引用で、一人二役の一人芝居(鎌田2000)のような引用形態である。

(40) **こんどまたやるねー**、うーん、<u>やらないです</u>。**やるね？**　<u>はい</u>　（「次もまたやるのね」と母が言ったので、「ううん、やらない」と私は言った。母が「やるんでしょ」と言ったから、私は「うん、やる」と言った　S）（ゴシック体：母親、下線：S）

(40)は学習者Sが子どものときに実の母親にしかられた様子を引用したもので、母親のことばと伝達者自身のことばの対比を明確にし混同を避けるために、母親の発話には普通体、子どもであるSの発話には他者発話引用では使用されにくいデス・マス体や丁寧表現の「はい」が用いられている。対話の引用では元話者の同定を混乱させないために、場面によって丁寧体を自身のことばに使い分けられるだけの語用論的知識を得ているということである。

　引用形式を習得している上位者においても、デス・マス体が他者発話の引用に用いられることはなく、自己発話の引用に限り使用が見られる。明確な引用形式に加えて、ことばの受け手によって文体の使い分けが行われ、統語的にも語用論的にも精緻で詳細な元発話の意味と状況が伝達されているといえる。

　まとめると次のようになる。自己発話の引用では「標識なし」と「って」

のどちらの形式においても、学習者E以上のレベルでは「特性」が生成されやすい傾向がある。自己発話らしい「呼びかけ」表現や、終助詞が多く見られる。一方、他者発話では用いられないデス・マス体の使用が上位者で多く見られた。

分析結果のまとめ

話法の分析から次の結果が得られた。

【話法の種類】
1. 自然習得者では直接話法の使用が多い。他者発話より自己発話の引用の方で特に直接話法が多い。間接話法は非常に少ない。

【話法と形式との関係】
2. ゼロ形式では直接話法が用いられる傾向が、グループⅠ（他者発話）で特に強い。2つのグループの境界のレベルでは、動詞（先行型）があっても直接話法で引用表現が終結される傾向がある。
3. 「って」が習得されると、動詞の有無、位置にかかわらず「って」でも直接話法が用いられる。
4. 他者発話引用の「だって」では、全体的傾向として、直接話法は少ない。「だって」では間接話法引用も見られることから、「だって」による引用は間接話法性がある。しかし、グループ間で比較すると、グループⅠでは直接話法さえも「だって」によって引用する傾向がある。
5. ゼロ形式では間接話法はまったく生じない。
6. グループⅡでは、「って」による引用で、「特性」を残したままダイクシス（＋）表現に変更された間接話法的（自由間接話法）引用が見られた。
7. 「んだって」は直接話法性が非常に低い。

【引用形式と「特性」】
8. 全体的に見て、直接話法の「特性」は標識がない場合（特にゼロ形式）に多く使用される傾向がある。ただし、習得レベルの最も低い学習者は「特性」の表出は多くはない。境界にある学習者、つまり、引用形式は不十分であるが、発話は困難ではない学習者の直接話法には、多量かつ多様な「特性」や、ダイクシス（－）表現が投入される。

9. 引用形式を十分に習得しているレベル（すなわち、「って」の使用が可能）では、引用形式があっても、「特性」の量的な表出によっても直接話法を表示できる。この傾向は自己発話引用では量、質ともにより一層強まった。

【「特性」の種類】
10. 元発話の種類によって「特性」が異なる。他者発話の場合、主な「特性」は終助詞、繰り返し表現、間投詞、要求・命令のテ形で、デス・マス体は極めて少ない。それに対し、自己発話引用の場合、「呼びかけ」、終助詞が多い。グループⅡの自己発話には、元発話の受け手によってはデス・マス体を使用するなど待遇表現の使い分けが見られ、語用論的側面の習得が推測される。

【ダイクシス表現】
11. 「わたし」は伝達者指示（わたし＝伝達者、ダイクシス（＋）表現）から始まり、上位者では元話者指示（わたし＝元話者、ダイクシス（－）表現）に進む。それと同時に、元話者を指示する「自分」（自分＝元話者、ダイクシス（＋））も習得された。
12. 「あなた」は逆に伝達者指示（ダイクシス（－）表現）が早くから習得される。

3.3.5 考察（話法）
（1） 話法と引用形式の習得仮説
5名のデータ分析の結果に拠り、話法と引用形式の習得仮説は図3-2のようにたてられる。

　コミュニケーションを達成するために、事象Ａ（引用句）と事象Ｂ（元話者の発言行為）をどのように統合、言語化するかが引用表現の形態を決定する。

　発言行為（事象Ｂ）の表現の習得が不十分で、引用形式がまったく表示できない段階では直接話法が使用される。また、初期段階の先行型引用動詞だけ、あるいは「だって」のみという引用表現も引用形式部分は確立されておらず、引用句を明確に伝達するために、伝達力の強い直接話法が優位に用い

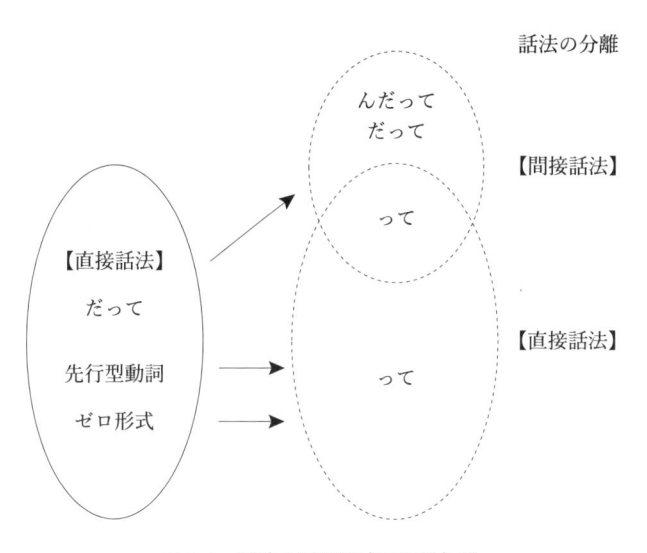

図 3-2　話法と引用形式の習得仮説

られる。その結果初期段階の「だって」で引用される引用句は、ゼロ形式よりは直接話法性が低いものの、「って」が使用できるレベルの「だって」に比べると多くの直接話法特性で強く際立たせられる。つまり、直接話法は引用形式の不十分さを補い、伝達を透明化するために使用されるストラテジーであると考えられる。引用表現の習得段階が進み、文末形態に制限がない汎用の「って」が習得されると、どのような話法の引用も可能となると推測される。一方、「だって」「んだって」においては、前接文要素との接続の統語化が進む結果、直接話法性が衰退し、「だって」「んだって」の間接話法標識化が進むと推測される。

（2）　直接話法の習得

直接話法は、伝達者が引用されることばの元の話し手を演じ（Wierzbicka 1974）、元のメッセージの内容だけでなく話し方、態度など多くの側面を提示できるものでもあり（Li 1986, Clark and Gerrig 1990）、伝達性は高い（遠藤 1982, 廣瀬 1988）。また、話し手側の産出も聞き手側の受容も容易で（Clark and Gerrig 1990）、それゆえ伝達も容易に達成することができる。本章で直

接話法とした引用句には、社会的交流で自然に使用される間投詞や終助詞やテ形による要求表現、あるいは終助詞的な「でしょ」、要求表現の「ちょうだい」といった日常会話に特徴的な表現が使用されていた。これらは元の発話を実物表示して再現する引用表現の中でも、何を食べたかを聞く問いに、答として、実物のリンゴを差し出す（藤田 2000: 41）ことに似た最も忠実再現的な直接話法である。このような表現は凝縮された記号性をもっているとされ（グッドマン 1968: 69–98）、そのイコン性ゆえに非常に強い伝達力をもっている（Givón 1985 他）と考えられる。また、直接話法は、間接話法をもたない言語でも必ずもつ原初的な形式であるとされる（Li 1986）。つまり、コミュニケーション機能から見て直接話法は非常に有効なストラテジーであるばかりか、その使用は容易ということで、生きるための伝達手段として言語を習得する自然習得者では直接話法の習得が早いと考えられる。

　また、外国語として日本語を教室習得した学習者では直接話法の使用が少ないが、同じ教室習得者でも実際に日本語での社会的交流を経験したものは直接話法と間接話法をバランスよく使用しているとされた（Kamada 1990）。一方、本自然習得者 5 名においては直接話法は間接話法よりはるかに優勢であった。Kamada (1990) では間接話法の判定基準が明確に示されていないため、本データと単純な比較はできない。しかし、直接話法が社会的交流の経験によって習得されたと見られることを示唆しており、本データの結果と矛盾しない。自然習得の学習者が元のことばを引用して伝達しようとするとき、教室習得者とは逆に、日常的に相互交流に使用する発話を伝達のムードをもったまま引用句に取り込める点でも、直接話法の習得は容易であると思われる。

　ゼロ形式では、なんらかの引用形式がある場合に比べて、直接話法の割合が非常に高かった。また、ある程度の相互交流能力はあるけれども、十分な引用形式を習得していない学習者では、「だって」があっても多様な直接話法的特性が大量に表出された。これは、日常的な発話の生成は十分に可能だが、引用形式は不十分な学習者が、形式面の知識の不足を補おうと、日常会話的な表現で引用句のイコン記号性の高い直接話法のストラテジーを過剰に使用していることを示すものであろう。つまり、習得の初期段階の直接話法

は恣意的に使用されるのではなく、形式を補うストラテジーであると考えられる。

　さて、本章で考察している5名のうち、習得レベルの進んだ学習者において、引用形式が十分に使用可能であるにもかかわらず、他者発話、自己発話引用ともに、直接話法が一層増加する傾向が見られた（表3-11）。しかし、進んだレベルの直接話法は他者発話引用と自己発話引用とで精緻化の様相が異なる。他者発話では、全体に「特性」が単調になる一方、ダイクシス表現を用いて直接話法であることが強調された。これは発話レベルのみの直接話法から視点操作による直接話法表示への変化である。それに対し自己発話の引用では、「特性」が一層ふんだんに使用される一方、元発話の向かう対話者と伝達者との社会的関係が文体の違いで表される待遇表現が利用された。これらは、「特性」の表示の強化と、語用論的知識に基づく直接話法表示である。つまり、元発話（事象A）は、日常生活の相互交流で用いられる間投詞や終助詞などによるイコン記号性の表示に加えて、視点移動や語用論的知識によって、元発話の由来やその存在性が一層巧妙に際だたせて見せられることになる。ここで、引用されたことばが実際に存在し発せられたものであることを聞き手に了解させようとする伝達者自身の意図がさらに実現に近づくのである。

　さて、自己発話の引用では他者発話の引用より直接話法が多かった。他者発話の引用では発話の意味の理解と新たな引用句の産出という2段階の操作が必要であるのに対し、伝達者自身の発話の引用は文字通り自己発話の再現である。伝達のムードは伝達者自身からの働きかけで、その言語化の認知的負荷はより小さく、再現は容易であると考えられる。

　ところで、本データで直接話法が多用されるもうひとつの要因として、養子縁組の許可を得るための調査という本データの特殊性が考えられる。元発話を忠実に再現したことを伝える直接話法を多く用いることで、引用されたことばの話し手である家族や関係者を演じ、その発言をリアルに伝え、周囲との関係を提示したい、あるいは元話者の考えを示したいという話し手の意図（Wierzbicka 1974, Li 1986, Clark and Gerrig 1994）がある。その意図を実現するために、習得段階の初期から後期までの段階、段階で使用可能な表現を

最大限に使い、ストラテジーを用いて、引用を表現しているということができる。

（3）　間接話法の習得

間接話法の使用は非常に少ない中、間接話法の読みを促すダイクシス（＋）表現について見ると、伝達者（引用文全体の話者）を示す「わたし（あたし）」が、引用表現についての知識の有無にかかわらずどちらのグループの学習者でも観察された。

　知覚の営みにおいても、認知の営みにおいても、人間はまず何よりも自らを営みの〈原点〉として指定するとされる（池上 2000: 269）。言語表現はそれを発する話者を中心とした表現になりやすく、引用を行っている伝達者自身を、引用された発話の話し手の視点からの表現である「あなた」と表現するより、「わたし」（ダイクシス（＋）表現）で表すことが伝達主体にとって自然であることは容易に推測できる。ここから、自然習得において「わたし」（＝伝達者）によるダイクシス（＋）表現による間接話法は、引用表現の習得の初期段階から表出可能であると考えられる。一方、前項でみたように直接話法の「わたし」（＝元話者）の表出は遅れ、本データでは上位者だけで表出された。すなわち、伝達の場の話者を原点とする伝達者指示表現から、他の時空の話者を指示する表現へと進んだ。つまり、これは「わたし」の指示対象の拡大であり、元発話の場への話者の視点の移動ということができる。また、「わたし」（＝元話者）を引用句内に表示することは、既に表示されている発言行為の主体に加えて、元話者を二重に表示することであり、事象Aの精緻化とも言える。

　また、引用表現が十分に習得された段階では、文末モダリティ表現をもった直接話法でありながら、引用句内の「あなた」で表すべき伝達者を、「わたし」（＝伝達者）で示す自由間接話法（Li 1986, Clark and Gerrig 1990）の使用が見られた（例35, 36）。直接話法は、伝達者が元話者を演じ、引用句の形式、内容のすべてが元話者に由来することを聞き手に信じさせようとする伝達者の意図からも用いられる（Li 1986）とされる。自由間接話法は、こういった直接話法によって伝達者の意図の実現を図り、同時に伝達者の視点を原点

として引用句の中に組み込むことで、元発話を伝達の場に強力に関連づけることができるのである。元発話の受け手でもある伝達者の視点を介して、元発話の場を進行中の伝達の場に引き込むストラテジーということができよう。また、自由間接話法の使用には、直接話法と間接話法の区別を犠牲にしてもなお目の前の聞き手に元のことばを伝達できるという信念の存在がうかがわれ、その信念を裏打ちする言語知識の習得が進んでいることが推測される。

　教室習得では、間接話法（普通体）の優位な使用への教科書の影響が指摘されている（Kamada 1990）。データの収集方法等の違いから単純な比較はできないが、組織的なメタ言語知識の提示をうけないで相互交流を通して習得が進む自然習得では、直接話法が非常に優位に習得され、間接話法の習得は極めて限られると推測される。

注

i　タガログ語の引用表現

直接話法

引用表現の語順に注目して分類すると、大まかに a) 引用句が動詞引用文の補部となるもの、b) 主節の引用動詞が名詞形になるもの、c) 引用動詞自体が名詞のものの 3 種類がみられる。以下に直接話法の例文を示す（タガログ語の代名詞では男性・女性を区別しないが、ここでは引用表現の話法と語順の違いに焦点を当てるため、代名詞をすべて男性の「彼」と表示する）。

　a）　Sinabi　niya　sa akin,　"Wala　akong　pera."
　　　言った　彼　私に　　「ない　私　　お金」
　　　［引用動詞＋元話者＋(聞き手)＋引用句］
　　　(He told me, "I don't have any money")

b) Ang sinabi niya sa akin, "Wala akong pera."
　　言った　彼　　私に　「ない　私　お金」
　　［引用動詞の名詞形＋元話者＋(聞き手)＋引用句］
　　(What he told me is, "I don't have any money.")

c) "Wala akong pera" ang sabi niya.
　　「ない　私　お金」　言う(名詞)　彼
　　［引用句＋引用名詞＋元話者］
　　(He said, "I don't have any money")

　　　　　　　(Schachter & Otanes1972, a: 169, b: 170, c: 171 一部改訂長屋尚典(私信))

a)とb)は引用を表す動詞の形態が異なるが、語順はどちらも同じ［引用動詞＋元話者＋引用句］で引用動詞が引用句の前にくる。c)は引用動詞の代わりに引用の意味を表す名詞が用いられ、語順は［引用句＋引用名詞＋元話者］である。

間接話法
元発話通りの引用ではなく言い換えた形で引用する形式とされる。間接話法の場合、平叙文、疑問文、命令文を引用動詞で引用する場合、a) 一般的に繋詞(linker)あるいは助詞の引用標識が引用句の前に必要である。引用句内の主語は伝達者の視点が反映する。また、命令文の場合、普通命令された動作を行う主体の表示が必要である。b)、c)は直接話法と同様、b) 主節の引用動詞が名詞形になるもの、c) 引用動詞自体が名詞のものである。

a) Sinabi ko-ng maganda si Maria
　　言った　私 引用標識　きれいだ　マリア
　　［引用動詞＋元話者＋引用標識＋引用句］
　　(I said that Maria is beautiful.)

b) Ang sinabi niya, wala (raw) siyang pera.
　　言った　彼　　ない　　彼　お金
　　［引用動詞の名詞形＋元話者＋引用句］
　　(What he said was that he doesn't have any money.)

c) Sinira   ko (raw)   ang kamera niya,   ang sabi   niya.
   壊した   私   彼のカメラ   言う（名詞） 彼
   ［引用句＋引用名詞＋元話者］
   (He said that I ruined his camera.)

(同書 a: 173, b: 181, c: 176 より同一部改訂)

　a) は［引用動詞＋元話者＋引用標識＋引用句］、b) は［引用動詞の名詞形＋元話者＋引用句］で、引用標識の有無や引用動詞の形態に違いはあるが、どちらも引用動詞は引用句に先行する。c) は引用動詞の代わりに引用を表す名詞が用いられ、語順は［引用句＋引用名詞＋元話者］で引用名詞は引用句の後ろにくる。b)、c) の間接話法では、引用であることを示す接語である raw/daw が引用句内の述語の直後に挿入されることもある。

ii 社会福祉法人「日本国際社会事業団」ソーシャルワーカー沼崎邦子氏（1999年当時）が収集されたもので、氏および被調査者の了解のもとに使用させていただいた。

iii フィリピンの教育制度は基本的に初等教育（6歳〜12歳）、中等教育（12歳〜16歳）、高等教育（16歳以上）からなっており、このうち高等教育は中等後教育（16歳〜最長19歳）と大学（16歳〜20歳）及び大学院（20歳〜）に分かれている。義務教育は6歳から12歳まで6年間行われる初等教育（小学校）のみである。12歳から4年間行われる中等教育機関は「ハイスクール」と呼ばれている。高等教育に入る中等後教育は職業・技術教育について3ヶ月から3年の課程を提供し、大学は医学や歯学などを除いて通常4年で修了する課程である（『諸外国の学校教育アジア・オセアニア・アフリカ編』（文部省1996））。

iv 一部には研究者グループのみで文字化した資料もある。

v 最も典型的な引用である、伝達者以外の話者の発話の引用について調べた。また、「典型的引用表現」の引用動詞は「言う」「話す」など発言行為を示す動詞とした。

vi ［動詞＋だって］の形式は通常非文法的とされるが、山崎(1996)は情報をまるごと提示する場合の形式として使用されていることを指摘している。

vii 接続は目標言語形式と異なっている。

viii 一人二役のそれぞれの文体を変えた語りは3歳児のナラティブにおいて観察されている（大久保1973: 113）。

ix 学習者言語が分析対象であるため、ポーズ、イントネーションは参考にとどめ、分析項目に含めなかった。

x 直接話法には最も直接話法らしいものからそうでないものまで変容があり、藤田（1995, 2000）と鎌田（2000）ではその扱いが異なっている。しかし、鎌田（2000: 75）があげた特性は最も直接話法らしい表現を示すもので、話法の判定には有効である。ただし、言語的事実としての直接話法はこの特性だけで決定されるわけではない。

xi 伝聞モダリティは複数の文に作用する（仁田：2000）ことから、文脈からひとつの引用と解釈される場合は複数の文であっても引用数1とカウントした。したがって、ひとつの引用句に複数の終助詞などが現れることもある。

xii 標識なしで、後続型引用動詞だけでの引用は2例だけである。

xiii 自由間接話法とは直接話法でありながら間接話法の視点表現をもつ引用。When this woman came along and said, what were we looking for. (Clark and Gerrig 1990: 787) 引用句は質問形式を残した直接話法でありながら、伝達者の視点に合わせたダイクシス表現 we が用いられている。自由間接話法については第1章1.3.1の Clark and Gerrig (1990) を参照。

第4章
ロシア語母語話者及びタイ語母語話者の引用表現の習得―縦断的研究【研究2】

4.1 はじめに

　第3章の横断的研究の【研究1】の引用形式の習得研究では、引用形式の習得について以下の習得仮説が提示された。初期段階では他者発話の引用と自己発話の引用とでは使用される形式が異なっており、他者発話引用は、1）［元発話者＋引用句］、2）［引用句＋だって・んだって］、3）先行動詞がある［引用動詞＋引用句＋だって・んだって］、4）後続動詞がある［引用句＋だって・んだって＋引用動詞］へと習得が進む。一方、自己発話の引用は1）［元話者（わたし）＋引用句］から2）［元話者（わたし）＋言う＋引用句］へと進む。そして、最終的に、どちらの引用にも使用可能な汎用の引用標識「って」を伴った［引用句＋って＋引用動詞］の形で、引用表現が習得されると予測している。また、習得過程で一般的に引用動詞は先行型から後続型へ習得が進行することを予測している。自然環境では「と」はほとんど習得されない。

　また、【研究1】の話法の習得研究で得られた習得仮説では以下のことが予測されている。1）引用形式が不十分な段階では伝達を達成するために伝達力の強い直接話法が優位に用いられる、2）しかし、日常的な発話能力も低い段階では、引用形式が不十分であっても、直接話法を示す特性の表出自体も困難である、3）「だって」は、初期段階では直接話法性と間接話法性をもつが、汎用の「って」の習得が進むと、直接話法性が衰退し、間接話法の

標識となる、4）自然習得者では間接話法は非常に少ない。引用動詞も引用標識もないゼロ形式では間接話法は生じない。それに対し、「んだって」では直接話法はほとんど生じない。

4.2 研究目的

【研究1】における分析結果から、引用形式と話法についての習得仮説が提示された。しかし、5名の学習者データの横断的分析であるため、引用表現が実際のコミュニケーションの中でどのように使用され、習得されるかを縦断的研究によって確認する必要がある。【研究2】では2名の学習者の引用表現の表出状況を時間経過にそって観察し記述を行う。【研究1】では他者発話の引用にさまざまな標識の使用が観察されたところから、【研究2】では他者発話のみを分析対象とする。研究目的は以下の3点とする。

1. 引用形式はどのようなものがどのような順序で表出されるか。
2. 引用動詞は先行型から後続型に移行するか。
3. 直接話法と間接話法はどう使用され、どう習得が進むのか。

ここで用語の定義をもう一度確認しておく。引用表現の用語については以下のように呼ぶ。花子が「太郎が、あした晴れるだろうと言った」と伝達する場合、『あした晴れるだろう』を［引用句］、「と言った」のように引用を示す形式を［引用形式］、「と」を［引用標識］、「言った」のように引用を示す動詞を［引用動詞］と呼ぶ。引用句の発話者である「太郎」は［元話者］、花子を［伝達者］と呼ぶ。

4.3 方法

4.3.1 被調査者
被調査者はロシア語母語話者のロシア系ウズベキスタン人（「マリア」と呼ぶ）とタイ語母語話者のタイ人（「サワ」と呼ぶ）の女性の日本語学習者であ

る。両者の属性や来日の背景、日本語教育の状況は表 4-1 の通りである。

表 4-1　学習者マリア及びサワの属性

	マリア（ロシア系ウズベキスタン人）	サワ（タイ人）
調査期間	2001 年 12 月～ 2003 年 3 月	2001 年 2 月～ 2003 年 2 月
来日年月	2001 年 7 月	1999 年 7 月
性別	女性	女性
調査開始年齢	25 歳（開始時）	23 歳（開始時）
母語	ロシア語	タイ語
夫の職業及び国籍	大学院留学生（同国人）	大学院留学生（同国人）
家庭内共通言語	ロシア語	タイ語
子ども	なし	開始時 2 名（女児 0 歳、男児 3 歳）終了時 3 名（女児 0 歳、女児 2 歳、男児 5 歳）
来日前の職業	銀行勤務	主婦
日本語学習	来日後 3 ヶ月から調査期間を通じ日本語教室（週 2 時間）で学習	来日後から 1 年間日本語教室で学習（週 1.5 時間）。調査開始時既に修了
その他の言語の学習	ウズベク語（10 歳から小学校の教科）、英語（高校の教科）	英語（学校教育の教科）

（1）　マリア

マリアは来日 4 ヶ月半後からおよそ 15 ヶ月間観察を行った。ウズベキスタンという地理的にも文化的にも日本から遠い環境にあったため来日するまで日本語の知識は非常に少なく、日本文化との接触もほとんどなかった。来日後、夫の大学で開講される日本語教室で週 2 時間初級文法の授業を受けはじめ、データ収集期間中継続して日本語教室に通っていた。観察開始時には教室学習を始めて 3 ヶ月あまり経過していた。観察開始から 8 ヶ月間最も基本的な文法の概要のインストラクションを受け、その後 6 ヶ月間週 2 時間の中級クラスに在籍した。ひらがなは初級クラス開始時にほぼ読める程度まで習得していた。授業で使用する初級文法教科書にあるドリルを自習し、漢字も教室学習と平行して 500 字程度を自分で学習する[i]など日本語学習に対する意識は高かった。

日本語の使用は、はじめは近所での買い物や顔見知りの老婦人との会話など極めて限られていたが、観察開始から1年たったころからは休日に近所の知り合いの夫婦に誘われていっしょに外出したり招かれたりすることもあり、少しずつ地域の人との社会的交流が生じていた。しかし、一日の大半は近所で散歩や買い物をしたり、自宅でテレビや映画を見たりと一人で過ごすことが多かった。調査者とのコミュニケーションはなんとか理解可能な英語を使用した。

(2) サワ

タイ語母語話者のサワは来日後1年7ヶ月目から24ヶ月間観察を行った。来日時、日本語の知識はほとんどなかった。来日後から約1年間、週1.5時間地域の日本語教室で日本語会話を学んだ。ひらがなはなんとか読め、漢字は「離乳食」といった育児に関するものに限って意味の理解が可能であった。調査開始時には教室を終わってから既に7ヶ月ほどたっており、完全な自然習得に移行していた。

　日本語との接触は多く、来日直後の日本語知識がゼロの段階から当時1歳の男児とその後相次いで日本で生まれた2名の女児の育児を通して他の母親と交流を盛んに行っている。しかし、しばしば訪問しあったりいっしょに外出したりする最も親しい友人との会話はかなりの部分を英語で行っていた[ii]。また、観察開始から約14ヶ月後男児が通い始めた幼稚園との連絡などは夫が行っていた。観察者との必要なコミュニケーションははじめ英語で行ったが、調査終了時には必要なことはほぼ日本語で理解することができた。

　マリアは日本語教育を受講中であったのに対し、サワはすでに終了してかなり時間がたっているなど異なる点もあるが、両者とも教室インストラクションは週1.5～2時間と非常に少ない点でかなり自然な習得に近い環境にあるといえる。

4.3.2　データ収集

今回分析対象とするデータは、マリア及びサワに行った面接で表出された自

然発話である。データはデジタル録音し、文字化を行った。面接は収集開始から15ヶ月間にマリアに14回、サワは24ヶ月間に19回、どちらも平均1ヶ月に1回行った。但し、サワは調査期間中程でタイに一時帰国したため、9回目と10回目の面接の間に3ヶ月間のブランクがある。会話の内容はどちらも家族のことや日本の生活のことなど一般的な自由会話で、そのほかに漫画を見てストーリーを話すナラティブ・タスクをマリアに計3回（面接4, 9, 11）、サワに計9回（面接4, 5, 7, 9, 11, 16, 17, 18, 19）行った。本研究は引用構造の分析を目的とするため、自由会話とナラティブ部分とを合わせて分析を行う。また、サワの面接15はサワの最も親しい友人を加えた自由会話である。表4-2の面接の時間（表内「時間」、単位: 分）はナラティブ・タスクを含む。

表4-2　分析対象とする面接の時間

マリア

面接	1	2	3	4	5	6	7	8	9	10	11	12	13	14
年	01	02										03		
月	12	1	1	3	5	6	7	8	9	11	12	1	2	3
日	13	10	29	1	23	27	11	1	26	19	17	7	18	12
時間	15	13	43	49	23	40	53	52	30	56	26	23	43	7

サワ

面接	1	2	3	4	5	6	7	8	9	10	11	12	13	14	15	16	17	18	19
年	01									02									03
月	3	3	4	5	5	7	7	9	10	1	2	4	5	6	7	9	11	12	2
日	6	27	11	2	30	10	18	18	3	12	25	10	29	11	4	16	11	9	20
時間	33	55	55	52	46	39	49	42	36	34	47	39	32	37	36	30	41	55	49

　以上の面接のほかに、フォローアップのための補助的な面接を、マリアには初級クラスが修了した段階で1回（面接9と10の間）、サワには通常の面接時間後に5回（面接9, 16, 17, 18, 19）行った。マリアに対する補助面接では、英語の引用文を提示し、それに対応するロシア語とウズベク語の引用表現と両者の間の違いについて尋ねた。説明や会話はマリアと面接者との共通

言語である英語で行われた。また、サワへの補助面接の主な目的は発話された意味の確認のためのフォローアップと、データで得られた形式の再確認である。サワに対しては、それまでの面接の会話の中で表出された発話の意味と形式の再確認のために、被調査者自身が産出した文を英語、タイ語、日本語などで書記表現にし（補助面接9, 16（英語）、補助面接17（タイ語・日本語）、補助面接18, 19（タイ語））、口頭で翻訳を求めた。補助面接は分析対象数には入れていない。

4.4 分析

4.4.1 被調査者の母語の引用形式

ここでマリアの母語であるロシア語とサワの母語であるタイ語の引用表現形式について示す[iii]。

（1） ロシア語の引用表現

マリアの母語であるロシア語は基本的にSVOである。したがって引用動詞が引用句の前にくる［元話者＋引用動詞＋引用句］という語順である。引用句内の語順も基本的にSVOである。話法には直接話法と間接話法があり、間接話法化において人称変化はあるが、英語のような主動詞と引用句内の動詞とのテンスの一致はない。以下に「ケンは京都へ行くと言った」のa) 直接話法及びb) 間接話法の例を示す（ローマ字表記）。

a) Ken   skazal: ≪Ya   poydu v   Kioto≫.
   ケン   言った   わたし 行く   へ   京都
   ［元話者＋引用動詞＋「引用句」］

b) Ken   skazal,   chto   on   poydet v   Kioto.
   ケン   言った   と-補文標識 かれ   行く   へ   京都
   ［元話者＋引用動詞＋補文標識＋引用句］

（2） タイ語の引用表現

サワの母語であるタイ語の語順は基本的に SVO である。したがって、引用動詞は引用句の前に来る。引用を表示する標識については、標識ว่าが直接話法、間接話法のどちらの場合も引用句の前におかれる。話法の区別にダイクシス表現の変換はあるが、英語のような時制の一致はない。「私の主人は韓国へ行くと言った」の a) 直接話法と b) 間接話法を以下に示す。

a)　สามี　ของ　ฉัน　บอก　ว่า「ผม　จะ　ไป　เกาหลี」
　　 主人　の　　私　言う　と「ぼく 未来 行く 韓国」
　　 [元話者＋引用動詞＋引用標識＋「引用句」]

b)　สามี　ของ　ฉัน　บอก　ว่า　เขา　ไป　เกาหลี　มา
　　 主人　の　　私　言う　と　彼　行く　韓国　　来る
　　 [元話者＋引用動詞＋引用標識＋引用句]

4.4.2　分析

（1）　引用形式

分析項目は引用標識の種類、引用動詞の有無及び引用句に対する位置関係である。データにあらわれた実例を示しながら分析項目と分類基準を以下に示す。(以下の例文の（　）内に可能な限り伝達者の視点からの間接話法の解釈を示す。また、理解を容易にするために文脈に基づいて語を補った。)

ⅰ）　引用標識

「標識なし」

引用を示す標識が使用されていないものである。

（1）　お母さん、だめ、高い　（母が高いからだめだと言った）

「とか」

（2）　みんな女の子いいなあっとか　（みんなは女の子がいいと言う）

「だって」

（3）　お母さんとこども、ゴウイン入るだって　（お母さんと子どもが入ると言っている）

「んだって」
（４）　今しごとあったほうがいいんだってゆう　（今は仕事がある方がいいと言った）

「って」
（５）　幼稚園お母さんがうるさい、ちょとこなくていいかなって　（幼稚園は母親がうるさいから行かなくてよいだろうと言った）

「と」
（６）　父は、ウズベキスタンで暖かい、今暖かいです、といいます　（父はウズベキスタンは今暖かいと言った）

ⅱ）　引用動詞の有無と位置

引用動詞なし：引用動詞にあたる文要素がないもの（以降「動詞なし」と呼ぶ）
(1) (2) (3) (5)

動詞先行型：引用動詞（あるいはその意味機能をもつもの）が引用句に先行するもの（以降「先行型」と呼ぶ）

（７）　お電話、お洗濯、こわっちゃった　（洗濯機が故障したと電話した）
（８）　妹はゆって、今お父さんとお母さんすごーいなんか、オールドです　（妹は、父と母が最近年をとったと言った）

この他の先行型には、引用句が日本語で引用動詞が英語のものがある。

（９）　主人 talk to me、この子、顔、トートルみたい　（主人が赤ん坊が亀みたいだと言った）

動詞後続型：引用動詞が引用句に後続するもの（以降「後続型」と呼ぶ）
（10）　Ｍちゃん、おいしくない、ゆって　（Ｍがおいしくないと言った）
（11）　子どもといじめお母さんが多い、てゆってる　（子どもや母親のいじめが多いと言った）

（２）話法

話法の別は基本的に直接話法と間接話法の２つとする（藤田 2000）。直接話法を最も直接話法らしく表現する特性を鎌田（2000: 75）が示した。この特性を直接話法を明示する「特性」とし、その「特性」をもつ引用を直接話法とする。また、間接話法については伝達者の立場から表現したダイクシス表現を明示的に表示された引用とする[iv]。

ｉ）直接話法を示す特性

直接話法とは元発話の伝達のモダリティを付与してより独立した文として生成して伝達する表現とされる。発話の独立性を示す要素や元発話者の視点を示す指示表現が多くあらわれるほど直接話法であることが明確になる。以下に、最も直接話法らしい話法を示す表現として鎌田（2000: 75）があげている項目を本データから具体例をあげて示す。【研究1】と基本的に同じ項目である（3.3.3 参照）。

直接話法を示す「特性」

呼びかけ
（12）　おかあさん、なんでかゆってないの　（子どもが母親になぜ言わないのかと聞いた）

間投詞
（13）　あのね、ちょっと洋服かしてあげるないですか　（洋服を貸してくれないかと聞いた）

繰り返し表現
（14）　大学態度が高いひとが、やめたいやめたい、やめたい　（大卒でプライドの高い人はすぐやめたいと言う）

要求・命令（テ形、クダサイ形など）
（15）　日本人のママ、あっこれあぶない、やめて　（日本人の母親が、あぶないからやめるように言った）
（16）　電気屋さん、見てください、見てください、たぶん、せんたく、こわれちゃうかな　（電気屋に洗濯機がこわれたようだから見てくれるよ

うに電話した）

丁寧形
(17) 彼女が聞いた、おしごと<u>ほしいですか</u>？ （彼女は、主人は働きたいのかと聞いた）

擬態語、擬声語
(18) 犬、<u>ウーウーウーウー</u> （犬が宣伝にあわせてウーウーと歌った）

終助詞
(19) 主人が冷たーい、だいじょうぶだ<u>よ</u> （主人が、冷えてるから大丈夫だと言った）

直接話法を示すダイクシス（－）表現
(20) 彼は、<u>おれ</u>はあ、あかるいよ （彼は、自分は明るい性格だと言った）

ⅱ) 間接話法を示す表現

ダイクシス（＋）表現
(21) みんな<u>わたし</u>に似てる （皆が子どもは私に似ていると言った）
(22) かのじょの、<u>あたし</u>の病院どこですか （彼女は、わたしがどこの病院に行ったか聞いた）

　直接話法の「特性」及びダイクシス（－）表現、あるいは間接話法を示すダイクシス（＋）表現のどちらももたないものは話法の特定ができないことから特定不可話法とした。
　以上の引用標識、引用動詞、話法明示表現の表出に焦点をあてて、引用表現の変化の記述を行う。

4.5　分析結果

4.5.1　マリア
（1）　引用形式
ⅰ)　引用標識
マリアの14回の面接で表出された標識の表出数と引用総数に対する使用割

合(単位:%)を示した(表4-3)。

引用表現は面接4で初出し、最終面接まで継続的に表出された。観察された引用標識は「と」(23)だけで、面接10で1回のみ自発的に表出された。他の標識はまったく観察されなかった。

表4-3　引用標識の表出(マリア)

面接	4	5	6	7	8	9	10	11	12	13	14
引用総数	5	10	11	7	7	4	6	10	2	9	2
標識なし	5	10	11	7	7	4	5	10	2	9	2
(%)	100	100	100	100	100	100	83	100	100	100	100
と							1				
(%)							17				

(23)　父は、ウズベキスタンで、暖かい、今暖かいですといいます(既出6　父は今ウズベキスタンでは今暖かいと言った　面接10)

ii)　引用動詞

次に動詞と引用句の位置関係の推移について見てみる(表4-4)。「動詞な

表4-4　引用動詞と引用句の位置関係(マリア)

面接	4	5	6	7	8	9	10	11	12	13	14
引用総数	5	10	11	7	7	4	6	10	2	9	2
動詞なし	3	6	9	3	6	3	2	10	2	9	2
(%)	60	60	82	43	86	75	33	100	100	100	100
先行型	1	3b	1	3	1	1	1				
(%)	20	30	9	43	14	25	17				
後続型	1	1a					3				
(%)	20	10					50				
英先行				1							
(%)				14							

注)a:例(26), b:例(27)

し」、先行型、後続型、先行型で引用形式のみ英語のもの(表内「英先行」)の表出数及び引用総数に対する割合を示した(単位：%)。

　引用表現が初出した面接4では「動詞なし」が60%で最も多い。しかし、同時に動詞の後続型と先行型も同時に1例ずつ初出した。動詞「言います」(24)が後続型で使用され、名詞的動詞の「電話」(25)が先行型で使用されている。引用動詞の「言います」は面接4の前日の授業で、教科書に提示されている引用表現の形式「と言います」として文法説明を受けている。一方、「電話(する)」は引用形式としてのインストラクションはない。つまり、引用動詞としてインストラクションを受けた「言います」は後続型で初出し、引用動詞としてインストラクションを受けていない引用動詞「電話」は先行型で表出されていることになる。

(24)　アー！<u>いいます</u>　(ネコがアーと言った　面接4)
(25)　<u>電話</u>、ヘルプ・ミー　(男は助けてくれと電話した　面接4)

面接4からおよそ1カ月半後の面接5では依然として「動詞なし」(60%)が一番多いものの、動詞がある引用では先行型(30%)が優勢になり、後続型(10%)が減少した。それと同時に「言います」について(26)(27)のような中間的な形式が見られた。

(26)　モンさんはおもしろいです、<u>いいます</u>、おもしろい　(モンさんがおもしろいと言った　面接5)
(27)　毎日、天気いいます、<u>いいます</u>、天気、雨ふりますよ、毎日　(おばあさんは毎日天気のことを言う。毎日、雨が降ると言った。　面接5)

(26)は文頭から元話者「モンさん」と引用句「おもしろいです」があり、引用動詞「いいます」で引用されているため、後続型に分類したものである。しかし、引用動詞のうしろにもう一度引用句「おもしろい」が付加されて、ひとつの動詞が2つの引用句の間に挟まれた形になっている。「いいます」は後続型でありながら、同時に先行型としても引用表現を構成している

のである[v]（以降「中央型」と呼ぶ）。また、(27)は「いいます」が引用句「天気、雨降りますよ」の前にあることから先行型に分類したものである。ここでは連続した「いいます」が2つあり、中央型に類似している。しかし、1番目の「いいます」は「～のことを話す」という意味で文の文末位置に表出され、2番目の下線の「いいます」は引用句をもった先行型引用動詞の役目を果たしている。同じ「いいます」の形式が非引用動詞としては文末に表出され、引用動詞としては先行型になっているわけである。つまり、「と言います」の形でインストラクションを受けた直後、引用動詞「言います」は面接4で一旦後続型として初出したが、1カ月半後の面接5までの間に引用句に対し先行する位置への移行傾向が生じ、中央型と先行型が表れたと考えられる。

　面接5のあと、面接6以降面接9までの5カ月は「動詞なし」の優勢が続く中で、引用動詞が表出された場合、引用動詞は「言います」を含めすべて先行型であった。

　ところが、面接5から6カ月半を経た面接10では先行型より後続型が優位に転じたうえ、その中には「と」をともなう「といいます」(28)が1例観察された。

(28)　父は、ウズベキスタンで、暖かい、今暖かいです<u>といいます</u>　（既出
　　　 7　面接10）

ところで、この面接10の1カ月半前に補助面接を行っている。面接9までで基本文法のインストラクションが終了したため、引用表現についての知識を確認するためである。その時に英語で書かれた文「Mon said, "I want to go to Kyoto"」によって誘発されたのが(29)である。

(29)　私は京都で行きたい、<u>いい</u>モン、<u>といい</u>、モンさん　（モンさんは京
　　　 都へ行きたいと言った　補助面接）

この補助面接で行った書記表現から口頭で翻訳するタスクの中で、引用標

識「と」を含む後続型の引用形式「といい」が初めて自発的に表出された。そして、補助面接からおよそ1カ月半後の面接10の自由会話では後続型の使用が増加し、「といいます」(28)が表出されたのである。しかしながら、この「といいます」が使用されたのは面接10の1回のみで、2度と表出されることはなかった。それだけではなく、その後の面接11, 12, 13, 14では引用動詞も引用標識もまったく消滅してしまい、そのまま調査が終了した[vi]。以下に調査期間中マリアによって表出された引用動詞の表出数と動詞の位置を示した（表4-5）。表出されたままの形態を示してある。

表4-5　引用動詞の種類と位置（マリア）

面接	先行型	表出数	中央型	表出数	後続型	表出数
4	電話	1			いいます	1
5	いいます	3	いいます	1		
6	読みました	1				
7	聞きました	1				
	いいます	2				
8	聞きました	1				
9	うったり（歌う）	1				
10	聞きます	1			聞きます	2
					といいます	1

　引用動詞の位置を見ると、先行・後続の両型で初出した「聞きます」（面接10）以外、「電話」「読みました」「聞きました」「うったり」（歌う）[vii]はすべて先行型で初出している。それに対し、「いいます」は初出時（面接4）に後続型で、面接5から面接7の間に中央型と先行型で使用されたのち、面接10で再び後続型に戻ったわけである[viii]。

　引用動詞「いいます」については、面接4から面接5にかけて後続型から先行型への移行が見られた。そこで、面接4, 5で動詞発話全般に変化があるのか観察するために、面接4, 5を中心として面接1から7までの全発話を対象に、名詞発話、動詞発話、形容詞発話の全発話に対する割合、発話の長さの変化、及び、動詞の前にいくつの文要素の生起が可能かを時間軸に

そって観察を行った。

(a) 動詞発話の増加

単文の発話形態の推移を見るために、発話を 1) 名詞や副詞やその他の非活用語のみ、または、それらが複数配列され、基本的に名詞＋ダである発話(以降「名詞発話」と呼ぶ)、2) イ／ナ形容詞を述語句とした発話(以降「形容詞発話」と呼ぶ)、3) 動詞ひとつを述語句にもつ発話(以降「動詞発話」と呼ぶ)に分類した。この場合の単文とは、基本的に文を構成する述語句に動詞、形容詞、名詞(＋ダ)のうちのどれかをひとつもち、ひとつづきの意味がある語配列とする。この 3 種の発話形態が総発話数に占める割合(単位:％)を面接毎に算出し、その変化を時間経過に沿って表した(図4-1)。横軸は面接、縦軸は各発話構造の表出割合を示している。

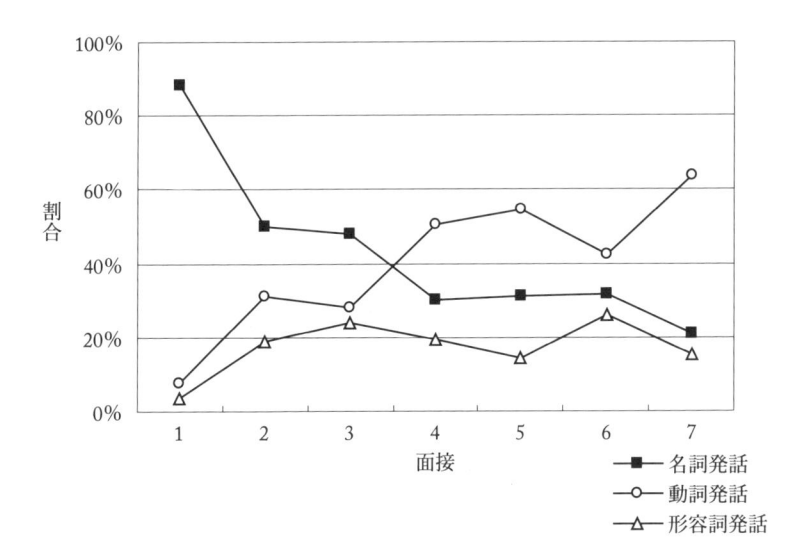

図 4-1　名詞発話・動詞発話・形容詞発話の表出割合(マリア)

来日約 4 ヶ月後に調査を開始したマリアは、面接 1 では名詞発話(85％)の割合が非常に高いが、面接 4 にかけて急速に減少し、その面接 7 まで減少傾向続いているのがわかる。一方、動詞発話の割合は初回の 8％からほぼ上

昇傾向を維持し、面接4で52%と名詞発話(28%)を上回り、面接5(55%)、面接6(42%)面接7(64%)と優勢傾向が続いている。形容詞発話については、初回(4%)は低く、面接2以降は14%〜26%の間を上下し時間経過による大きな変動は見られない。この結果から、後続型「いいます」から中央型と先行型へ移行した面接4と面接5は動詞発話の産出が大きく進展していた時期とほぼ重なることがわかる。

(b) 動詞発話の長さと正規語順

図4-2は面接1から面接7までのマリアの動詞発話の変化を示している。まず、生成された動詞発話の長さを見るために、動詞発話内の動詞ひとつあたりの文構成要素数[ix]を算出し示した(棒グラフ:目盛右Y軸)。また、動詞発話における語順の状況も示した。日本語は類型学的にSOV言語で基本的に動詞が文末にあることから、単文ではすべての文要素が動詞の前に生起する動詞文末が基本的構造となる。そこで、構成要素がすべて動詞の前に生起している発話、すなわち正規語順の発話[x]が動詞発話総数に占める割合を算

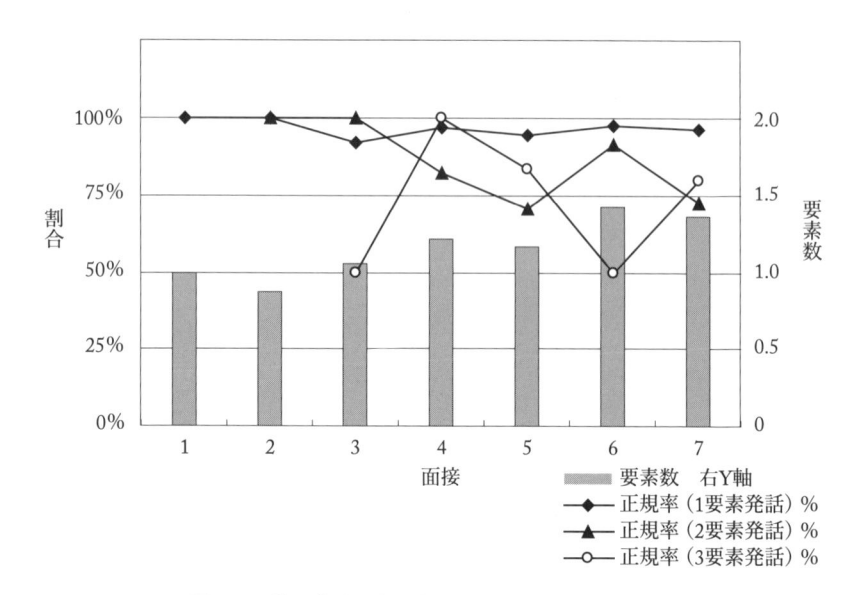

図4-2 動詞発話の文要素数の変化と正規率(マリア)

出しその変化を示した(折れ線グラフ:目盛左Y軸、以降「正規率」と呼ぶ)。

　動詞発話の文要素数(棒グラフ)はほぼ上昇を続けており、図4-1も合わせて考慮すると、動詞発話が増加し、ひとつの動詞発話が徐々に長くなっているのがわかる。次に正規率(折れ線グラフ)を見ると、面接1～7において1要素発話の正規率は高く維持されている(92%～100%)。2要素発話の正規率は、面接順に1)－、2)100%［2］、3)100%［8］、4)82%［17］、5)71%［18］、6)92%［22］、7)72%［43］、(［　］:2要素発話の表出総数)で、2要素発話数が増加するにつれて、面接4以降不安定になる傾向が見られる。3要素発話の正規率は順に、1)－、2)－、3)50%［2］、4)100%［2］、5)83%［6］、6)50%［8］、7)80%［15］(［　］は3要素発話表出総数)で、3要素発話も増加傾向があり、正規率は面接4以降も安定していない。つまり、マリアは1要素を動詞に先行させる発話構造は習得しているが、2要素発話の動詞の文末位置は動詞発話が増加する面接4以降不安定になっている。

　ここから、面接4、面接5の時期からより長い動詞発話をより多く産出できるようになるが、複数の要素を動詞の前に配置する処理は不安定になっていることがわかる。すなわち、動詞が文頭から2番目の位置に生じやすいことになる。こういった面接4から面接5にかけての動詞発話における動詞の位置の不安定さの増大が、「いいます」を後続型から先行型へと変化させた要因のひとつであると推測される。

　マリアの引用形式の変化をまとめるとだいたい図4-3のようになる(矢印は時間経過を示す)。まず、引用動詞のない［元話者＋引用句］と共に先行型の［名詞的引用動詞＋引用句］と後続型の［引用句＋言います］が使用された。次に「元話者＋引用動詞＋引用句」の先行型が表出され、同時に「言います」も中央型を経て先行型へ移行した。その後、「言います」を含む引用動詞は再度後続型に変化した。しかし、すぐに後続型、先行型を問わず引用動詞の使用がまったく見られなくなり、「元話者＋引用句」という形式に戻った。

元話者	引用動詞	引用句	引用標識	引用動詞
元話者		＋ 引用句		
元話者		＋ 引用句		＋ 動詞
		＋ 引用句	＋ と	＋ 言います
元話者 ＋ 言います		＋ 引用句		
＋ 動詞		＋ 引用句		
		＋ 引用句		＋ 言います
元話者 ＋ 動詞（名詞）		＋ 引用句		
		＋ 引用句		

図4-3 引用形式の変化（マリア）（行内の順序は不同）

（2） 話法

ｉ） 話法の表出

マリアの直接話法（表内「直接話法」）、特定不可話法（表内「特定不可」）の表出数と引用総数に対する割合（表内「%」、単位: %）を示した（表4-6）。ダイクシス（＋）表現がある間接話法は観察されなかった。

表4-6 直接話法及び特定不可話法の表出（マリア）

面接	4	5	6	7	8	9	10	11	12	13	14
引用総数	5	10	11	7	7	4	6	10	2	9	2
直接話法	5	10	11	5	6	4	6	10	2	6	2
（％）	100	100	100	71	86	100	100	100	100	67	100
特定不可				2	1					3	
（％）				29	14					33	

この表からマリアの引用表現は直接話法の割合が非常に高いことがわかる。面接7、面接8、面接13に表出された特定不可話法以外はすべて直接話法である。

ⅱ） 直接話法を示す「特性」とダイクシス表現

直接話法を示す「特性」とダイクシス（−）表現の表出数（表内「ダイ（−）」）

及び直接話法引用ひとつ当たりの「特性」数（表内: 特性数／直接）及びダイクシス（−）表現数（表内: ダイ（−）数／直接）を時間経過にそって示した（表4–7）。

表4–7　直接話法を示す特性とダイクシス（−）表現　（マリア）

面接	4	5	6	7	8	9	10	11	12	13	14
呼びかけ		1	0	0	0	0	0	0	0	0	0
間投詞	1	1	0	0	0	1	3	4	0	1	0
繰り返し表現				2	1	0	1	9	1	7	2
命令・要求	2	1	1	2	0	0	0	0	0	0	0
禁止・ダメ						1	0	1	0	0	0
デス・マス	2	8	13	6	4	1	3	9	3	3	2
終助詞		1	0	0	0	0	1	0	2	0	0
擬態語						2	0	0	0	0	0
特性数合計	5	12	14	10	6	5	8	23	6	11	4
特性数／直接	1.0	1.2	1.3	1.7	1.0	1.3	1.3	2.3	3.0	1.8	2.0
ダイ（−）	5	3	0	0	1	0	0	2	1	3	1
ダイ（−）／直接	1.0	0.3	0	0	0.2	0	0	0.2	0.5	0.5	0.5

全体的に見て、直接話法ひとつ当たりの「特性」数は面接11以降増加傾向が大きく、直接話法に多くの「特性」を投入していることがわかる。面接10以降は初級文法のインストラクションが終わり、調査2年目に入り、面接11からは引用形式が表れなくなった時期である。「特性」の種類を見てみると、最も早くからすべての面接で観察されたのは丁寧体である。デス・マス体が非常に多く見られた。調査前半にしばしば見られる命令・要求の表現は「ください」が多く使用されている。調査後半期（面接10〜14）に増加傾向が見られたのは「繰り返し表現」である。(30)はロシア語の映画のストーリーを語っている発話で、映画の主人公の男と隣人と警官の3名が言い合いをしている場面である（わかりやすいように、登場人物の発話を「　」で示した。＿＿＿＿: 男、**ゴシック体**: 警官、*イタリック体*: 隣人）。

(30)　「しりません、しりません」、こうばんさん、「ノー、だめいっしょにいきましょう」、「No no, I'm her husband 主人と、主人主人、ほんとほんと」、あー、おなじとき、おなじとき、となりの人、「ほんとにほんとに、主人と主人、わたしたち、知っています、主人」、こうばん、「いいです、いい」
（男は知らないと言った。警官はそれではだめだから警察まで来るように言った。男は自分はほんとうに彼女の夫だと言った。そして、隣人も警官にその男は隣家の主人でよく知っていると言った。そこで、警官は警察に来なくてもよいと言った。面接11）

「しりませんしりません」「主人主人」「ほんとほんと」「ほんとにほんとに」など繰り返し表現が多く使用されている。同様の繰り返し表現が最終面接まで頻繁に使用された。3名の会話が実際のシナリオのように直接話法で語られている。また、(30)の引用句には登場人物3名のことばに丁寧体が用いられ、直接話法であることを明示している。しかし、社会的関係による発話の文体的なバリエーションは見られない。「呼びかけ」「禁止・ダメ」「終助詞」は表出があったものの、使用数は少ない。

以上から、調査期間全体でマリアの使用した主たる直接話法表示「特性」は丁寧体で、後半になって繰り返しの使用が増加したと言うことができる。

ダイクシス表現は元発話の場に合わせたダイクシス（−）表現のみで、初期から表出された。「わたし（たち）」は元話者を指示するもので直接話法であることを示す(31)。

(31)　モンさんわたしは早いです　（モンが自分は今日早く帰ったと言った　面接5）

iii）　直接話法を示す要素と引用動詞との関係
直接話法と引用動詞の有無との関係はどうであろうか。直接話法ひとつあたりの「特性」表出数の推移を、「動詞なし」の引用と「動詞あり」の引用とに分けて、図4-4に表した（横軸: 面接、縦軸: 直接話法ひとつ当たりの「特

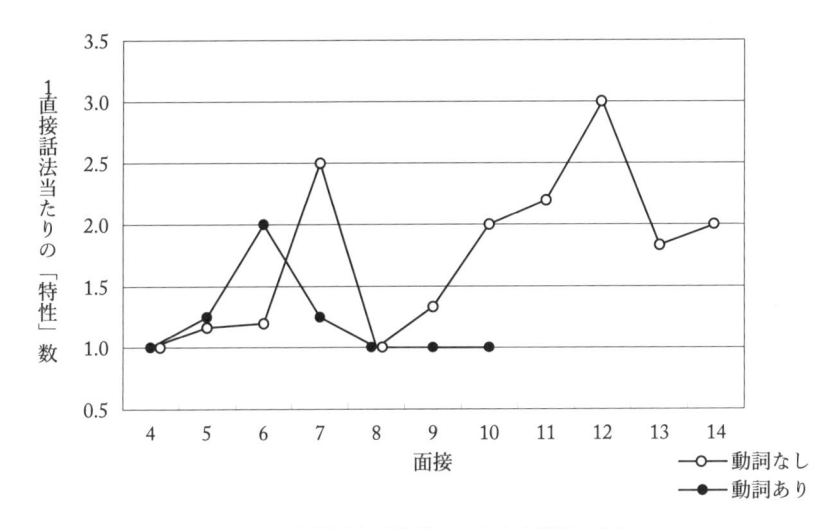

第4章 ロシア語母語話者及びタイ語母語話者の引用表現の習得　131

図 4-4　直接話法:「特性」の表出と動詞の有無

性」数)。

　引用動詞のある直接話法引用(面接 4, 5, 6, 7, 8, 9, 10)に使用された直接話法ひとつ当たりの特性数は 1.0 から 2.0 である。それに対し「動詞なし」の場合の特性数は 1.0 から 3.0 で推移している。「動詞なし」の引用表現は、面接 6 (2.0)を除いて、「動詞あり」より「特性」が多く使用される傾向があり、「動詞なし」では「特性」が多く使用された直接話法らしい直接話法が表される傾向があることがわかる。前項で見たように、面接 11, 12, 13, 14 では引用動詞の使用がなくなり、繰り返し表現の増加が著しい。面接 4〜10 までの「動詞なし」による引用表現と比較すると、「特性」数の表出が多いことがわかる。繰り返し表現がそのまま日常的な発話能力ではないにしても、元の発話をいっそう強調的に再現することが可能になっていることがうかがわれる。

結果のまとめ (マリア)

1. 引用標識は「と」が 1 例のみ見られた。
2. 引用形式は［元話者＋引用句］から、［元話者＋引用動詞(名詞を含む)＋引用句］を経て、［元話者＋引用句＋引用動詞］にすすんだ。すなわ

ち、動詞の位置は先行型から後続型へ進んだ。但し、「言います」については後続型で初出し、中央型を経て先行型へと移行し、再び後続型に進んだ。しかし、調査終了に近い面接では引用動詞は使用されなくなり、最初の［元話者＋引用句］の表現にもどった。
3. 後続型で初出した「言います」が先行型に移行する時期は、動詞発話が長くなり産出量も増加するにともない、動詞の文末位置が不安定になる時期とほぼ同じであった。
4. 話法については、直接話法が非常に多かった。直接話法を示す特性の種類はそれほど多くなく、丁寧体に偏っていた。一方、引用動詞が使用されなくなったのと同時期に、直接話法を明示する特性（特に「繰り返し表現」）の使用が増加した。
5. ダイクシス（-）表現の「わたし」は元話者を指示するものだけであった。

4.5.2 サワ
（1） 引用形式
ⅰ） 引用標識

サワの引用表現における引用標識の種類とその表出数を示した（表4-8）。その標識の表出数が引用総数に占める割合（表内「%」,単位: %）を算出した。

　面接1から6までは引用標識がまったくなかった。面接7で標識は「だって」が1例初出したが、その後まったく使用されなかった。続く面接8に「とか」が引用標識として初出し、継続的に面接9, 10, 11で表出された。「とか」は一旦使用されなくなったが、面接17, 18で再出現している。続いて、「って」は、調査者の用いた「って」が直後に反復されたものが面接11で初出した。しかし、その後表出がなく、面接18で初めて自発的に7例使用された後、面接19では表出数21例と飛躍的に増加した。「と」は、面接18で「とゆ」（と言う）の形式で動詞と共に使用された[xi]。「んだって」は非常に遅く面接19で1例表出された。つまり、自発的な標識の表出は多様で、「だって」「とか」「って」「と」「んだって」の順に初出した。しかし「だって」「んだって」「と」の表出は1例ずつにとどまっており、主な使用標識とはなってい

第 4 章　ロシア語母語話者及びタイ語母語話者の引用表現の習得　133

表 4-8　引用標識の表出（サワ）

面接	1	2	3	4	5	6	7	8	9	10	11	12	13	14	15	16	17	18	19
引用総数	2	2	3	2	5	3	4	16	20	9	5	14	6	16	5	4	16	31	30
標識なし	2	2	3	2	5	3	3	15	13	6	2	14	6	16	5	4	15	22	8
（％）	100	100	100	100	100	100	75	94	65	67	40	100	100	100	100	100	94	71	27
とか							1		7	3	1							1	1
（％）							6		35	33	20							6	3
って											2							7	21
（％）											40							23	70
と																		1	
（％）																		3	
だって・んだって								1											1
（％）								25											3

注）　％値は小数点以下を四捨五入したため、総計 100 になっていないものもある。

ない。「とか」は複数あったが面接 17 で再表出されるまで表出はなく優勢にならなかった。「って」は調査最後の面接時に引用表現の 70％に使用されており、この時点で主要な引用標識としてほぼ定着しつつあったと推測される。

ⅱ）引用動詞
（a）引用動詞の表出
次に引用動詞の表出状況を示した（表 4-9）。引用動詞がない「動詞なし」型、引用動詞が引用句より先にくる先行型、引用動詞が引用句の後ろにくる後続型、先行型のうち引用動詞のみが英語のもの（表内「英先行」）の表出数及び引用総数に対する割合（単位％）を示した。

面接 1, 2 では引用動詞がまったく使用されなかった。面接 3 になって先行型の引用動詞があらわれ、以降面接 18 までほぼ継続的に表出された。先行型で引用動詞部分だけが英語で表現される引用も面接 3 で初出し、面接 14 まで断続的に表出されたが、引用総数に占める割合は次第に減少し、面接 15 以降は見られなかった。

後続型は面接 6 で初出した。その後、面接 9 で見られ、しばらくの間使用

表 4-9　引用動詞の表出（サワ）

面接	1	2	3	4	5	6	7	8	9	10	11	12	13	14	15	16	17	18	19
引用総数	2	2	3	2	5	3	4	16	20	9	5	14	6	16	5	4	16	31	30
動詞なし	2	2	1	1	2	2	3	12	15	7	5	13	6	13	5	4	14	21	8
(%)	100	100	33	50	40	67	75	75	75	78		93		81			88	68	27
先行型			1	1	2		1	2	2	2		1		2	1		2	1	
(%)			33	50	40		25	13	10	22		7		13	20		14	3	
後続型						1			1								1	9	22
(%)						33			5								7	29	73
英先行			1	1			2	2				1							
(%)			33	20			13	10				6							

注)　%値は小数点以下を四捨五入したため、総計 100 になっていないものもある。

されない期間が続き、面接 17, 18, 19 で再び表出された。面接 18 では引用の 29％に後続引用動詞が使用され、面接 19 では 73％に後続型引用動詞が使用された。したがって、面接 19 では後続型がほぼ習得されつつあると言ってよい。後続型の表出例のうち、面接 18 では 9 例中 7 例、面接 19 では 22 例中 20 例が標識「って」と併用された「って言う」の形式である。

　ところで、後続型引用動詞の使用がまだ安定していない面接 18 では、(32)のような後続動詞の後にさらに引用句が付加された中央型の例が見られた。この型はマリアにおいても見られたもので、後続型でありながらまだ先行型の傾向を残している。同じ面接 18 で表出された先行型の (33) と同様、あとで付加した引用句を引用動詞または標識で閉じることができないことを示している。

(32)　区役所の看護婦さんが、あ普通じゃないてゆった、お母さんが、お母さんのせい　（区役所の看護婦が普通ではないと言った。母親のせいだと言った　面接 18）

(33)　B さんがゆって、あ、H くんなんでもはやいね、言葉も、オムツやめも早い、T ちゃんなんかすごい赤ちゃんみたい　（B さんが H くんは言葉もおむつがとれたのも早いのに、T ちゃんは赤ん坊みたいだと言った　面接 18）

以上の引用動詞位置の分析結果から、サワは「動詞なし」から始まり、面接6, 9で動詞後続型への揺れを見せつつ、面接18以降一気に動詞の位置が先行型引用から後続型引用へと習得が進んだことがわかる。

(b)　引用動詞の種類と位置関係

面接で使用されたすべての引用動詞を先行型と後続型に分けてその表出数とともに時系列に示したのが表4-10である（引用標識とともに表出されたものは引用標識を付けて記してある）。

　表4-10から面接17を境に先行型からほぼ後続型へ切り替わっていることがわかる。このような動詞位置の移行はどのように起こったか詳しく見てみる。

　まず、面接1から引用標識がついた引用動詞「とかいわちゃう（〜と言われた）」の形式が初出した面接9までで引用動詞の意味役割をしている語を具体的に見てみると、先行型は名詞の「お電話（と電話した）」（面接3, 7, 10）、「しゃべ[xii]（と言った）」（面接4）、「びっくり（とびっくりした）」（面接5）という名詞的な引用動詞や、「ゆって（と言って）」（面接5）、「聞いて（と聞いた）」（面接7）という動詞のテ形である。面接9では「聞いた」という文を終止する「タ」形が引用文では初めて用いられている。後続型を見ると、面接6では「ゆって」が、面接9では標識「とか」と「いわちゃう（いわれちゃう）」が組合わされた形「とかいわちゃう」が表出された。つまり、面接9までは名詞的動詞かテ形が優勢でまだ引用形式が確立されていない中で、面接6から面接9の間で先行型から後続型への揺れが生じていることがわかる[xiii]。

　先行型にもどった面接10から再び後続型が出現した面接17までの間を見ると、使用されている引用動詞は面接9までと同じように名詞や動詞のテ形などである。その後、面接17で「ゆうた」（言った）という過去を示す終止形が先行型と後続型で同時に出現し、再び揺れが観察された。そして、この面接を境に面接18, 19ではほとんど後続型に移行した。

　以上の観察から引用形式の習得では、引用動詞がテ形かタ形かという形態の違いと動詞の位置に関連があることが推測された。そこで次に動詞の形態

表 4-10　引用動詞と引用句の位置関係（サワ）

面接	先行型	数	中央型	数	後続型	数
3	お電話	1				
4	しゃべ	1				
5	びっくり	1				
	ゆって	1				
6					ゆって	1
7	電話	1				
8	聞いて	1				
	ゆって	1				
9	聞いた	2			とかいわちゃう	1
10	電話	1				
	ゆって	1				
12	聞いた	1				
14	ゆって	1				
	お願い	1				
15	ゆって	1				
17	ゆうた	2			ゆた	1
18	ゆって	1	ってゆった	1	（ってゆった）	(1)
					てゆう	2
					てゆってる	3
					ってよん呼ぶ	1
					とゆ	1
					言う	1
19					てゆった	2
					てゆう	2
					てゆってた	11
					ゆう	2
					てきいた	1
					んだってゆう	1
					ってわかる	1
					てゆって	2

と引用形式との関係を見てみる。

(c)　先行型・後続型における「ゆって」「ゆった」の使用

先行型が優勢な面接 17 までの期間に、「ゆって」と「ゆった」は、それぞれ先行・後続の 2 つの型が出現している。先行型と後続型とで引用句がどのように違うか、この 2 つの形態の動詞による引用を示す。(34)は「ゆって」

の後続型、(35)(36)は「ゆって」の先行型の例である。

(34) Ｍちゃんおいしくない<u>ゆって</u>　（既出10　Ｍがおいしくないと言った　面接6）
(35) 妹は<u>ゆって</u>、今お父さんとお母さんすごーいなんか、オールドです　（既出8　妹が、父と母が年をとったと言った　面接5）
(36) 先生に<u>ゆって</u>、8か月ぐらいわかる　（医者が8か月目ごろにわかると言った　面接10）

　後続型(34)の引用句は「おいしくない」という形容詞述語ひとつからなり、終助詞がない単純な文であるのに対し、先行型の(35)と(36)は複数の文要素からなる文で、後続型の例より相当長いことがわかる。
　次の(37)は「ゆった」の後続型で、(38)(39)は「ゆった」の先行型の例である。

(37) おこらないで、<u>ゆた</u>　（Ｍが怒らないでくれと言った　面接17）
(38) 幼稚園先生にこの子が<u>ゆうた</u>、お母さん怒るばっかり　（子どもが幼稚園の先生に母親が怒ってばかりいると言った　面接17）
(39) 人が<u>ゆった</u>、あっまごいる、まごいるですね　（知り合いが父に孫がいるだろうと言った　面接17）

　後続型(37)の引用句は「おこらないで」という動詞ひとつからなる文である。それに対し、先行型の(38)と(39)は引用句内に元話者が明示され、複数の文要素で述語がある文で、後続型の引用句より長い文となっている。つまり、「ゆって」も「ゆった」も先行型では引用句が長く、後続型では短くなる傾向があるということである。
　以上から、先行型がまだ優位にある面接17までの時期には先行型が主に使用され、引用句がひとつの文要素からなる単純な場合にのみ後続型にゆれていることがわかる。ほとんどの引用動詞が後続型に移行した面接18, 19では元話者の明示と複数の文要素をもった長い文が引用句にくみこまれ、

［元話者＋引用句＋って言う］という形式(40)(41)になっている。

(40) 保母さんが、Mちゃん、なんか、もう来ないでください<u>てゆう</u> （保母さんがMちゃんはもう来ないでくれと言った　面接18）

(41) パパがごはんがおいしくないなっちゃった<u>てゆってた</u>　（夫が食事がおいしくなくなったと言った　面接19）

　以上の例から、後続型への移行は単純な引用句の引用をきっかけに始まったと考えられる。

　ところで、面接16までで、引用動詞「言う」がある場合の引用形式は、ほとんどがテ形の「ゆって」を伴う［元話者＋ゆって＋引用句］である。面接17では同じ文型に「ゆった」が入れ替わり［元話者＋ゆった＋引用句］(38)(39)が初出し、同時に後続型の［元話者＋引用句＋ゆ(っ)た］(37)も観察された。「ゆって」を使用した引用専用の文型「元話者＋ゆって＋引用句」に、通常は文末に使用される終止形形態素「タ」をもつ「ゆった」が入れ替わることで、引用動詞の文末位置が誘発されたとも推測される。

　以上の分析から、引用する文が単純であること、サワの中間言語体系における引用専用文型のテ形に替わる動詞としてタ形が習得されたことが、後続化を進めた要因のひとつであると推測される。

(d)　先行型「ゆって」の意味機能の変化と意味の拡大

前項で「ゆって」の先行型と後続型とでは引用句に大きさの違いが見られたが、後続型への移行局面である面接17に近づく面接15で「ゆって」の意味機能に変化が見られた(42)。これは息子のMが母親であるサワに発した発話が引用されたもののものである。

(42) （先生が）お母さんに<u>ゆって</u>、なんかご飯食べあとで、ごちそうさんでした　（Mが「幼稚園の先生が食事のあとでお母さんにごちそうさまでしたと言ってくださいと言った」と言った　面接15）

(42)の「ゆって」は、形式上はそれまでに使用されている引用文型［元話者＋ゆって＋引用句］と同じであるが、「ゆって」の意味機能は要求を示すテ形である。つまり、テ形ではあるが、それまでの元話者と引用句の間にあって「と言った」という意味をもつテ形ではなく、「と言ってください」という意味で、異なった意味機能を表している。
　次の(43)も面接15で観察された例である。(43)全体は子どもの発話を引用したものであるが、この引用句内の動詞「ゆってない」は引用句がないため引用動詞ではない。

(43)　お母さん、なんでかゆってないの？　（Mがわたしに、なぜ言わないのかと言った　面接15）

この例が表出された時期には、「ゆって」というテ形の形態は、2例を除いてすべて引用句を伴い引用を示す意味機能［と言う］をもっている[xiv]。ところが、(43)の「ゆってない」は引用句がないところから、引用機能をもっていない非引用、すなわち［～を話す、～のことを話す］という意味に近い「言う」の否定形である。このような非引用の発言行為を示す「言う」の否定形は、すでに「言わない」が表出されている[xv]ことから、この「ゆってない」は非引用の「言う」の2つめの新しい否定形となっている。つまり、引用の意味機能をもっていた「ゆって」から、同じ語形「ゆって」をもつ非引用の否定形「ゆってない」が創出されたことで、「ゆって」のもっていた引用の意味機能が引用句を伴わない非引用へ拡大しつつあることがうかがわれる。このことは、同時に非引用の「言う」に2つの否定形が生じたことになる。
　面接18では引用動詞は1例を残しすべて後続型になっているが、引用ではない「言う」のテ形「ゆって」に新しい文法機能が観察された(44)。

(44)　Mさんがご主人とけんかが、わたしにちょっとけんかがゆって、はずかしくない　（Mがもしご主人との喧嘩のことを自分に話しても、はずかしいことではない　面接18）

（44）の例では「ゆって」は［～と言いました］という引用の意味はなく、［～のことを言う］という意味の非引用の「言う」であり、テ形は［～のことを言っても］という逆接のテ形としても使用されているのがわかる。

つまり、面接15までは［元話者＋ゆって＋引用句］の形式で「ゆって」は引用専用動詞［と言う］として使用されていたが、命令・要求の意味機能［言ってください］を担うテ形の「ゆって」が生じ、一方で引用動詞ではない［～のことを言う］という意味を担う動詞の否定形「ゆってない」や逆接の「ゆって」に見られるように非引用への意味的拡張が起こり、それまで引用形式として使用してきた先行型の［元話者＋ゆって＋引用句］という形式の引用表現の固定したパターンが無効になり始めたと考えられる[xvi]。引用ではない一般動詞が文末に来ること、すなわち一般動詞の後続型化がこの段階までにかなりすすんでいることも、引用動詞の後続型化の要因のひとつになったことが推測される[xvii]。

(e) 非引用動詞「言う」と引用動詞「て言う」

前項で見たように、「ゆって」という語形は、面接15以降、引用動詞専用であった「ゆって」［～と言いました］から引用句をともなわない発言活動を示す「ゆって」［～を言う、～のことを言う］へと意味が拡大された。面接18では［（元話者＋）ゆって＋引用句］という中間言語の引用文型が無効になりつつあることが推測された。この中間言語文型にかわって、面接18では引用を表すための新たな形式「って言う」(45)(46)が表出された。

(45) 主人がすごい、ずっと仲キープ、仲いい、お母さんと妹、けんかぜったいだめ、たいへんよ<u>てゆってる</u>　（夫が、母と妹がずっと仲良くし続けるのは大変だと言った　面接18）

(46) ちょっと近い近いチェック、<u>てゆう</u>Ｍさん　（保健所の検査は間隔が短かったと、Ｍさんが言った　面接18）

(45)(46)は「って」が動詞「言う」に付加された「てゆってる」「てゆう」が使用されており、目標形式に近い引用表現である。

一方、同じ面接18の(47)では「って」がなく「言う」だけである。

(47) こまったわね、何回も<u>ゆう</u>　（Mさんが、困ったと何度も言った　面接18）

目標形式であれば、通常、「って」と「言う」が分離され、「こまったわね<u>ッテ何回も言う</u>」になるべきところである。しかし、サワではまだ分離が生じておらず、「って」のみの使用が十分できないため、引用句ではない「何回も」につく「言う」のみが使用されている[vi]。すなわち、ここでは引用動詞としての「って言う」と非引用動詞の「言う」の使用が明らかに区別されているということができる。

面接19においては「って言う」は形態素を取り込んださまざまな語形が観察された（表4-10）。しかし、「って」単独での使用や、他の動詞と共起する「って聞いた」「って呼ぶ」「ってわかる」は見られたが、「って...言う」や「言う...って」のような「って」と「言う」が分離し両者の間に文要素が挿入された形式は見られなかった。

つまり、「ゆって」が、引用の［～と言いました］の意味だけでなく、引用を行わない「～のことを言う」「～について話す」という意味まで拡大されたため、引用表現を明確に示す新たな形式が必要となり、「てゆう」がかたまりで取り込まれ、その結果として「って言う」は引用動詞、「言う」は非引用動詞と意味機能の分離が生じたと推測される。

(f) 非コミュニケーション場面での引用動詞の位置

補助面接で行った翻訳タスクでは以下のような例が見られた。このタスクは英語又はタイ語で書かれた文を見て、それを日本語に口頭で翻訳するもので、自由会話のようなコミュニケーション要素は少ない。

(48) わたしの主人<u>ゆう</u>のは、韓国に、行きました　（My husband said he went to Korea. 私の主人は韓国へ行くと言った　補助16)

(48)は面接16の直後に実施された補助面接16で表出されたもので、英語のタスク文を日本語に直し、口頭で述べたものである。先行型から後続型への揺れが生じていた時期であるが、引用動詞が先行型に維持されたままの新しい形式が産出された。この形式は同時に2例観察された。

　また、通常の自由会話の面接18, 19では引用動詞の位置は後続型に移行し、習得が起こりつつあったにもかかわらず、各面接の直後に行われた補助面接18, 19のタイ語からの口頭翻訳タスクにおいても後続型はまったく観察されず、すべて先行型が維持された。ただ、その先行型の中で、2つの引用動詞がひとつの引用句の前後に置かれるタイプ、すなわち先行型の引用表現に後続動詞がひとつ付加される例が見られた(49)(50)。

(49)　私の主人ゆって、私の主人ゆってました、ですか、韓国、韓国に行きました、行きましたってゆってる、てゆって　（主人は韓国へ行ったと言った　補助18)
(50)　私のお友だちゆっ、私、絵本かい、私絵本買い、私、いい、いいな、いい絵本、ですか、私いい絵本買い、買いた、お友だちゆって　（友達がいい絵本を買ったと言った　補助19)

　(49)(50)はどちらも元話者明示の動詞先行型で引用表現が開始されたものの、引用句のあとに引用動詞（ってゆってる、てゆって、ゆって）がもう一度付加されて閉じられている引用である。すなわち、ひとつの引用句の前後に2つの引用動詞が置かれた形式で、後続型と先行型の併用形式である（以降「両置型[注]」と呼ぶ）。特に(49)の引用動詞は、先行動詞に「ゆって」「ゆってました」が使用され、さらに後続動詞が「てゆってる」「てゆって」となっており、テ形からタ形を経て後続型へという引用動詞の習得過程をすべて示すような表出となっている。

　補助面接19の翻訳タスクの主な引用形式は、(51)のように「ゆって」が「ゆってた」などに代わっているものの、中間言語文型に類似した先行型の引用であった。

(51) お母さん子どもにゆってた、食べちゃだめよ （母親が子どもに食べてはいけないと言った　補助19）

　口頭でのコミュニケーションの場では引用動詞はすべて後続型になっているのに対し、文字で書かれた文からの口頭翻訳では動詞先行優位がかなり強く残っていることを示している[xx]。つまり、相互交流の中で自然に習得された引用形式は書かれた文の逐語的な日本語の置き換えという顕在的言語知識の必要なタスクではなかなか使用できず、対話の中でこそ自然に口について出るものであることを示唆している。

(g)　引用形式の推移

表出された引用構造（元発話者、引用句、引用標識、引用動詞の配列）の推

元話者	引用動詞	引用句	引用標識	引用動詞
元話者		＋　引用句	＋　って	＋　動詞
元話者		＋　引用句		＋　動詞
	＋　動詞	＋　引用句		
元話者	＋　動詞	＋　引用句	＋　とか	
	＋　動詞（名詞）	＋　引用句		
元話者		＋　引用句		

図4-5　引用形式の変化（サワ）

移を時間経過（矢印の方向）に沿ってまとめると以下のようになる（図4-5）。

　まず、最初に引用標識も引用動詞もない［元話者＋引用句］が表出された。元話者は引用文あるいは文脈内に表出された。次に先行型動詞のみ、先行型動詞と引用標識「とか」があるもの、続いて、後続型動詞のみの使用が見られた。そして、最後に引用標識と動詞を備えた「って言う」という典型的引用表現が表出された。サワにおいても、引用標識の「と」はほとんど習得されなかった。

（2） 話法

ⅰ） 話法の表出の推移

上記 4.4.2 で示した直接話法の「特性」とダイクシス（-）表現をもつものを直接話法、伝達の場に合わせたダイクシス（+）表現をもつものを間接話法、残りをどちらの特性ももたない特定不可話法とし、各話法の表出数とそれぞれの引用総数に対する割合（単位：%）の変化を表 4-11 に示した。

表 4-11　直接話法・間接話法・特定不可話法の表出割合

面接	1	2	3	4	5	6	7	8	9	10	11	12	13	14	15	16	17	18	19
引用総数	2	2	3	2	5	3	4	16	23	9	5	14	6	16	5	4	14	31	30
直接話法	2	1	0	2	3	2	3	10	13	5	4	9	4	10	4	3	9	24	17
%	100	50	0	100	60	67	75	63	57	56	80	64	67	63	80	75	64	77	57
間接話法	0	1	1	0	0	0	0	1	3	1	0	0	0	1	0	0	1	0	0
%	0	50	33	0	0	0	0	6	13	11	0	0	0	6	0	0	7	0	0
特定不可話法	0	0	2	0	2	1	1	5	7	3	1	5	2	5	1	1	4	7	13
%	0	0	67	0	40	33	25	31	30	33	20	36	33	31	20	25	29	23	43

　面接 1 から面接 4 までは表出数が少ないため割合の変動が大きくなっているが、面接 4 以降観察期間中は直接話法の割合（56%〜100%）が最も高い。それに対し、間接話法の表出（0%〜13%）は非常に少ない。

ⅱ）　直接話法を示す「特性」とダイクシス（-）表現

直接話法を最も明確に明示する「特性」の表出を時間経過に沿って表 4-12 に表した。調査期間を通じて最も初期から頻繁に使用されたのは間投詞と禁止を表す「だめ」である。どちらも面接 1 から調査期間を通じて使用された。間投詞は文頭で引用の開始を示す「あっ」ということばが多かった。次に使用されたのは丁寧体や、命令・要求の「してください」「お願いします」「して」などである。直接話法を示す「特性」は時間経過とともに多様化していることがわかる。また、直接話法を示すダイクシス表現、（「ダイクシス（-）」）の初出は面接 8 で元発話が直示的に指示する「これ」であった。以降、元発話の場を示すものが 2 例（こっち、ここ）、伝達者サワを指すもの（マ

表 4-12 直接話法を示す「特性」及びダイクシス（−）表現と間接話法を示す
ダイクシス（＋）表現の表出（サワ）

面接	1	2	3	4	5	6	7	8	9	10	11	12	13	14	15	16	17	18	19
呼びかけ															1	0	0	1	1
間投詞	1	1	0	1	0	2	1	8	5	5	1	2	3	2	2	0	2	4	7
繰り返し表現		1	0	0	0	1	0	0	6	0	0	0	2	0	4	0	0	0	0
命令・要求							2	2	3	0	1	1	0	1	0	1	4	1	1
禁止・ダメ	2	1	0	0		1	0	0	0	3	0	1	0	0	1	0	0	1	3	1
丁寧体				2	2		0	1	2	3	0	0	3	1	1	0	0	6	5	2
終助詞					1	0	0	8	3	1	1	0	1	1	2	1	14	4
擬態語																		2
特性数合計	3	3	0	3	3	4	4	12	28	8	4	9	4	10	4	3	14	28	18
1当たり特性数	1.5	3.0	0.0	1.5	1.0		2	1.3	1.2	2.2	1.6	1.0	1.0	1.0	1.0	1.0	1.6	1.2	1.1
ダイクシス（−）								1	1	0	0	1	1	1	0	0	2	0	10
ダイク（−）/直							0.1	0.1	0		0	0.1	0.3	0.1	0	0	0.2	0	0.6
ダイクシス（＋）		1	1	0	0	0		1	3	1	0	0	0	0	1	0	0
ダイク（＋）/間		1.0	1.0					1.0	1.0	1.0			1.0		1.0			

マ、お母さん、あの人）が3例、元話者を指示するもの（おれ）1例などである。「わたし」が元話者の指示に用いられることはなかった。

iii) 直接話法を示す要素と引用動詞

マリアにおいては、引用動詞の無い場合に直接話法が多く使用され、話法と動詞に関連が見られた。そこで、サワについても動詞のある引用と動詞のない引用について直接話法を示す要素の表出数を比較する。直接話法引用ひとつ当たりの「特性」表出数を、引用動詞がある引用（「動詞あり」で表示）と引用動詞がない引用（「動詞なし」で表示）とに分けて、その推移を図4-6に示した[xxi]（横軸: 面接，縦軸: 直接話法ひとつあたりの「特性」数）。

「動詞あり」の引用と「動詞なし」の引用を比較すると、面接10を除きすべての面接で、引用動詞のない方が「特性」の表出が多い。まず、面接1～9の間は「動詞なし」で直接話法を示す要素が多く生成されている。前項で示したように、この時期は引用動詞が使用されるとはいえ、［ゆって＋引用句］や［びっくり＋引用句］といった動詞先行型が優勢で、引用形式の生成はまだ困難である。このような引用表現に直接話法の特性を多く使用する

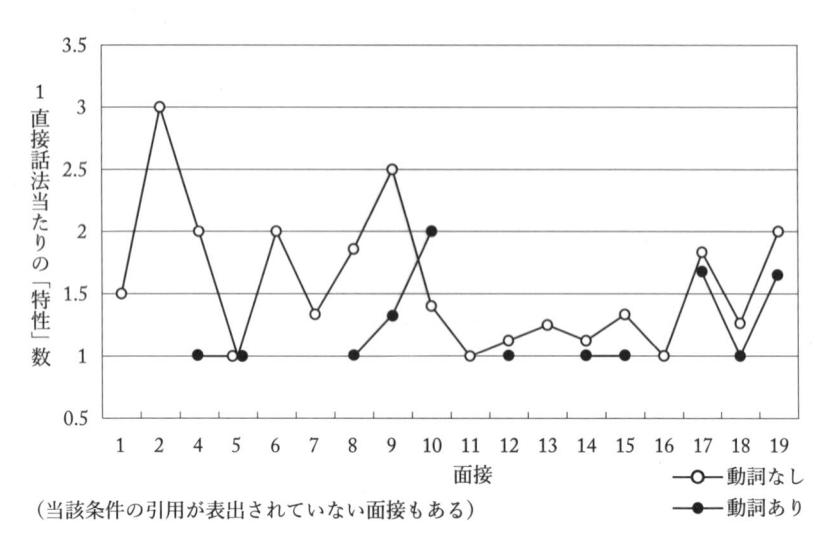

図 4-6　直接話法：「特性」の表出と動詞の有無

ことによって、引用されたことばであることの明示が盛んに行われるのである。このような言語使用はマリアにおいても観察された。また、面接 11 〜面接 15 では「特性」自体の産出数が減少している。この時期は［引用動詞＋引用句］という中間言語の引用形式が十分に使用できる時期であることから、引用句を「特性」によって際立たせる必要がないといえる。続く面接 17 以降は「ゆた」という終止形が先行・後続の両型で初めて観察され、「特性」の産出は「動詞あり」「動詞なし」ともに再度大幅に増加する面接もある。しかも動詞の有無による「特性」数の差は面接 1 〜 9 の時期と比較すると非常に小さくなっている。面接 17 以降は後続型が十分に使用可能になりつつあり、引用表現そのものが習得段階に近づいている時期である。これは、直接話法を示す「特性」の産出が引用動詞の有無に影響を受けなくなりつつあることを意味する。

　すなわち、引用形式の習得が十分でない段階では、「動詞なし」からくる引用形式の不十分さを補うために「特性」が多く表され、引用動詞によって引用形式が示される「動詞あり」では「特性」表出が少ない。また、中間言語形式であっても引用形式が安定すると「特性」の使用が減少する。そし

て、目標言語の引用形式が習得され十分に使用可能になると、話法特性の表出は引用動詞の有無に影響を受けない。以上3つの結果から、引用動詞と「特性」には、習得レベルの低い段階において、引用をより容易に伝達するために相補的に働くという機能的関係と、引用動詞産出に伴う認知的負荷による「特性」産出の抑制という心理言語学的関係があることが推測される。

iv) 間接話法を示す表現

間接話法を特徴づけるダイクシス（＋）表現は面接2で初出し、調査期間中ほぼ断続的に表出された（表4-11）。一番多く使用されたダイクシス（＋）表現は「わたし」「うち」で、サワ自身またはサワの家庭を指す語が9例中6例を占めている。サワの引用表現中の「わたし」という語は伝達者のみの指示に使用されているのである。したがって、元話者を指す1人称に「おれ」を使うことはあっても「わたし」を使った直接話法はなく、間接話法に言い換えた「彼女のご主人」(52)が使用されている。

(52) she said　彼女のご主人、コミュニケーション上手　（彼女は、自分の夫はコミュニケーションがうまいと言った　面接9）

　このように「わたし」を伝達者に限定し使用する間接話法は、早い時期から表出可能であることが推測される。
　さらに、面接8では間接話法の読みを促す「わたし」（＝伝達者）と、質問形式「どこですか」が引用句内に共起した(53)も見られた。

(53)　彼女のあたしの病院どこですか。　（彼女が私（＝サワ）の病院はどこかと聞いた　面接8）

(53)は、ダイクシス表現は伝達の場に合わせられているが、引用句は質問形式を残したままモダリティは丁寧体「ですか」になっており、間接話法の視点と直接話法を示すモダリティ表現が混淆されている。このような直接話法と間接話法の混淆した形式（自由間接話法）が見られた面接8は、直接話

法のダイクシス（−）表現(15)が初出した時期でもあり、次第に話法表現が多様化する過程を示している。

面接9以降話法の混淆はなく、直接話法と間接話法は分離し、詳細な直接話法が使用されるようになった。

結果のまとめ（サワ）

1. 引用標識は「とか」「って」が使用され、「って」が習得された。「と」「だって」「んだって」はほとんど使用されなかった。
2. 引用形式は［元話者＋引用句］の形式から、名詞的引用動詞が引用句の前にくる先行型［元話者＋名詞的引用動詞＋引用句］と動詞形の引用動詞の先行型［元話者＋引用動詞＋引用句（＋とか）］、そして、［元話者＋引用句＋引用動詞］の後続型を経て、［元話者＋引用句＋って＋引用動詞］に至った。但し、文字表記文からの口頭翻訳という非コミュニケーション場面では最終面接においても先行型が優勢であった。
3. 先行型から後続型への中間形式として中央型（引用句が前後にあり、その間に引用動詞がある引用）が表出された。後続型の典型的引用表現習得後、翻訳タスクにおいては両置型（引用動詞が前後にあり引用句が間にひとつある形式）が表出された。
4. 動詞先行型から後続型への移行させる要因は次のように推測された。
    - 引用される発話がひとつの文要素からなる単純な文である。
    - 中間言語の引用文型における引用動詞「ゆって」が終止形「ゆ（う）た」に交替した。
    - 引用動詞テ形の「ゆって」が要求・命令意味機能をも担うようになった。
    - 否定形「ゆってない」や逆接の「ゆって」の産出によって、引用ではない「言う」への意味範囲の拡大が生じた。
5. 引用を示す「って言う」の発達は、先だって起こった「言う」における引用機能の希薄化によって、新たな引用動詞の必要から生じたと推測される。
6. 話法は直接話法が使用される。

7. 話法の生成は引用動詞と関連がある。引用動詞の使用が不十分な場合、伝達の透明化のために引用句に直接話法が「特性」が多数表示される。
8. 「わたし」は引用表現の話し手に限定され、「わたし」を使用する間接話法は早い段階から可能である。また、直接話法を示すダイクシス（−）表現は間接話法より表出が少し遅れた。その同時期には間接話法と直接話法の混淆形式（自由間接話法）も見られた。

4.6　考察

4.6.1　引用表現における統語構造の習得

本データで観察された2名の引用表現の変化をまとめると、引用表現の習得過程において、まず(a)［元発話者＋引用句］から(b)［元話者＋引用動詞＋引用句］へ発達したことである。そして調査終了までに(c)［引用句＋引用標識＋引用動詞］の形式が表出（マリア）、あるいは習得（サワ）された。

　習得初期に［元話者＋引用句］から動詞先行型［元話者＋引用動詞＋引用句］へと進んだことは、【研究1】の5名のフィリピン人学習者の分析結果と同じとなった。ただし、「だって」「んだって」については表出がほとんどなく、そのかわりにタイ人で「とか」が表出され、【研究1】の予測と異なった結果となった。幼児の日本語の母語習得（大久保1967, 1973, Clancy 1985, 伊藤1990）や児童L2習得（白畑2000）の初出の引用形式は、いずれも終助詞的な引用標識「って」が付加されているものがまず習得された。これらを考慮すると、習得される標識の種類は「だって・んだって」「とか」と異なるが、成人の自然習得においてもまず引用標識が単独で終助詞的に用いられる引用形式が習得されることが推測される。「と」については、ロシア語母語話者で「といいました」が1例だけ表出されたがそのまま引用形式すべてが消えていることから、習得されたとは言いがたい。

　また、最も初期段階の引用表現［元話者＋引用句］は引用標識も引用動詞もないいわゆるゼロ形式である。どの習得環境においても初期段階では引用動詞がゼロ表示であるという点では類似しているとも考えられる。次に引用表現の統語化を段階を追って見てみる。

ひとかたまりの事象としての把握(a)と2分化(b)
最初の(a)段階では事象A(引用句に表されるコト)と事象B(元話者が「言う」というコト)からなる引用表現のうち、引用句に表される事象Aが中心に表されて大きな部分を占め、事象Bにあてられるのは元話者を示す名詞のみである。動詞が明示されないため、引用句部分は直接話法が多く、引用されたことば(事象A)は描写性の高いイコン記号として提示される。引用句が文内で述語として働く(藤田1999a, 2000 他)ことから、文内で主語となっている事象B(元話者)とデキゴトを示す事象A(引用句)が、主体と行為としてかかわる単文的構造をなしていると考えることができ、2つの事象がひとかたまりの事象として捉えられ、言語化されていると考えることができる。

次の(b)段階［元話者＋引用動詞＋引用句］では引用動詞が引用句の前に置かれる。先行する引用動詞に名詞的動詞[xii]が使用されることもあれば、固有の非活用動詞形やテ形が見られる場合もある。つまり、(b)段階で不十分な形式ながら引用動詞が使用されることで、事象Bが述語を得ることになる。その結果引用表現は統語的な接続はない2つの単文に表されることになり、ひとかたまりの事象として捉えられていた2つの事象は、事象Aと事象Bの2つに分化され始めると考えられる。動詞先行型が優位になることについては、基本的語順が2名とは異なるタガログ語(VSO、OVS)を母語とする学習者においても見られたことから、線状の発話では機能的に関連が強い要素が近接するという近接性原理(Givón 1995a: 51)によって動作を示す動詞と動作の主体 agent が近接し、発言という行為がより明示的に表現されるようになったとも考えられる。

2つの事象の統合(c)と引用動詞〈って言う〉
(c)段階［元話者＋引用句＋引用標識＋引用動詞］では2分化された事象が、動詞の後続型化と同時にひとつの構造に統合される統語化が起こる。その要因として次のことが考えられる。

ひとつ目の要因として、サワの中間言語体系に組み込まれていた［元話者＋ゆって＋引用句］というパターンの「ゆって」が、終止形「ゆった」に交

替したことがある。この終止形の表出と同時に後続型の「ゆった」が表出されたことから、終止形の習得が引用動詞の文末移動に影響を及ぼした可能性が考えられる。

　また、2つ目の要因として、「ゆって」の意味機能の変化がある。サワのデータから、引用動詞［と言いました］を意味する「ゆって」が、新しく［〜と言ってください］という要求のテ形の意味機能で使用され、ひとつの形式「ゆって」に2つの意味機能が付与された。さらに、すでに習得されていた非引用動詞の否定形の「いわない」に、同じ意味をもち、引用動詞に由来する「ゆって」を含んだ「ゆってない」という新しい形式の表出によって、ひとつの意味機能に2つの形式が生じた。こういった変化にともない、引用動詞「ゆって」が引用句をともなわない非引用動詞「言う」を含む意味範囲へ拡大したと推測される。言語習得においては意味と形式の1対1の対応関係（Andersen 1984, Slobin 1985）が形成され、この対応関係が崩れ新たな対応関係が作られながら習得が進む。「ゆって」（「言う」）における引用機能の薄まりから、「ゆって」と引用を表す意味機能との対応関係がくずれ、新たな形式「って言う」が取り込まれ、引用を表す意味機能と「って言う」の1対1の関係が確立されていったと推測される。

　この2名のデータに見る限り、引用は習得の初期段階ではひとかたまりの事象ととらえられ、単一の命題として表現され、そして統語化の過程の中でひとつの事象が2つの事象に、すなわち、2つの命題に分離され、2つの独立性の高い部分からなる引用文に構造化されて、最後に引用標識「って言う」によって統合されていくという習得過程が推測される。

　この引用表現おける命題の分化という過程はGivón（1980, 1995a 他）が予測する2つの独立した事象の統合が始まる前の段階を示すもので、統合尺度には示されていない部分である。

文法形式への注目

タガログ語母語話者もタイ語母語話者も自然習得で「と言う」は習得されていない。タイ語母語話者はインストラクションを受けた経験があることから、インストラクションされた形式「と言う」がコミュニケーションで強化

できなかったと推測される。
　少量のインストラクションを受けながら自然習得が進んだマリアにおいて、「動詞なし」が優勢の中で引用動詞「言います」だけが後続型で初出した。一方、「聞きました」など他の引用動詞は先行型で初出し、そのまま先行型で進み、「言います」も時をおかず中央型を経て、他の引用動詞と同じ先行型に移行した。「言います」の初出はインストラクションの直後であったことからその影響が推測され、インストラクションされていない他の動詞に見られた先行型が自然な習得順序を示すといえる。さらに、15カ月の調査の中期に、先行型から後続型に移行した「と言います」によって、ひとつの事象から2つの事象への分化を経て統語的統合が習得されたかに見えた。しかし、表出は1回だけでその後、引用形式自体がすべて消滅し、すべて元の「動詞なし」に戻った。ここから、少量のインストラクションはきわめて限定的に表出形式に影響を与え、翻訳タスクによって文法形式への注目が高まったときに再度影響を及ぼすことが推測される。しかし、影響は即時的、瞬間的ともいえ、コミュニケーションのスピードアップが要求され、文法形式への注目が減少すると影響は一気に消滅し、自然習得の特徴を示し始めると考えられる。ロシア語母語話者マリアは「と言う」の習得には至っておらず、先行型動詞も使用が十分でないところから、事象の2分化を完全には終えていない習得段階にあることが推測される。このような少量のインストラクションに習得の遅延的効果があるかについては本章のデータからは推測するのは困難で、今後の課題である。一方、タイ語母語話者サワにおいてはロシア語母語話者とは異なり、文法形式への注目が必要な翻訳タスクを行っても形式への注目は引き起こせなかったし、調査後期には反対にすでに自然習得されていた「って言う」がタスクでは表出されにくく、先行型への逆戻りが見られた。文法の学習というものに対する個人の態度や、習得過程のどの段階にあるかによって、文法形式への注目と産出との関係は異なる可能性がある。この点についても本研究のデータでは明らかにはできず、今後の課題としたい。
　インストラクションあるいは文法への注目に触発されて目標形式を一旦は使用しても、すぐに安定的な使用の持続は起こるわけではない。同時に、形

式を意識しないコミュニケーションで目標形式が習得されていても、非コミュニケーションの場では習得前の段階に逆行する可能性を示しており、インストラクションの限界と同時に自然習得の限界も示された。

習得環境及び母語（他言語）の影響

タイ語母語話者では、「だって・んだって」（タガログ語母語話者）はほとんど表出されず、「とか」が使用された。タイ語母語話者の配偶者は同国人で家庭内の言語はタイ語であるのに対し、タガログ語母語話者の配偶者は日本人で家庭内の言語は主として日本語である。両者で使用される日本語はスタイルにおいて大きく異なっていることは当然考えられ、習得環境とインプットが習得言語形式に影響を与え、引用標識に違いが生じた可能性が推測されるが、本章1名のデータからは明らかではない。

　タイ語母語話者は会話では後続化していた動詞が、母語の書記文から日本語への口頭翻訳タスクでは母語の語順と同じ先行型で表出され逆戻りした。母語（SVO）の書記文の影響のほかにもしばしば引用形式部分に用いられた英語の語順の影響も否定することはできず、本データからは現時点では明らかではない。一方、ロシア語母語話者で先行型化が進んでいた面接7で、「I want to have 犬、こどもの parent ask」（子どもが両親に犬が欲しいと頼んだ）のような英語の引用表現に後続型ともいえる例が見られ、英語と同時に自然習得が進行している日本語の影響が疑われる例が見られた。いずれにしても、引用表現における引用動詞の先行型は本データの被調査者において非常に強い傾向性を示した。しかし、母語や他言語の影響は【研究1】【研究2】のデータからは明らかではなく、今後の課題としたい。

4.6.2　話法の変化

話法については、直接話法が多く、引用形式がない場合に引用句に直接話法らしい「特性」が多く使用されるという特徴が2名に共通して見られ、タガログ語母語話者の結果と矛盾しなかった。直接話法は普遍的に見られ（Li 1986）、引用句にはイコン記号性がある（藤田 1999a, 2000 他）とされる。模倣性や演劇性（Wierzbicka 1974, Clark and Gerrig 1994）という点から

もイコン性の強い直接話法表現による伝達の透明性は高い。また、イコン性とは異なる観点から廣瀬 (1988) や遠藤 (1982) も直接話法の伝達性の高さを示唆している。こういった直接話法の性格から、引用であることを明示する引用動詞がない場合に、伝達性がより強い直接話法が使用されることは、言語がコミュニケーションのための手段であるかぎり、当然考えられることである。

　ロシア語母語話者では調査後期には再び動詞の使用がなくなり、単文的構造への強い傾向が見られた。この再度あらわれた単文的構造では繰り返し表現や間投詞など社会的交流での言語使用から得られる口頭表現特有の「特性」がしきりに用いられた。繰り返し表現はイコン記号として強調的に伝えるストラテジーとされている (Ishikawa 1989, Tannen 1987)。つまり、日本語による日常的なコミュニケーション機会の増加により言語知識が増え、「特性」の表出が可能になったと同時に、コミュニケーション達成をスピードアップする必要から、発話の際に産出負荷が大きい、引用動詞を用いた複文的表現の引用表現を捨て去ったことが推測される。しかしながら、自由会話におけるナラティブ部分で一人二役あるいは三役の生き生きとした描写が可能でも、文体の使い分けという待遇表現はまだ習得しておらず、日本語での相互交流を多く経験しているフィリピン人学習者との違いがうかがわれた。引用動詞を生成する際の負荷はサワにおいても観察された。引用動詞部分の産出が安定しない時期（調査前期）には、引用動詞がある引用より、ない引用において直接話法を示す要素が多く生成され両者の差は大きかったが、引用動詞の使用が安定する時期（調査中期）になると特性の使用量に差がなくなったことにあらわれている。機能主義的には、フィリピン人と同じように、直接話法は引用形式と相補的に使用される可能性があり、伝達の透明性を高めるストラテジーであることが推測される。

4.6.3　「わたし」—間接話法と直接話法

ロシア語母語話者とタイ語母語話者の顕著な違いは引用句内のダイクシス表現「わたし」の使用に見られた。マリアは「わたし」を元話者を指示する場合にだけ使用したのに対し、サワは伝達者自身を示す場合だけに使用した。

つまり、マリアの「わたし」は常に直接話法であるのに対し、サワは「わたし」によって間接話法の視点を表すということである。サワで観察された「わたし」(＝伝達者)という表現による間接話法化はフィリピン人自然習得者にも見られた。

言語表現は話者を中心に構築される(池上 2000)という原則に照らすと、「わたし」を使用して現行の場の秩序に従う間接話法表現は容易であることが推測される。日本語では間接話法の制約が英語ほど大きくない(三上1963、奥津 1970、柴谷 1978 他)。習得の早い段階から直接話法と間接話法が可能である。その後「特性」だけでなく元話者の視点に立った直接話法を示す視点表現が使用可能になることで直接話法表現がより精緻化され、直接話法と間接話法との分離が明確になり、その結果豊かな引用表現が可能になるのではないかと推測される。フィリピン人自然習得者の引用表現における「わたし」の指示対象が伝達者指示から元話者指示へと変化するという推測とも矛盾しない。

しかし、反対にロシア語母語話者の「わたし」は常に元話者を指示し、直接話法となっており、この傾向は映画の場面の説明や夫のエピソードなどナラティブにおける引用表現で見られた。ナラティブでクライマックス場面に来たときに会話の描写があらわれやすいとされる (Mansen and Mansen 1976, Witte 1977 など: Li 1986 に引用)。元の場面の会話をそのまま一人二役、あるいは三役で再現すると、当然「わたし」は元話者を指示することになる。しかし、伝達者がかかわっている場面の会話の引用もあったわけで、その場合でも伝達者自身を示す「わたし」は引用句には見られなかった。日本語でのコミュニケーションが破綻した時、しばしば英語で元話者を"I"とする言い換えを行っていたことから、そのまま日本語に変えた可能性も考えられる。サワにおいても英語の引用句では同様の"I"が見られたが、しかし、今回の分析からは明らかにすることはできなかった。

「統合」の概念に基づく間接話法化の顕著な日本語形式として、「Vように(と)言う」という形式も考えられる(柴谷 1978 ほか)が、本データではこのような形式もスケール上位の動詞による2つの事象の「統合」も観察されなかった。間接話法の「ように(と)言う」はまったく観察されず、かわりに「V

てください」や要求の「Vて」といったイコン的な直接話法が使用された。「ように言う」を発話するにはまず新たな統語形式を意識的にとらえる必要がある。直接的な要求表現より伝達効果が低い統語形式は日常的な言語使用の過程で気づきにくいと思われる。使用が容易なイコン的表現に頼らない新たな引用形式を産出するまでにはなお時間が必要なのかもしれない。

最後に、これは2名の学習者を対象とした研究であるため一般化は難しいが、L1や習得環境の違いが習得スピードや表出形式に影響を与える可能性はあるにしても、引用表現の習得の過程における構造的変化はフィリピン人学習者と矛盾しないことが示された。

注

i 初級『やさしい日本語』(荒竹出版)、中級教科書『トピック日本語』(スリーエーネットワーク)を教室で使用した。漢字教本『Basic Kanji Book』vol.1, 2 (凡人社) は自宅で一人で学習した。面接1～9は初級文法のインストラクション提示期間と重なり、面接10～14は初中級クラス期間と重なっている。

ii 面接15におけるサワと友人との会話で確認された。

iii マリアの母語及び教育言語はロシア語であるが、ウズベキスタンの社会ではウズベク語が併用されているため、仕事等の場面ではウズベク語を使用することもあった。ウズベク語の語順は基本的にSOVで、引用句内の語順もSOVである。直接話法、間接話法とも引用句の独立性が高く、間接話法化において人称変化はあるが、引用動詞と引用句内の動詞との時制の一致はない。「ケンは京都へ行くと言った」というウズベク語の引用表現の a) 直接話法 b) 間接話法の例を以下に示す。

 a) Ken, men Kiotoga ketaman, deb aytdi.
  ケン わたし 京都へ 行く(1人称) 補文標識 言った
  [元話者＋「引用句」＋補文標識＋引用動詞]
 b) Ken Kiotoga ketadi, deb aytdi.
  ケン 京都 へ 行く(3人称) 補文標識 言った
  [元話者＋引用句＋補文標識＋引用動詞]

iv 話法の別の判定項目としてポーズやイントネーションなど音調的特性もあげられて

v 面接5では分析の対象としていない自己発話の引用においても、「8時帰ります、わたしは言います、8時かえります」という中央型が観察された。

vi マレーシアでJFL日本語を1年間集中的に学習し、日本の大学院に入学した教室習得のセブアノ語母語話者を対象に、来日後（1ヶ月，3ヶ月，10ヶ月，20ヶ月）に筆者が行った面接会話データによると、使用された引用形式は、「元話者＋引用句」、先行型の「引用動詞＋引用句」、後続型の「と言います」、引用標識の「〜と」で終わる形式で、この中で先行型が最も多く見られた。「って」は最後まで使用されなかったことから、教室教授によって一旦「と」が習得されると「って」の習得は非常に困難であることが推測される。話法については、直接話法は、デス・マス形による直接話法表示が多く、終助詞が表出されたのは来日10ヶ月後であった。

vii 「うったり」は教科書に提示されている「歌を歌ったり」（『やさしい日本語』p.261）と推定される。

viii 先行型化が進んでいた面接7では、逆に「I want to have 犬、こどもの parent ask」（子どもが両親に犬が欲しいと頼んだ）のような英語の引用表現に後続型ともいえる例が見られた。来日以来、夫の研究室仲間との会話が英語であるため、日本語と同時平行して英語の自然習得が進んでいる中で産出された。第二言語といえるウズベク語や習得過程にある日本語の動詞文末語順規則が何らかの影響を与えているのかもしれない。

ix 「動詞発話」の広がりを見るために、動詞発話内で動詞と関連する文構成要素の数をカウントし、要素の数ごとに発話を分類した。たとえば「ここで買いました」は1要素発話である。但し、本章では文法的項構造より発話の大きさの変化に注目しているため、構成要素については、名詞だけでなく副詞的表現（例: もう一度，今日）なども1構成要素として扱った。

x たとえば、「G先生、あります、ID」（G先生はIDを持っている）のように2要素の動詞発話で、動詞の前に生起すべき文構成要素がひとつでも動詞の後ろにある発話を「（2要素発話の）非正規語順発話」とする。

xi 「と」と表記したが、「て」とも表記できる音である。

xii 「しゃべ」のようなテ形から「て」を取り去った中間言語形式は面接1〜面接9まで多く観察されており、語形変化することなく動詞として使用されたため、その意味で名詞的動詞ということができる。他に「カエ」（帰る）、「ツクッ」（作る）などの非

常に多様に創出された。調査期間後半の面接11前後からほぼ自然消滅した。

xiii 揺れが生じていると思われる面接7では自己発話の引用に「なんかご主人主人、教えて、ask」（主人に教えてくれるように頼む）のように英語引用動詞にも後続型が見られた。

xiv 非引用の「ゆって」は「何ができない<u>ゆって</u>、何がプロブレム<u>ゆって</u>」の2例である。本研究では「と」で引かれるべき引用、または「と」で引かれた中間言語の引用を分析対象とした。この文構造は「と」を用いて引用文にすると、「何ができないかと言った」となり、文自体の意味が変化する（砂川1988b）。そのため本研究では引用文としない。

xv 非引用動詞「言う」の否定形は「でも、先生、いわない（先生には言わない　面接12）」「なんでいわない、そのこといわない」（どうしてそのことを言わないのか　面接17）「パパママも言わない（パパとかママという言葉を言わない）」「なにも言わない」「言わない方がいい」（面接18）でいずれも引用動詞ではない。「もういわないで」（面接19）が観察されている。

xvi 引用動詞「ゆって」が「ゆった」に移行するまでに約18ヶ月を要した。それに対し「聞いて」が「聞いた」になるまでは1ヶ月であった。この違いについては「聞く」の意味が［質問する］だけでなく「音楽を聴く」のように文末に生じやすい［聴く］という意味があることと関係がある可能性があるが、本研究からは不明である。

xvii サワの単文の動詞位置の習得（面接1～面接9）については杉浦（2003）を参照。

xviii 面接18で「って＋言う」は6例、それに対し「って」のみでの引用は1例である。

xix 先述の「中央型」はひとつの引用動詞が2つの引用句の間にあるもので、「両置型」は2つの引用動詞がひとつの引用句を挟む形になっているものである。

xx 「両置型」は、自由会話に引き続き行われた補助面接の冒頭に見られた。口頭翻訳では、問題が進み後方になればなるほど、動詞先行型への移行が目立った。

xxi 名詞的の動詞が引用表現の習得過程で表出されたことは、基本的変異 Basic Variety 仮説とも矛盾しないと思われる。このモデルは名詞的文要素の並置構造（機能的誤配列）から文法的形態素がなく、動作主が文頭にくる発話（意味論的語配列）を経て、目標言語に近い文法的形態素を高度に備えた発話（統語的語配列）へ発達するとする（Klein and Perdue 1992）。

第 5 章
中国語母語話者の引用表現の教室習得
―横断的研究【研究 3】

5.1 はじめに

第 3 章のタガログ語母語話者 5 名の横断的研究【研究 1】、及び、第 4 章のロシア語母語話者とタイ語母語話者の 2 名の縦断的研究【研究 2】における分析から、教室教授がないか、ほぼそれに近い環境での引用表現の習得について以下のような習得仮説が得られた。

　引用表現の習得はまず 2 つの事象がひとかたまりの事象としてとらえられた単文的構造の (1)［元話者＋引用句］、次に、元話者が発言したという事象と引用句に表される事象が分化した並置的構造の (2)［元話者＋引用動詞＋引用句］、そして、最終的に「って」によって 2 つの事象がひとつの文に統語的に統合された複文的構造の (3)［元話者＋引用句＋引用標識＋引用動詞］という 3 つの段階を追って進む。

(1) 　お母さん、だめ高い。
　　　［元話者　＋引用句］
　　　（高いからだめだと母が言った）
(2) 　妹は　　ゆって、　今お父さんとお母さんすごーいなんか、オールドです。
　　　［元話者　＋引用動詞　　　　＋引用句］
　　　（妹が父と母が最近年をとったと言った）

（3）（友達が）　子どもといじめお母さんが多い　て　　　　　ゆってる。
　　　［元話者　　＋引用句　　　　　　　　　　＋引用標識　＋引用動詞］
　　　（子どもや母親のいじめが多いと言った）

　また、自然習得者においては、単文的構造から並置的構造に進む際、他者発話の引用専用の引用標識（4）「だって」、「んだって」が習得されると、これらの標識を用いた副次的分化のルートが生じるのではないかとの仮説も提示された。

（4）お母さんとこども、ゴウイン入るだって。
　　　［元話者　　　　＋引用句　＋だって］
　　　（母親と子どもが入ると言っている）

　話法については、直接話法は終助詞や丁寧体などを用いた「特性」の使用によって引用された発話であることを浮き彫りにし、引用形式の不十分さを補うストラテジーであることが推測された。また、間接話法は引用句の中にあらわれる伝達者を「わたし」と表示するものが比較的早く習得されることが推測された。
　以上の自然習得研究から得られた仮説は教室習得において適用可能であろうか。第5章の【研究3】では教室習得者の引用表現の習得実態を記述し、自然習得者との比較を行う。第5章の構成は以下のようなっている。5.2で研究目的と研究課題、5.3で方法について述べたのち、5.4で引用形式の分析と結果、5.5で引用形式の習得について考察を行う。続く5.6で話法の分析と結果を示し、5.7で話法について考察を行う。

5.2　研究目的と研究課題

【研究1】及び【研究2】から得られた習得仮説は、形式的な教授を受けないか、受けていても極めて少量で、実際のコミュニケーションを行う中で日本語を自然習得した学習者を対象とした研究に基づく仮説である。引用形式

や話法について教室でインストラクションを受けた学習者の習得の実態については、まだ十分に明らかにされていない。本章では教室で形式の教授を受け、外国語としての日本語を習得した台湾人中国語母語話者の引用表現の習得実態を観察し、自然習得研究から得られた習得の仮説を検討する。本章の【研究3】においても【研究2】と同様、他者発話のみを分析対象とする。研究課題は以下の3点とする。

1. 引用形式はどのようなものが用いられるか。
2. 引用動詞は先行型から後続型に移行するか。
3. 直接話法と間接話法はどう使用され、どう習得が進むのか。

　ここで用語の定義をもう一度確認しておく。引用表現の用語については以下のように呼ぶ。花子が「太郎が、あした晴れるだろうと言った」と伝達する場合、『あした晴れるだろう』を［引用句］、「と言った」のように引用を示す形式を［引用形式］、「と」を［引用標識］、「言った」のように引用を示す動詞を［引用動詞］と呼ぶ。引用句の発話者である「太郎」は［元話者］、花子を［伝達者］と呼ぶ。

5.3　方法

5.3.1　中国語の引用表現

本研究の被調査者の母語である中国語は基本的にSVO言語(角田1991)で、直接話法と間接話法の別がある。文字で表した文では直接話法は「　」で示す。話しことばにおいては直接話法と間接話法の区別はダイクシス表現の違いで表示される[i]。

直接話法：米樂　　　説　「我下星期要去東京出差」。
　　　　　元話者　引用動詞　「わたし・引用句」
　　　　　（ミラーさんは「来週東京へ出張します」と言いました。）

間接話法：米樂　　　説　　　他這星期要去東京出差。
　　　　　元話者　引用動詞　　かれ・引用句
　　　　　（ミラーさんは今週東京へ出張すると言いました）

また、メッセージを伝達する「〜と言っていました」と通常の「〜と言いました」は同じ構造である。

直接話法：田中　　　説　　　「我明天要休息」。
　　　　　元話者　引用動詞　「わたし・引用句」」
　　　　　（田中さんは「あした休みます」と言っていました）
間接話法：田中　　　説　　　他今天要休息。
　　　　　元話者　引用動詞　かれ・引用句
　　　　　（田中さんは今日休むと言っていました）

5.3.2　被調査者

被調査者は台湾で実施する本調査の募集に応募した台湾人学生17名（男5名、女12名）である。全員中国語[ii]を母語としており、いずれも台湾の大学の日本語学科の学部生または大学院生である。調査時点では全員台湾で外国語としての日本語を学んでおり、日本への留学などによる1年以上の長期滞在経験はない。また、17名全員が日本語能力試験の認定を受けており、その内訳は1級認定8名、2級認定4名、3級認定5名である。被調査者のプロフィールは以下の通りである（表5-1）。

5.3.3　データ収集

調査は2005年3月23日〜25日の3日間、学生の所属する大学で行った。今回分析対象とするデータは、17名の被調査者に対して筆者が行った引用のタスクを録音し、その音声資料を文字化したものである。引用のタスクとは、日本語の会話を収録したビデオ映像を被調査者に2度見せ、その場面の会話やできごとについて口頭で報告してもらうものである。日本語教育のためのビデオ教材[iii]から抜粋した11場面をデジタル映像化してパソコン上で

表 5-1　被調査者のプロフィール

	被調査者	性別	日本語能力試験級認定	学年
1	Sk	女	1	学部 4 年
2	Ra	女	1	大学院 1 年
3	Ysh	女	1	大学院 1 年
4	Ri	女	1	大学院 1 年
5	Sm	男	1	大学院 2 年
6	Yk	女	1	大学院 2 年
7	Sh	女	1	学部 3 年
8	Rk	女	1	学部 3 年
9	Ry	男	2	学部 2 年
10	Gy	男	2	学部 3 年
11	Rc	男	2	学部 3 年
12	Ks	男	2	学部 2 年
13	Ys	女	3	学部 1 年
14	Go	女	3	学部 1 年
15	Ko	女	3	学部 1 年
16	Rs	女	3	学部 2 年
17	Si	女	3	学部 3 年

再現し、音声はヘッドホンを通して聞いてもらった。ひとつの場面を2度見せた後、その場面ごとに筆者がインタビューを行い、その場面で何が起こったか、登場人物が何をしたか、何と言ったかを報告してもらった。この手順を11の場面について行った。インタビューではまず自発的に報告してもらい、十分な発話が得られないときは、対話によって発話を導いた。

5.3.4　分析対象とする引用表現

17名の音声資料を文字化し、その文字化資料から発話の引用表現をとり出した。これらは必ずしもすべてに引用標識と引用動詞が整っているわけではなく、ポーズ、音調、前後の文脈などから引用と判断されるものもある。引用表現数は1級241例、2級117例、3級187例である（表5-2）。「思う」は発話の引用動詞ではないが、元発話者の思惟を引用している場合に引用と

表 5-2 分析対象とする引用表出数

級	名前	引用表現数
1	Sk	50
1	Ra	27
1	Ysh	21
1	Ri	23
1	Sm	33
1	Yk	28
1	Sh	33
1	Rk	26
	計	241
2	Ry	31
2	Gy	36
2	Rc	25
2	Ks	25
	計	117
3	Ys	54
3	Go	55
3	Ko	23
3	Rs	35
3	Si	20
	計	187

して扱った。【研究1】、【研究2】の分析と同様に引用形式（引用標識と引用動詞）と話法とに分けて分析を行う。

5.4 分析と結果Ⅰ 引用形式

5.4.1 分析

引用形式とはその表現が引用であることを示す部分、すなわち、引用の地の部分を指す。ここで分析する項目は引用標識の種類、引用動詞の引用句に対する位置関係、及び、引用動詞の形式である。

ⅰ) 引用標識

本章のデータでは引用標識は「標識なし」、「と」、「って」、「とか」、「なんて」の5種が表出された。これらの標識の表出数を被調査者毎にカウントし、各標識の総数に対する割合(%)を算出した。また、3級、2級、1級の3レベルで表出割合に偏りがあるかどうかを見るためにレベル間でχ^2検定を行った。

ⅱ) 引用動詞

引用表現の引用動詞が明示されているかどうか、明示されている場合は引用句に先行する位置にあるか後続する位置にあるかを見た。本章の分析対象とする引用表現には、1）引用動詞がない、2）引用動詞が引用句に先行する（以降「先行型」と呼ぶ）、3）引用動詞が引用句に後続する（以降「後続型」と呼ぶ）、4）引用動詞が引用句の前後に2つある（「両置型」と呼ぶ）の4つの型が見られた。

　本章の被調査者は外国語として日本語を教室習得した学習者である。初級の教室ではまず「引用標識」と「引用動詞」が組み合わせられた「と言う」が提示される。そこで、引用標識と引用動詞が共起しているか、共起しているとすると、どのような引用標識とどのような引用動詞が共起しているかが教授された形式の影響を見るひとつの指標となる。そこで、本データに見られた引用標識と引用動詞の組み合わせ型を、表出例をあげて表5-3に示す（(　)内に想定される意味を示す）。

　まず、1は引用動詞も標識も明示されないもの（以降「ゼロ形式型」と呼ぶ）である。2はやはり引用動詞がないが、引用標識「って」が引用句の後ろに付加されて引用が示される形式である（以降「ッテ中止型」と呼ぶ）。3、4、5は動詞が共起する型で、先行型、後続型、両置型があり、それぞれ引用標識によって下位分類される。3は先行型で、「引用標識なし」、「って」の2種である。4は後続型で、「引用標識なし」、「って」、「と」、「なんて・とか」の4種である。5は両置型で引用動詞が引用句の前後に2つあり、すべて「と」と共起している。以上のように引用標識と引用動詞について5型9種に分類し、それぞれの表出数をカウントし、引用総数に対する割合(%)を被調査者毎に算出した。また、レベル間で表出割合に偏りがあるかどうか

表 5–3　引用動詞の位置と引用標識

型	引用動詞	引用標識	例
1	ϕ「ゼロ形式型」	ϕ	お母さんは、ああ、宿題は終わったの。（母親が宿題は終わったかと聞いた）
2	ϕ「ッテ中止型」	って	お母さんは、だめ、もう 8 時だよって。（母親はもう 8 時だからだめだと言った）
3	あり「先行型」	ϕ	お母さんは聞いて、ええ、お母さん、机の上の雑誌はどうかしたの？（母に机の上の雑誌はどうしたか聞いた）
3	あり「先行型」	って	確認した、わたしが注文したのはやきそばじゃないですかって。（私が注文したのは焼きそばじゃないかと確認した）
4	あり「後続型」	ϕ	かず子さんは、勉強していないのに、勉強言います。（かず子は勉強していないのに、勉強していると言った）
4	あり「後続型」	って	かず子さんは、テレビの番組が終わってから勉強するって言いました。（かず子はテレビの番組が終わってから勉強すると言った）
4	あり「後続型」	と	むこうは、6 カ月になりましたと返事しました。（相手は 6 カ月になったと返事した）
4	あり「後続型」	なんてとか	勉強しないのに、まだテレビ見てるのとか聞いたの。（勉強しないでまだテレビ見ているのかと言った）
5	2 つあり「両置型」	と	かず子さんを、命令して、ちょっとかたづけ、かたづけくださいと言って。（母親はかず子にかたづけるように命令した）

ϕ：なし

を見るために χ^2 検定を行った。

5.4.2　結果

ⅰ）引用標識

17 名の被調査者によって用いられた引用標識は、「標識なし」、「と」、「って」、「とか」、「なんて」である。各学習者の表出数を表 5–4 に示した。「と」のうち、引用動詞「思う」の標識はすべて「と」で、「と思う」の組み合わせが固定して用いられているため、その他の引用動詞と共起する「と」とは区別してカウントした。したがって「と思う」は標識「と」に含まれていない。また、日本語能力レベル毎に、1 人当たりの平均表出数（数／1 人）と標

第 5 章 中国語母語話者の引用表現の教室習得　167

表 5-4　引用標識の表出

	級	被調査者	標識なし	って	と	と思う	とか	なんて
1	1	Sk	2	39	1	7	1	0
2	1	Ra	1	3	18	5	0	0
3	1	Ysh	6	1	8	6	0	0
4	1	Ri	5	2	14	2	0	0
5	1	Sm	4	9	1	0	17	2
6	1	Yk	2	5	13	4	4	0
7	1	Sh	2	13	13	4	1	0
8	1	Rk	3	21	0	2	0	0
		合計	25	93	68	30	23	2
		数／1人	3.1	11.6	8.5	3.8	2.9	0.3
		標識／総数	10.4%	38.6%	28.2%	12.4%	9.5%	0.8%
9	2	Ry	6	2	21	2	0	0
10	2	Gy	6	10	3	14	1	0
11	2	Rc	1	23	0	1	0	0
12	2	Ks	14	2	7	4	0	0
		合計	27	37	31	21	1	0
		数／1人	6.8	9.3	7.8	5.8	0.3	0.0
		標識／総数	23.1%	31.6%	26.5%	17.9%	0.9%	0.0%
13	3	Ys	17	32	4	1	0	0
14	3	Go	8	2	42	1	1	0
15	3	Ko	2	1	18	2	0	0
16	3	Rs	13	18	0	5	0	0
17	3	Si	8	10	1	1	0	0
		合計	48	63	65	10	1	0
		数／1人	9.6	12.6	13	2	0.2	0
		標識／総数	25.7%	33.7%	34.8%	5.3%	0.5%	0.0%

注）　小数点 2 位以下を四捨五入したため、％値合計が 100 になっていないものもある。

表 5-5　引用標識の表出　χ^2 検定残差分析結果

	引用標識なし	と	って
1 級	- 3.615**	0.411	2.624**
2 級	1.732+	- 0.644	- 0.824
3 級	2.205*	0.122	- 1.962*

+p＜.10　*p＜.05　**p＜.01

識総数に対する個々の標識表出割合（標識／総数）を算出し示した。

3級では「と」(34.2%)がもっとも多く「って」(33.7%)を少し上回っているが、2級、1級では反対に「って」が最も多く30%を超え(2級31.6%、1級38.6%)、「と」(2級26.5%、1級28.2%)を上回っている。「引用標識なし」は3級(25.7%)と2級(23.1%)では20%以上とかなり多いが、1級(10.4%)では少ない。「とか」は個人差が大きく、1級の被調査者(Sm)で非常に多く見られたものの、他のレベルでは2級で1例、3級で1例と少ない。また、「なんて」(1級2例)もすべてのレベルで表出数が少なく、「とか」「なんて」は17名の主要な引用標識ではない。そこで、本章では「引用標識なし」、「と」、「って」の3つの標識を引用の主要な標識であるととらえ、この3つの形式の表出数について、レベルによって偏りがあるかどうかを見るためχ^2検定を行った。その結果、偏りは有意であった（$\chi^2(4) = 14.542$, p<.01）。また残差分析の結果(表5-5)、「引用標識なし」は3級で有意に多く、1級では有意に少なかった。また、「って」は3級で有意に少なく、1級では有意に多かった。「と」の使用数についてはレベルによる偏りは有意ではなかった。

つまり、「って」と「と」は3級ではほぼ同じ割合で表出されているが、「って」がレベル上昇とともに非常に増加するのに対し、「と」はレベルが上昇しても使用に変化がないということである。また、「引用標識なし」はレベルの上昇につれて、急激に減少しているということがわかる。「と」が維持される中で、「引用標識なし」から「って」へと標識の習得が進むことが示された。

一方、表出状況(表5-4)を被調査者ごとに見ると、「と」と「って」を同数使用している1級の1名(Sh)を除き、各レベルで「と」を優勢的に使用する学習者(以降「ト優勢者」と呼ぶ)と「って」を優勢的に使用する学習者(以降「ッテ優勢者」)に分かれている。ト優勢者は、1級4名(Ra, Ysh, Ri, Yk)、2級2名(Ry, Ks)、3級3名(Ys, Rs, Si)である。一方、ッテ優勢者は、1級3名(Sk, Sm, Rk)、2級2名(Gy, Rc)、3級2名(Go, Ko)である。全員が外国語として日本語を主に教室で学習しているにもかかわらず、学習者間では、「と」と「って」の使用には顕著な違いがあらわれていることを示している。

ii) 引用動詞
a) 動詞の位置

上で分類したように引用標識と引用動詞の組み合わせは、1）ゼロ形式型、2）ッテ中止型、3）先行型・標識なし、4）先行型・「って」、5）後続型・標識なし、6）後続型・「って」、7）後続型・「と」、8）後続型・その他の標識（「とか・なんて」）、9）両置型・「と」の9種である。それぞれの表出数と表出総数に対する割合（表内「割合」、単位％）をレベル毎に示した（表5-6）。「と思う」はすべて後続型で表出されているため分析対象から除外した。

表5-6 動詞の位置と引用標識

級		ゼロ形式型 φ	ッテ中止型 って	先行型 φ	先行型 って	後続型 φ	後続型 って	後続型 と	後続型 その他	両置型 と	総計
1	表出数	23	13	(1	6) 7	(1	77 168	68	22)	0	211
1	割合	10.9%	6.2%	0.5%	2.8% 3.3%	(0.5%	36.5% 79.6%	32.2%	10.4%)	0.0%	
2	表出数	24	7	(3	1) 4	(0	28 59	30	1)	2	96
2	割合	25.0%	7.3%	(3.1%	1.0%) 4.2%	(0.0%	29.2% 61.5%	31.3%	1.0%)	2.1%	
3	表出数	41	22	(6	1) 7	(1	42 106	61	2)	1	177
3	割合	23.2%	12.4%	(3.4%	0.6%) 4.0%	(0.6%	23.7% 59.9%	34.5%	1.1%)	0.6%	

φ：標識なし，「と」で中止する引用表現は1例のみで、表に入れていない。
注）小数点2位以下を四捨五入したため、％合計値が100になっていないものもある。

表5-7 動詞の位置と引用標識 χ^2 検定残差分析結果

	ゼロ形式型	ッテ中止型	先行型	後続型
1級	-3.768**	-1.765+	-0.433	4.364**
2級	2.023*	-0.492	0.292	-1.514
3級	2.154*	2.223*	0.206	-3.249**

+$p<.10$ *$p<.05$ **$p<.01$

動詞の位置では後続型が3級59.9%、2級61.5%、1級79.6%を占めており、どのレベルにおいても圧倒的に使用割合が高い。引用標識も引用動詞もないゼロ形式型（3級23.2%%、2級25.0%、1級10.9%）は全レベルで2番目に使用割合が多く、引用標識「って」のみのッテ中止型（3級12.4%、2級7.3%、1級6.2%）がそれに続く。先行型（3級4.0%、2級4.2%、1級3.3%）は非常に少ない。両置型もあるが、2級では2例（2.1%）、3級で1例（0.6%）ともっとも少ない。

　両置型は極めて少ないため、被調査者17名における引用動詞の位置の主なものは、後続型、ゼロ形式型、ッテ中止型、先行型の4つと考えられる。そこで、この4つの型の表出割合の偏りにレベル間で有意差があるかどうか見るために、χ^2検定を行った。レベル間の偏りは有意であった（$\chi^2(6)$ =22.151, $p<.01$）。残差分析の結果（表5-7）、圧倒的に多く使用される後続型は3級レベルにおいて有意に少なく、2級では有意差なし、1級レベルで有意に多いことから、レベルの上昇と共に後続型が一層増加していくことがわかる。それに対し、2番目のゼロ形式型は、3級、2級で有意に多く、1級レベルでは有意に少ないことから、1級で急激に減少することが示された。ッテ中止型は3級レベルで有意に多く、1級では少ない傾向にあることから、やはり、レベルの上昇につれて使用が暫時減少することがわかる。もともと使用の少ない先行型に有意な偏りはなかった。つまり、後続型が3級レベルから使用が最も多く、レベル上昇とともに一層増加し、ゼロ形式型とッテ中止型が減少することが示された。

b) 後続型

本章の被調査者において引用句の後ろに動詞が来る後続型が圧倒的に多く表出され、レベルの上昇とともに顕著な増加が見られた。ここで後続型の使用形態をもう少し詳細に見てみる。

　表5-6に示したように後続型では「ϕ」、「って」、「と」、その他の標識が表出されてはいるものの、3級（34.5%）、2級（31.3%）では「と」の使用割合が引用標識の中で最も高い。また、引用動詞が引用句の前後にある両置

型においても引用標識は「と」である。それに対し、引用標識の後ろに引用動詞がないッテ中止型と先行型においては、引用標識は「って」だけで、「と」は使用されていない。言い換えると、「と」は後続動詞の共起性が特に3級・2級で強く、「って」は後続動詞を必ずしも必要としていないと考えられ、2つの引用標識の異なる性格が推測される。そこで「と」と「って」の使用を比較する。

　台湾でよく使用される初級教科書では基本的な引用形式として、まず「～と言う」が提示されているが、教科書によってはメッセージを伝える形式として「～と言っていた」(5)を提示する場合もある。

（5）　田中さんは「あした休みます」と言っていました。
　　　田中さんはあした休むと言っていました。
　　　（「みんなの日本語」初級Ⅱ、翻訳文法解説中国語版 p.33）

そもそも引用という言語行為は伝達の場とは異なる時空で発せられたことばや思惟を進行中の伝達の場に取り込む表現であることから、動詞「言う」の形態のうちでも過去の発言を表す「言いました」が最も多く使用されることが予想される。教室習得者の引用表現がどのように習得されるかを見るために、教科書で提示される形式の表出に焦点を当て、実際に被調査者にどう使用されているかを詳しく見ていく。教科書で提示される「と言いました」とそのテ形「と言って」（メッセージ文型「と言っていました」を含む）と、初級教科書では提示されることが少ない「って」の対応形である「って言いました」と「って言って」（メッセージ文型を含む）、及び、「って」だけで引用を示すことができるッテ中止型[iv]の表出実態を調べ、比較する。この5つの形式以外の後続型はすべて「とV」「ってV」に分類する。したがって、ここで言う「V」とは、「聞く」「頼む」などの「言う」以外の動詞の外に、「言う」であっても、たとえば、タ形「言った」、受身形「言われた」や、引用標識と動詞の間に要素が挿入された「～と～に言いました」などのように「と言いました」がひとつづきの語形になっていない形式などすべてを含むものとする。以上の形式の表出数と全表出数に対する割合（％）をレベルご

とに示した（表 5-8）。「と」で引用を中止する形式の表出は 1 級で 1 例のみであったため、表に示していない。さらに、レベル間で各形式の表出数に偏りがあるかどうか見るために χ^2 検定を行った（表 5-9）。

表 5-8 後続型の表出

級	って				と			合計
	ッテ中止型	言いました	言って	V	言いました	言って	V	
1	13	25	11	41	20	17	30	157
	8.3%	15.9%	7.0%	26.1%	12.7%	10.8%	19.1%	
2	7	10	9	9	14	5	11	65
	10.8%	15.4%	13.8%	13.8%	21.5%	7.7%	16.9%	
3	22	10	20	12	27	26	8	125
	17.6%	8.0%	16.0%	9.6%	21.6%	20.8%	6.4%	

$\chi^2(12) = 44.852, p < .01$
注）％の数値は小数点 2 位以下を四捨五入したため合計 100 になっていない場合もある。

表 5-9 後続型の表出：χ^2 検定残差分析の結果

級	って				と		
	ッテ中止型	言いました	言って	V	言いました	言って	V
1	-1.984*	1.489	-2.397*	3.645**	-2.153*	-1.473	2.425*
2	-0.365	0.643	0.649	-0.938	0.930	-1.590	0.719
3	2.355*	-2.067*	1.957+	-3.016**	1.476	2.820**	-3.099**

+$p < .10$　*$p < .05$　**$p < .01$

3 級で使用割合が高いものは「と言いました」（21.6%）、「と言って」（20.8%）で、ッテ中止型（17.6%）、「って言って」（16.0%）と続く。少ないのは、少ない順に「と V」（6.4%）、「って言いました」（7.5%）、「って V」（9.6%）である。教室で提示される「と言う」のマシタ形、テ形だけで 41.6% を占めており、インストラクションで示される基本的形式が多用されていることがわかる。

2 級においても「と言いました」（21.5%）が最も多いが、「と V」（16.9%）と続くところから、「と」による引用の多様化を示している。「って」の対応

形である「って言いました」(15.4%)、「って言って」(13.8%) もかなり表出が見られる。その反面、「と言う」のテ形「と言って」(7.7%) は使用が少なくなっている。

　1級は「とV」「ってV」の表出が多い。最も多いのは「ってV」26.1%で、「とV」も19.1%に上っており、両者を合わせると45.2%で1級レベルの主要な引用形式となっている。「と」のみならず、「って」を用いた引用形式においても引用標識に続く述語部分の構造が多様化していることがわかる。教科書提示形式「と言う」のマシタ形である「と言いました」(12.7%)やそのテ形「と言って」(10.8%)、3級で多く見られたッテ中止型(8.2%)は少なく、「って言って」(7.0%)は最も少ない形式となっている。

　レベル間の各形式の表出数の偏りは有意であった ($\chi^2(12)$ = 44.852, $p<.01$)。残差分析の結果 (表5–9) 以下のことがわかった。まず、教科書で提示される「と」について見る。3級と2級でもっとも使用割合の高い「と言う」のマシタ形「と言いました」は1級で有意に少ないところから、1級になると使用が明らかに減少することがわかる。一方、テ形の「と言って」は3級で有意に多く、2級、1級では有意差なしであるところから、2級で使用が急に減少している。3級で大量に使用される割には、その使用期間は短いと言える。「とV」は3級では有意に少ないが、1級では有意に多くなっており、レベルが上昇するにつれて次第に増加している。3級では最も使用されない形式であるが、1級で最もよく使用される形式になる。

　つまり、「と」については、はじめ「と言いました」「と言って」というひとまとまりの決まった形式が早く習得され、レベルが上がるにしたがって「と言いました」「と言って」の使用が減り、さまざまな動詞との組み合わせや文要素を挿入する複雑な形式「とV」に移行しているということができる。

　ところで、以下の例は「と言って」の使用の変化を示したものである (わかりやすいように引用句を「　」に入れた)。

(6)　よし子さんは、あのう、女の子と赤ちゃんを見て、「こんにちは」と言って、「かわいい赤ちゃん」を、「かわいい赤ちゃん」と言って、「何

カ月に生むんですか」、あの女の子は「六月になるんです」と言って、え、よし子さんは「抱かせてください」と言って、あの女の人は、「ええ」と言ってました。
(よし子はかわいい赤ちゃんだと言い、何カ月か聞いた。その女性は6カ月だと言った。それから、よし子が抱かせてくれと頼み、その女性は承諾した。3級)

（7） よし子さんは、一郎に謝って、「ごめんなさい」と言って、ええ、ええと、うう、謝って、そして、一郎さんはちょっと怒った。
(よし子は一郎に謝ったが、一郎は少し怒った。3級)

（8） （お母さんは）あのう、リビングルームを見て、して、かず子さんを、命令して、「ちょっと片付くください」と言って。
(母親は居間を見て、かず子に片づけるよう命令した。2級)

(6)の「と言って」は後続型で、接続の用法によっていくつもの引用が続いている。(7)は引用句「ごめんなさい」の前後に動詞が2つある両置型である。発話によって実現される意図を伝達者の解釈によって「謝る」と名付けている。しかし、このレベルでは、引用形式として後続型の「と言って」を習得しているため、結果として、先行する位置に名付けの「謝って」、引用句の後ろに「と言って」という2つの動詞で表すことになっているになる。これらの例は3級では「と言って」が引用句の後ろにくる引用形式としてひとまとまりで習得されていることを示している。(8)は2級の学習者であるが、やはり後続型の「と言って」と、先行動詞の「命令する」を用いた両置型になっている。だが、1級になると、(9)のように「と言って」を用いない「〜と命令しました」で引用と伝達者の解釈による名付けを引用動詞に表すことができる。

（9） お母さんははやく勉強しなさいと命令しました。(1級)

つまり、習得の始めの段階ではことばの引用には、「と言って」がひとまとまりの形で用いられる。レベルの上昇とともにさまざまな名付けの表現が

習得され、その結果、発言であることを単純に表す「と言って」に代えて、名付けを表す引用動詞によって引用されるようになるため、「と言って」が減少することが推測される。

次に初級教科書であまり提示されていない「って」について見る（表 5-8、表 5-9）。まず、3 級でほぼ同じ使用割合のッテ中止型と「って言って」を見ると、どちらも 1 級で有意に少ないところから、レベルが上がると減少することを示している。「って言って」は 1 級で減少し、2 級で大幅に減少する「と言って」とは減少の時期と巾にズレがあるものの、どちらのテ形もレベルが上がると減少する。

3 級で一番使用割合が低いマシタ形の「って言いました」は 3 級で有意に少ないが、2 級と 1 級で有意差がないところから、2 級になって使用が増加するものの、その後は増減しないことがわかる。全体に見て、「と言いました」がレベル上昇によって減るのと対照的に、「って」の対応形である「って言いました」の方はむしろ増加傾向にあると言える。

同様に、「って V」は 3 級で有意に少なく、1 級で有意に多いところから、レベルの上昇で爆発的に増加していることがわかる。「って V」は 1 級で使用割合が最も大きい形式であり、その増加の度合いは「と V」よりはるかに大きい。

つまり、引用標識「って」は単独で引用を表すことができ、そのまま文を区切ることができるッテ中止型と、「って言う」のテ形「って言って」が早く習得され、その後マシタ形の「って言いました」を経て、より複雑な「って V」へ進むことが推測される。その間、ッテ中止型と「って言って」は減少するということである。

ここで、「って」が、ッテ中止型と「って言って」から「って言いました」へと習得が進むことを示す具体例を以下に示す。

(10) （母親は）ちょと、かず子来なさい<u>って</u>。かず子は何もしてないのに、なんか、ああ勉強してる<u>って言って</u>、お母さん、いいから<u>言って</u>、ちょと来なさい<u>って</u>。
（母親はかず子に来るように言った。かず子は何もしていないのに勉

強していると言った。母親はとにかく来るように言った　3級）
(11)　小林さんは、さっき、まえ電話があって、ああ、かぜをひいたので、今日は、今日はおやす、休みするそうですから<u>って言って</u>、<u>って</u>課長、課長に<u>言いました</u>。
　　　（小林さんは、田中さんから電話があり、その日は休むそうだと課長に言った　2級）
(12)　お母さんが、あした、あしたテストがあるじゃない<u>って言って</u>、早く勉強しなさい<u>って言いました</u>。
　　　（母親が次の日テストがあるだろうと言って、早く勉強するように言った　2級）

　(10)は「って言いました」をまったく使用していない学習者（3級）の産出したものである。「って」「って言って」が多く使用され、引用文が次々に続いていく。「言って」だけのものもあるように「って」と「言って」が分離しているが、「って」に「言いました」が付くことはない。(11)は「って言いました」を使用している例（2級）である。元発話を一旦「って言って」で引用してしまい、その後、元発話の聞き手である「課長」を示すために、「って課長に言いました」とニ格を挿入した終止形に言い直している。この例においても、「って言って」が「って」と「言って」に分離しやすく、「って」の後方に「言いました」が付加されたことを示している。(12)は「って言って」と「って言いました」の使用が十分に習得されている学習者（2級）の引用例である。
　標識「って」は、「って」で中止されるッテ中止型と分離可能なひとつづきの「って言って」から「って言いました」へと習得が進むことが推測される。
　ところで、分類の項で述べたように、「言って」はa)メッセージ用法とb)接続用法の2つを含む(13)。

(13)　よし子さんは「抱かせてください」a)<u>と言って</u>、あの女の人は、「ええ」b)<u>と言ってました</u>。（例1に同じ）

接続の用法 a) の「と／って言って」表出総数に対する割合の推移を標識ごとに図 5-1 に表した（横軸：レベル，縦軸：テ形総数に対する接続用法の表出割合）。

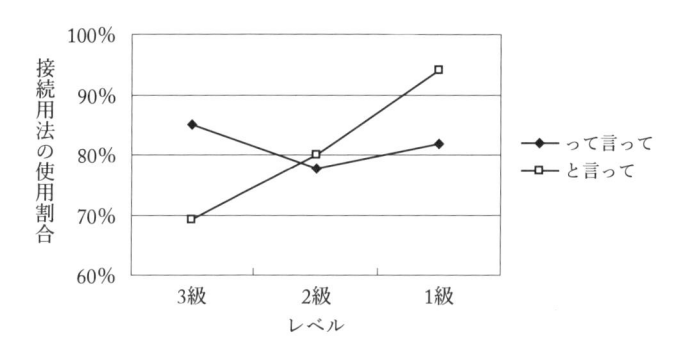

図 5-1 「と言って」「って言って」の接続用法

3級で多用される「と言って」は接続用法が69％で、2級（80％）、1級（94％）に比べて少なく、言い換えれば、このレベルでは教科書で提示されるメッセージ用法の使用が相対的に多いということになる。一方、「って言って」は3級レベルから接続用法が85％と多く、2級（78％）と1級（82％）では減少してはいるものの、全体に大きな変動もなく接続用法として使用されていることがわかる。つまり、「と言って」には初級教科書の説明の影響が見られると言うことができる。

教科書で提示され、早い段階で非常に多用される「と言って」は、3級から2級へかけて接続用法が増加している。しかし、「と言って」という形式の表出割合が2級以降激減していることから（表5-8、表5-9）、接続用法の「と言って」は実際の表出数は非常に少なく、「とV」に取ってかわられると考えられる。「って言って」は「と言って」に比べると3級の段階から接続用法が多く、その後もある程度使用が継続されるが、1級では使用そのものが激減している。やはり「ってV」にかわることが推測される。後続型についてまとめると、以下のようになる。

1. 引用形式は初級教科書で提示されるひとまとまりの形式「と言いました」「と言って」から、述語部分に他の形式をとる「と V」に向かって習得が進む。「と言いました」は 3 級、2 級では主な引用形式として使用されるが、1 級では減少する。一方、そのテ形「と言って」は、2 級で接続用法が優勢になると同時に急激に減少する。
2. 初級教科書であまり提示されない「って」については、ッテ中止形、及び、テ形の「って言って」から「って言いました」を経て、「って V」に習得が進む。「って言いました」は 3 級では使用が非常に少なく、2 級で一挙に使用が伸びる。テ形の「って言って」の文法機能は始めから接続が優勢で 3 級でもかなり使用されるが、1 級で使用が激減する。
3. 「と V」「って V」は 3 級では非常に少ないが、レベル上昇とともに使用割合が増加する。「と V」が 2 級からかなり増加を示すのに対し、「って V」は使用が遅れるが、1 級で爆発的な増加を見せ最も多い引用形式となる。

以上のように、教科書で提示される「と」であるか、あまり提示されない「って」であるかによって、最初に使用される動詞の語形が異なり、レベル上昇にともなう変化も異なるということである。

　習得が進むと、後続型「と V」と「って V」の使用が増加することが示された。この「と V」「って V」についてさらに詳しく示す。

「と V」と「って V」

表出数と異なり形式数：量的変化

まず「と V」と「って V」において述語（述部）となる形式や語彙が量的にどのような特色をもつのかを見るために、レベル毎に表出数と引用動詞の異なり形式数を示し、同時に 1 人当たりの表出数と異なり形式数を算出し示した（表 5–10、表出数／1 人：1 人当たりの表出数、異なり形式数／1 人：1 人当たりの異なり形式数）。また、述語として用いられている個々の形式を表 5–11 に示した。

表 5–10 「と V」「って V」における引用動詞

級	ってV 表出数	表出数／1人	異なり形式数	異なり形式数／1人	とV 表出数	表出数／1人	異なり形式数	異なり形式数／1人
1	39	4.9	24	3.0	30	3.8	20	2.5
2	9	2.3	9	2.3	11	2.8	7	1.8
3	13	2.6	11	2.2	8	1.6	7	1.4

　1人当たりの表出数は、「と V」が 3 級 1.6、2 級 2.8、1 級が 3.8 であるのに対し、「って V」は 3 級 2.6、2 級 2.3、1 級 4.9 で、2 級以外は「って」の方が多く表出されている。レベル間の違いを見ると、「と V」はレベル上昇とともに増加しているのに対し、「って V」の表出数はやはり 2 級で一旦減少している。

　1人当たりの形式の異なり数については、「と V」が 3 級 1.4、2 級 1.8、1 級 2.5、「って V」は 3 級 2.2，2 級 2.3，1 級 3.0 で、「って V」の方が多い。レベル間の違いを見ると、「と V」はレベルの上昇と平行して次第に増加しているのに対し、「って V」の 2 級は 3 級とほとんど変わっていない。

　つまり、「って V」は全体に見て「と V」より表出数、異なり語彙において表出が多い。但し、2 級では表出数、異なり数ともに一時的に減少、あるいは、停滞しているということできる。言い換えると、1 級での拡大の前に 2 級において「って V」は使われにくくなっていることを示している。

V の形式：質的変化

　質的な変化はどうであろうか。「と V」「って V」として分類した形式の述語部分を表 5–11 に示した。左列が「って V」、右列が「と V」の引用形式である。発話や思考はいろいろな動詞（形式）で引用される。引用された所与のことばに対する伝達者の解釈や意味づけを表す動詞は次のよう分類できる。たとえば、単に発言を表すもの（例：言う）、発話を外的・形式的な特徴付けるもの（例：叫ぶ）、引用される発話についての伝達者が評価するもの（例：へらず口をたたく）、元発話の主体の心的状態の特徴付けるもの（例：昂奮す

る)、元発話の主体が発話によって実現する意図を伝達者が解釈して表すもの(例:答える・主張する＝陳述表示、例:命じる・頼む＝行為指導、例:約束する、謝罪する＝行為拘束、例:感謝する＝態度表示、例:宣告する・宣言する＝宣告命名)、元発話の主体が企図した効果、結果を表すもの(例:嚇す)などがあげられる(藤田 2000: 212)。発話で実現される意図の解釈のうち、特に「聞く」「答える」の2つは単なる発言に最も近く、元発話がコミュニケーションの場での対話であることを表すと考えることができる。

3級

3級では、「とV」は7種のうち6種は発言と同等の行為を表すもので、発言であることを単純に表す動詞「言う」、対話を構成する基本的動詞「答える」(14)、「聞く」、発話によって実現された意図を表す動詞「呼ぶ」である。

(14) この子のお母さんは6カ月と答えました。(子どもの母親は6カ月だと答えた)

実際に声を出して発言したことを表す動詞がほとんどである。引用標識と引用動詞の間に文要素があるものは、元発話の聞き手を示す「～に」を挿入したもののみである。

「ってV」は動詞11種のうち、発話と同等の行為を示すものが9種を占めている。そのうち、単純に発言であることを表す「言う」、対話であることを示す「聞く」「答える」で5種あり、最も多い。その外には、元発話を外的に特徴付ける「電話する」、元発話の主体の意図を表す「うそをつく」「呼ぶ」、それに、元話者の心的状況を示す「怒る」(15)の4種あり、「と」による引用より多様である。

(15) お母さんに、勉強しなさいって、怒りました
　　　(母親が勉強しなさいと怒った)

　発言と同一場面で同一主体によってとられた動作を表す動詞も「とV」「っ

表 5–11 「とV」、「ってV」におけるVの種類

級	ってV	とV
1	答えました （4） 答えて 答えてくれました （3） 怒ったみたい うそをつきました 聞きました （9） 聞いて （2） 呼んで 言ったか 言いながら、（2） 言ってくれました 部長に伝えました 挨拶をして って、ちょっといやかもしれませんが、 傘を持っていきました 〜に伝えた って、と聞いて *って、〜と言ったんです 言いわけして 言ったんです （2） ちょっとうそついて、〜って返事して 言ったでしょ 〜に言いました って、{節}〜に話しました	命令しました （2） 要求しました （2） 聞きました （5） 答えました 気がついた 聞いたら 聞かれて 聞いて （4） 呼んで 頼んで 言ったんですけど 約束して 気づいて 〜に言ったん（要素） 勝手に決めて、捨てました 傘を持ちたくないけど おこりました 聞いたら（hear の意味） 〜に言いました 返事しました （2）
2	聞きました 言われました 言われて 言った {節}〜に言って 〜に言って 〜が言いました 言い返しました 〜に聞きました	質問します 聞きました （4） 答えした 教えました 確認します 聞いた 頼みました 言われて
3	呼ぶです 聞いて （2） ってします 〜に言った （2） 帰りました 〜に電話しました 聞きました 〜に聞きました 答えしました うそつきました 怒りました	呼んで 答えました （2） 聞きました 捨てた 〜にこう言って 〜に言います きいました［聞きました］

・（ ）内数字：複数の表出数，無印の表出数1
・〜：文要素
・下線：理解を容易にするため「って」を加えて示した
・「聞く」は特にことわらない限り ask の意味。

てVで1種ずつあり、「と」は「捨てた」(16)、「って」は「帰りました」(17)が表出された。

(16) お母さんは(中略)たぶん、古いからいらないわっと、<u>捨てた</u>。
　　　（母親は古いからいらないと言って捨てた）
(17) 店員さんは、すぐ替えしますからって、<u>帰りました</u>。
　　　（店員はすぐに取り替えると言って帰った）

　「捨てた」は、母親が「古いからいらないわね」と独り言を言いながら、実際に古い雑誌を捨てた動作を表す。「言う」と「捨てる」という元話者が実際に取った2つの動作を、「～と捨てる」のひとつの動詞で引用表現に表しているものである。「って」の「帰りました」(17)は、注文の品を間違えて出前に来た店員が「ラーメンと取り替えます」と言って帰る場面で、やはり発言と同一場面で同一主体が実際にとった動作が表されている。これらの動作は具体的な行動として映像の中で伝達者の眼前に生起したものである。
　「とV」「ってV」ともに発言や対話であることを表す引用動詞が多く、「ってV」では元発話の名付けや特徴付けや心的状況を推測して表す動詞もかなり表出された。しかし、「と」も「って」も眼前に生じた元話者の動作を表した引用が表出されていることや、挿入された文要素の種類はどちらもニ格だけであることなどについては大きな違いはない。動詞形態についても「と」「って」ともにマシタ形（「と」：7例中4例、「って」：11例中6例）が優勢である。

2級
2級レベルの、「とV」は8種、「ってV」は9種ある。「とV」のうち、発言であることを単純に表す「言う」は「言われて」1例のみである。このほかに3級で表出された「聞く」「答える」に加え、発言を特徴付けたり発話によって実現される元発話者の意図を表したりする動詞「質問する・教える・確認する・頼む」が新しく表出された。「頼む」は聞き手に所定の行為を行わせる動詞である。どの動詞についても引用標識と動詞の間の挿入文要

素はなく、すべての動詞が「〜とVする」のように直接「と」に直接後接している。2級の「とV」では、元発話が発せられた場面に基づいて、発話によって実現される元話者の意図を第3者的視点から伝達者が解釈し、メタ言語的な特徴付けや名付けを行いながら伝達を行うことが可能になっていると言える。形態は「とV」8種11例中、マシタ形が6例を占めており、「とVました」の形式で用いられることが多い。

一方、「ってV」は9種のうち、発言であることを単純に表す「言う」が6種、対話であることを示す基本的な「聞く」が2種もある反面、2級で新しく表出された動詞は発話者の意図を示す「言い返す」1種にすぎず、語彙的な増加はほとんどない。「ってV」では、「とV」に見られたような引用動詞の語彙的な多様化はあまり起こらず、「言う」の形態が多様化しているということができる。「言う」に普通体タ形の「言った」や受身マシタ形「言われました」(18)や受身のテ形「言われて」があらわれ、形態的な多様化が見られる。受身形は伝達者の視点を元発話の聞き手に設定し、その聞き手の視点からことばを伝達する。受身形の使用によって、伝達者は元の場面へ入り込み、元発話の受け手である「かず子」の視点から元話者である母親のことばの意図やその影響をことばと共に伝達する。(18)には、母親が命令したこと、それをかず子が迷惑に思っていることが引用に表現されているのである。

(18) この朝、あのうかず子、かず子さんはね、学校、学校行くときに、あのう、お母さんは、きょう雨が降るって、あの、傘を持って、持って行きなさいって言われました。
(この朝、かず子は母親に、雨が降るから傘を持って行くようにと言われた)

伝達者は元の発話の行交う場面に入り込み、元の場面で対話を行う人物と同じ視点にたち、その発話が受け入れられる様を共感を通して、伝達の場で生き生きと再現していると言うことができる。

また、「ってV」では、元発話の主体を示すガ格が挿入された表現(19)が

表出された。

(19) ああ、終わったらからなくちゃ、切らなきゃあって、<u>お母さんが言いました</u>。
（電話が終わったら切らなければいけないと母親が言った）

「って」の前に引用句が置かれ、「って」の後に元発話の発言主体「お母さんが」が挿入されている。「って」を境に元発話内の事象と発言という2つの事象が改めて前後に二分されており、これは、「って」の強い区切り性を示している。また、(20)では「って」の後ろに「ぜんぜん勉強してないのに」という元話者の発話時点の実際の行動を示す節が挿入され、引用表現が後方へ拡大されている。

(20) かず子は、部屋で、ええとね、今勉強してる<u>って</u>、ぜんぜん勉強してないのに、お母さんにごまかして言って。
（かず子は勉強していないのに、勉強していると母親に言った）

「今勉強してる」ということばが発言されたことと、実際は「勉強していない」という同一主体の実際の動作を示し、さらに「ごまかして言う」で受け、伝達者の解釈を加えている。この例も、「って」の強い区切り性によって、元発話と同一場面に生じるもうひとつの事象が引用句と引用動詞の間に挿入されやすくなっていることを示している。

　まとめると次のようになる。質的に見ると、「とV」においては引用動詞の語彙が増加し、発言を「と」で取り込みながら、第3者的なメタ言語的な名付けや特徴付けを行うという点で多様化する。しかし、引用動詞1個が「と」と固く結びつく形式をとっており、引用動詞部分の構造の拡大が進まない。それに対し、「ってV」は、名付けや特徴付けは多様化せず、むしろ、単純に発言であることを示す「言う」の形態の多様化や、引用表現の構造の拡大が生じる。受身形の使用によって伝達者の共感を通して、元の対話者間における元発話の働きを生き生きと再現したり、区切り性の強い「って」の

後に元話者や元の場面の第3の事象を表す節などの文要素を挿入するといった多様化と構造の拡大が生じた。つまり、2級において、「とV」と「ってV」の発展に異なる方向性が生じていることが示された。

1級

1級では、「とV」は20種あり、「ってV」は24種ある。「とV」20種のうち19種が発言と同等の動作を表す動詞である。2級までに表出された「言う・聞く・答える・呼ぶ・頼む」に加え、「約束する」、「命令する」(21)、「要求する」、「勝手に決める」、「返事する」、「聞く(hear)」が表出された。聞き手に所定の行為を課す動詞(命令する、要求する、頼む)や話し手の行為を拘束する動詞(約束する)が3つのレベルの中で一番多く表出された。元の場面において、発せられたことばが聞き手にどう働きかけているかを、引用動詞に表して伝達することが巧みになっていることがわかる。

(21) お母さんを見て、ちょと怒りました。かず子を、来なさいと<u>命令しました</u>。
（母親はそれを見て少し怒り、かず子に来るように命令した）

　思惟を引用する動詞「気づく」「気がつく」が新しく表出され、元話者の心的状況を表す動詞は、「怒る」に加え、新しく「傘を持ちたくない」が1種表出された(22)。

(22) かず子は今は天、外を見て、今は天気がいいから、降らないでしょうと、<u>傘を持ちたくない</u>けど、お母さんに、まあ、やぱり、お母さんに負けて、傘を持って出かけました。
（かず子は空を見上げて、いい天気だから雨は降らないと、傘を持って行きたくなかったが、母の言うとおり持って出かけた）

これは母親に傘を持って行くように言われたかず子が空を見ながら、「大丈夫よ、お母さん、いい天気だもの。」と発したことばを引用したものである。

発言されたことばと発言した時の元話者の様子から「傘を持って行きたくない」と推定して、引用述部に表している。「傘を持つ」はひとつの事象として捉えられていることから、この例でも「と」と引用動詞は直接結びついているといえる。

「と」と引用動詞の間は、「〜に言う」2種以外、残りはすべて「と」と引用動詞が直接接続している。1級レベルであっても、「とV」においては、「と」は引用動詞ひとつと緊密に結びつく傾向が依然強く、文構造の拡大はあまり進まないことを示している。

「ってV」(24種)は、発話と同等の動作を表すものは22種で、動詞は既出の「言う・聞く・答える・うそをつく・呼ぶ」に加え、新しく、「話す」、「伝える」、「挨拶をする」、「言いわけする」、「返事する」が表出された。

まず、単純に発話であることを述べる動詞「言う」には6形態が表出されており、そのうち発言と同時に他の行為が生起することを示す「言いながら」(23)が初めて表出された。(23)では元の発話と同一主体に「見せる」行為と「言う」行為の2つの行為を明示する。「言う」を明示した上で、引用構文をさらに後方へ拡大した構造を形成している。

(23) お姉さんが一郎に、あのう、お掃除をしている時って言いながら、その壊れたプロ、プラモデルを一郎に見せました。
(姉は掃除をしている時と言いながら、弟に壊れたプラモデルを見せた)

また、恩恵の授受を表す「言ってくれました」(24)、「答えてくれました」が新しく表出された。

(24) 田中さんが、やきそばですよって言ってくれました。
(田中さんがやきそばだと言ってくれた)

この形式では、伝達者の視点が元の場面の元発話を受けた側に設定される。「くれる」という授受動詞を用いて伝達者自身を元発話の場面に置き、自身が実際にことばを恩恵として受けたかのごとく再現を行っている。単純に発

言であることを表す動詞「言う」でありながら、「言ってくれる」とすることによって、そのことばそのものだけでなく、そのことばが対話者間でもつ価値や働きを、元話者に対する伝達者の共感を介して引用表現に表すことが可能になっている。伝達者の共感を介した引用が、2級に続いて、「って」による引用で発達していると言える。

発言されたことばに対する解釈を語彙的に引用動詞によって表す傾向は「とV」ほど大きくはなく、聞き手に所定の行為を働きかける動詞も見られない。

元発話の場面に基づいて元話者の心的状況を推定し、引用の述部に評価的に表しているものには、「ちょっといやかもしれない」(25)、「怒る」がある。

(25) かず子さんは、でもって、ちょっと、ちょっとちょといやかもしれませんが、かさをもって学校へ行きました。
（かず子は「でも」と言って、いやのようだったが、傘を持って学校へ行った）

「って」によってかず子の「でも」という発言を引用している。それと同時に、「かず子が『でも』と言った」という事象全体を差し出し、その事象から判断して「ちょっといやかもしれません」と、傘を持って行きたくないかず子の気持ちを表し、伝達者の解釈を加えている。つまり、「って」は、ことばを引用すると同時に、元の場面で生じた事象全体を取り出し、解釈や評価を加える用法としても用いられているともいえる。

また、「って」には元発話が発せられる前提となる元話者の思惟を示すもの(26)が表出された。

(26) 行くって、いってきますと言ったんです。
（学校に行こうと、いってきますと言った）

(26)の「行くって」は「行こうとして」とか「行こうと思って」と理解され、「いってきますと言った」という事態が生じる前提となった元発話者の思惟

を説明する。この「って」は単なる発話の引用標識という以上に、次に元話者が起こす動作の理由や前提を表す標識として使用されている。「と」は依然として発話の引用標識として働いている一方、「って」に前提を示す新たな用法が生まれつつあると言うことができる。

　1級において、「とV」では単純な引用構造の中で引用動詞の語彙をさらに多様化させ、第3者的解釈を表すメタ言語的表現を高度に発達させた。それに対し、「ってV」では、むしろ単純に発言であることを示す「言う」に形態面での多様化が起こり、授受動詞の複合動詞を用いた共感の表現や、発言と同一時、同一場面に生じた動作の表現(「言いながら」)を発達させたり、「って」と引用動詞との間には同一主体の動作や伝達者の解釈を表す節が挿入されるなど、いわば、単純な動詞の形態の多様化と文構造の拡大が起こった。また、「って」でことばの引用を行っていながら、同時に事象を取り出す機能や、続いてとられた動作の前提ともいうべき思惟を表す新しい意味機能の表出が見られた。以上、3つのレベルにわたる後続型の「とV」と「ってV」の習得過程を見ると、後続型の「とV」と「ってV」は引用標識の違いだけではなく質的に異なり、2級で見られた発展の方向性の違いが1級においてさらに広がったということができる。

c)　先行型と両置型

さて、先行型と両置型の表出は極めて少ないものの、いくつか見られた(表5-6)。先行型は引用動詞が引用句の前にある引用表現である。先行型であっても引用句の後ろに「って」がある場合は、「って」で引用が表示されるため、ッテ中止型の性格をもつ。そこで、先行型の特徴を最もよく示すものとして、先行型で標識がないもの(以降「先行型・φ」と呼ぶ)について見る。

　3級では「言って」、「聞いて」(27)、「電話をして」で合計6例が見られた。2級では「聞きました(askの意味)」(28)、「苦情を言った」、「頼んで」(29)の3例、1級は「聞いて」の1例[v]が見られた。

(27)　よし子さんが帰ったとき、お母さんは聞いて、ええ、お母さん、机の上の、机の上の雑誌はどうかしたの。

(よし子は家に帰って、母親に机の上の雑誌をどうしたか聞いた　3級)
(28) あの赤ちゃんの年を聞きました、生まれて何か月ぐらいですか。
(生まれて何か月かと赤ん坊の年を聞いた　2級)
(29) そして、課長は、小林さんに頼んで、お茶をさしあげてください。
(課長は小林さんにお茶を出すように頼んだ　2級)

　3級(27)ではテ形のみで、2級(28)(29)ではテ形に加え終止する形（マシタ形、タ形）も表出されている。ここから、「先行型・φ」の引用動詞はテ形からマシタ形、タ形といった終止形に変化することが推測される。終止形が出現した後、1級では「先行型・φ」はほぼ消滅している。「先行型・φ」の9例中8例は、「と」を優勢的に用いる学習者によって表出された。
　両置型は、先行型よりもさらに表出は少なく、3級1例、2級2例の計3例だけで1級では表出がない。

(30) よし子さんは、一郎さんに謝って、ごめんなさいと言って、ええ、ええと、うう、謝って、そして(既出7, 3級)
(31) (お母さんは)あのう、リビングルームを見て、して、かず子さんを、命令して、ちょっと片付けくださいと言って。(既出8, 2級)

　3級(30)では、「謝って」が引用句の前にある。「ごめんなさい」という発言によって実現される話者の意図をまず「謝る」と名付けて動詞に表し、発言行為を「と言って」にもう一度表している。「謝る」と解釈した事象と「言う」という事象をひとつの引用動詞に統合できず、2つの動詞で表しているわけである。また、2級の(31)においても同様で、「ちょっと片づけてください」という発話によって実現される発話者の意図を「命令する」と表すことはできるものの、発言するという事象との統合ができないため、「命令する」と「言う」の2つの動詞が引用句の前後に用いられている。(30)(31)とも「と」を優勢的に使用する学習者によって表出された。1級では「〜と命令しました」(32)と表し、発言という動作を「言う」で明示せずに、発言という事象とその発話意図の解釈をひとつの動詞に統合することができ、両

置型は消滅している。

(32) お母さんははやく勉強しなさい、と命令しました。(既出9, 1級)

　つまり、3級と2級レベルに表出された「先行型・φ」は、はじめはテ形で、レベルの上昇とともに終止する形になり、その後消滅する。両置型では先行、後続の2つの動詞が用いられる。先行動詞には元発話と同一時に進行する行為や、発言によって実現される意図の名付けがテ形などの形式で表され、後続動詞にはもっぱら「と言って」が当てられ、発言するという事象を二重に表す。「先行型・φ」と両置型は非常に少なくレベル上昇につれてほどなく消滅するものの、「と言う」をほぼ習得していても表出されることを示している。

引用形式：結果のまとめ
教室習得者の引用形式の分析結果を以下のようにまとめることができる。
1. 引用標識の「って」と「と」は低いレベルでは使用頻度の差はあまりないが、レベル上昇とともに「って」が増加する。「と」はレベルが上昇しても使用が変化しない。「標識なし」はレベルの上昇とともに急激に減少する。
2. 動詞の位置は、後続型が最も低いレベルから習得されており、レベル上昇とともに一層増加する。はじめに多く表出されるゼロ形式型とッテ中止型は、レベルの上昇とともに減少する傾向にある。先行型は極めて少ない。
3. 全体的傾向として「と言いました」から引用動詞部分が多様化した「とV」「ってV」へと習得が進む(Vは「言いました」「言って」以外のすべての形式)。
4. 「と言う」は、初級教科書に提示されたひとまとまりの「と言いました」「と言って」から、「とV」へと習得が進む。「と言って」は2級で接続用法が増加すると同時に表出量は激減する。「とV」は3級では非常に少ないが、レベル上昇と平行して使用も着実に増加する。

5. 初級教科書にあまり提示されていない「って言う」は、「って」で中止されるッテ中止型、「って言って」から、「って言いました」を経て、「ってV」へと習得が進む。「って」には文を一旦区切る「区切り性」ともいうべき性質が強くうかがわれる。
6. 最終的に多用されるようになる引用形式の「とV」「ってV」は引用標識が「と」か「って」かによって発展の方向性に違いがある。
    ・ 量的側面から見ると、「ってV」の方が「とV」より表出量においても動詞の異なり形式数においても多い。ただし、2級の「ってV」だけは表出数、異なり形式数ともに「と」より少なく、レベル上昇に伴う増加も停滞した。
    ・ 質的に次のような違いが見られた。3級では「ってV」は「とV」より動詞の種類が多い。しかし、両者とも発言や対話であることを単純に示す動詞や、眼前に生じる動作を表す動詞に限られており、大きな違いはない。2級になると、「とV」の引用動詞の語彙の多様化が始まり、第3者的解釈を表すメタ言語的名付けや特徴付けが進んだが、「と」が引用動詞1個と固く結びついており、引用形式は単純な「〜とVました」という構造のままで、統語的な拡大は進みにくかった。この傾向は1級でも続き、「とV」では構造の拡大はほとんどなかった。しかし、語彙的に「命令する」など聞き手の行動を指定する動詞や、「約束する」という話し手の行為を拘束する動詞が見られ、第3者的な解釈をひとつの引用動詞に統合して表現する引用表現の習得が進んだ。

    　それに対し、「ってV」は、2級で引用動詞の語彙的な多様化はあまり進まず、むしろ、発言であることを単純に示す「言う」の形態が多様化し、受身形によって場面の再現に伝達者の共感を反映させる引用表現が表出された。また、「って」と引用動詞の間に第3の事象を表す節など文要素の挿入する引用が見られた。その結果、引用表現の統語的な構造の拡大が進んだ。この傾向は1級でさらに続き、「って言いながら」では第3の事象を表す節によって後方への統語的拡大が生じ、「言ってくれる」では単純に発言であることを

示す「言う」を用いながら、ことばだけでなく、そのことばが受け手に与える恩恵などが共感を通し生き生きと再現された。また、「って」に、発言という事象全体を取り出す機能や続く動作の前提を表す新しい意味機能が表出された。
7. 「先行型・φ」と「両置型」は非常に少ないが表出された。どちらも「と」を優勢的に使用する学習者に見られた。先行動詞だけで引用を示す「先行型・φ」の引用動詞はレベル上昇につれてテ形から終止形になり、そののち消滅した。引用動詞が引用句の前後に2つある「両置型」はさらに少ないが、3級、2級レベルで見られた。元発話の名付けや特徴付けがテ形で先行動詞に表され、後続動詞「と言って」で引用であることが表された。

5.5　考察I　引用形式

5.5.1　教室習得者の引用形式

ⅰ）引用標識の習得

成人の自然習得者を対象とした【研究1】【研究2】から、引用標識がまったくない「引用標識なし」から、最終的に「って」（って言う）へと習得が進み、一方で早い段階から他者発話引用専用の「だって」「んだって」が習得される副次的道筋が生じる場合があるという仮説を示した。自然習得では「と」はほとんど習得されることがなかった。幼児のL1の習得（岩淵・村石1968, 大久保1967, 1973, Clancy 1985, 伊藤1990）や児童のL2習得（白畑2000）では「って」単独で引用する終助詞的な形が非常に早く、続いて「だって」、「って言う」が習得されており、成人の自然習得とは異なっていた。

　本章の教室習得のデータでは「標識なし」と、主要な明示的引用標識として「と」と「って」が表出された。「と」は「と言う」の形で低いレベルから表出され、レベルが上昇しても変わらず表出が続いており、「と」が用いられた外国語としての日本語の習得（Kamada 1990, 鎌田2000）と類似が見られた。「と言う」を典型的な引用形式として提示する初級インストラクションの影響が強い教室習得の特徴を示している。

一方で、初級教科書に主要な標識としてあまり提示されていない「って」は、はじめは「と」と同程度の表出であるが、レベル上昇とともに増加が見られた。「って」の使用傾向については「って」単独で引用する形式が最も早く、続いて動詞のある「って言う」が習得されるという点で、幼児のL1の習得や児童のL2習得といった自然習得との類似性がうかがわれた。この点で、初級教科書以外のインプットや実際のコミュニケーションによる習得が進んだことが考えられる。つまり、本章の教室習得者は、外国語としての日本語の教室習得と、自然習得の2つの習得過程の特徴を示していると言うことができる。

また、本章のデータでは副次的道筋の「だって」「んだって」はまったく見られなかった。「だって」「んだって」の副次的道筋は、日本人配偶者をもつフィリピン人被調査者(【研究1】)や児童のL2としての日本語の習得、あるいは、幼児のL1としての日本語の習得など家庭の中での家族の会話や児童間の会話といった極めてインフォーマルな日本語使用が多いと推定される学習者に見られる一方、家庭内で日本語使用がほとんどないタイ人学習者とウズベキスタン人学習者(【研究2】)には見られなかった。本章の被調査者のように外国語としての日本語習得においては、実際のコミュニケーションがあっても自ずと成人らしいフォーマルさは維持されると思われ、「だって」「んだって」が習得されなかった可能性が推測される。

ところで、本章のデータを学習者間で見ると、1名を除いて、「と」を使用し「って」をほとんど用いないト優勢者と、「って」を使用し「と」をほとんど使用しないッテ優勢者がほぼ半数ずつに分かれた(表5-4)。教室でインストラクションを受けた「と」を保持し続ける者と、「と」から離れ「って」に移行した者とがあるわけである。ト優勢者に「と」使用の理由を聞いたところ、「ッテを使うのはよくないです」や「なになにッテというの、普通の生活で、口頭の言い方です」というコメントがあり、規範的な形式として初級教科書に提示された文法説明の影響がうかがわれた。一方、ッテ優勢者は「トは丁寧のいいかたですね。ッテは普通会話のとき使います」とし、インタビューでどちらを使ったかという問いに対し、「覚えていない。2つとも使うかな」と答えた。しかし、その学習者が実際に使ったのは「って」だけ

であった。調査は口頭で行われたため、意識せずに「って」が用いられたと思われる。また、ほかのッテ優勢者には、日本の歌やTVドラマやマンガに関心が強くこれらのリソースからの情報が日本語学習に役に立っているとする者や、日本への短期の留学の経験や日本人との実際の会話を通して実際のコミュニケーションを心がけているとする者などがいた。「って」と「と」をほぼ同じ頻度で用いている唯一の学習者Sh（表5-4）は、日本での長期滞在の経験はないが、日本で生まれ、両親の仕事の関係で小さいころから頻繁に日本を旅行し、日本語に親しんできている。現在も日本のマンガや歌に関心をもち、インターネットを通じて日本人との交流を続けていることが自身の日本語習得に非常に役立ったと述べている。

　つまり、「って」を優勢的に用いる学習者の結果は、多様な教室外リソースに存在する口頭表現との接触、あるいは口頭による交流からインプットを得ているという点において、社会的交流を通じて口頭表現をまず習得する自然習得（【研究1】【研究2】）の結果と矛盾しない。「と」を優勢的に使用している学習者は、たとえ顕在的知識として「って」を知っていても、実際のコミュニケーションで使用経験の不足などから、口頭による面接調査においては使用が難しいということが推測される。

ⅱ）習得の仮説の3つの段階の検証

本章の教室習得者の引用表現は低いレベルから後続型が多く表出され、【複文的構造】［元話者＋引用句＋引用標識＋引用動詞］を既に習得した段階にあるにもかかわらず、複文的構造の前段階である【単文的構造】と【並置的構造】も表出された。

　発言するという事象と引用された発話内に表される事象の2つの事象をひとかたまりのコトとして表す単文的構造は、引用標識も引用動詞もないゼロ形式をとった引用習得の原初的形式である。引用されたことばは類似性において実物表示するイコン記号として表され、述語性を付与された表現（藤田2000）で、たとえば、日本語に限らず新聞の見出し(33)などにも日常的に見られるものである。

(33) 田中均・外務審議官「外交はプロセスより結果」
(毎日新聞 2003 年 3 月 14 日付朝刊)

　このような単文的構造は本データの低いレベルで多く表出が見られ、レベルの上昇とともに減少した。これは米国の教室習得学習者 (Kamada 1990、鎌田 2000) においても、「～と言いました」という複文的構造を習得しているにもかかわらず表出されているものである。ことばがイコン記号に表示され述語的に働く単文的構造の引用表現は、言語がコミュニケーション手段として用いられる限り最も原初的、かつ、最も有効な伝達表現で、言語に共通した引用表現として習得される可能性がある。
　習得過程の仮説の 2 番目の構造の並置的構造「元話者＋引用動詞＋引用句」は、本章のデータにおいては 2 つの段階で表出された。ひとつは単文的構造から並置的構造への発達、もうひとつは「と言いました・と言って」を用いる定型的複文的構造から並置的構造への発達の段階で、いずれも複文的構造への過渡的構造としてあらわれる。まず、単文的構造から進んだ並置的構造では、引用句の前にある引用動詞はテ形であらわれ、タ形へと変化した。発言行為が言語化され、発言主体に近接した位置におかれた結果生じた事象の 2 分化である。言語習得初期の 2 語期に当たる時期に生じる原文法の近接性原理 (Givón 1995a 他) により、行為を示す動詞は行為主体に近い位置に置かれる。その結果、「発言主体＋言って＋引用句」のように引用動詞が引用句に先行する［元話者＋引用動詞＋引用句］という並置的構造になる。この並置的構造はイコン記号として提示された元発話を規約的文法によって統語的に文に組み込む過程で生じる構造である。教室習得者は、インストラクションによる構造の提示を受けない自然習得者に比べ、表出は非常に少なかった。しかし、既に「と言いました」という複文的構造を習得した教室習得者においても表出されたことから、教室習得であっても、道すじは自然習得と矛盾してはいないことが示された。
　2 段階目の並置的構造は、元発話を解釈して引用しようとする際に見られた。教室習得においては引用句の後ろに置かれるひとまとまりの「と言いました・と言って」が定型的複文的構造の引用形式として早く習得される。と

ころが、伝達者が元発話に対する名付けを行おうとすると、新しい名付け動詞と引用を表す「と言う」の2つとなる。(34)は「ちょっと片付けください」と引用した発話を「命令する」と解釈して名付けた例である。

(34) （お母さんは）あのう、リビングルームを見て、して、かず子さんを、<u>命令して</u>、ちょっと片付けください<u>と言って</u>。（既出8, 31, 2級）

「命令する」は行為を示すことから、その行為主体に対して近接した位置をとる。その結果、「Xが命令して、〜と言って」というように動詞が2つある構造に表されることになり、引用句の前後に2つ動詞をもつ並置的構造［元話者＋引用動詞1＋引用句＋引用標識＋引用動詞2］が過渡的に出現する。ひとつの主体が2つの異なる行為を行う、行為の二重化ともいえる2分化が生じるのである。ここにおいても、行為を表す動詞が行為主体に近接するという近接性原理(Givón 1995a 他)に基づいて、定型的な引用動詞をもつ複文的構造から再度並置的構造が生じる習得のプロセスが繰り返されているといえる。規範的文法による統語化が進むと、伝達者の解釈による名付けや特徴付けは(35)のように引用句に後続するひとつの動詞によって2つの事象がひとつの引用表現に統合される。

(35) お母さんははやく勉強しなさい、と<u>命令しました</u>。（既出9, 32, 1級）

つまり、教室習得においても、自然習得で現れたと同じ単文的構造から並置的構造を経て、複文的構造へ進む発達過程の仮説は有効である。教室で「と言いました」という複文的構造の形式を習得してはいても、言語がコミュニケーションの手段として用いられる限り、ことばをイコン記号に写し取って提示する原初的な単文的構造の引用表現は必ず表出され、事象の2分化が進むにつれて原文法に従った並置的構造も、表出の量は違っていても、必ず表れる。この意味で教室習得は底流にある自然習得の道すじに導かれる形で進むということができる。

iii) 定型的複文的構造：と言いました・と言って

台湾でよく使用される初級日本語教科書（『みんなの日本語』、『新日本語の基礎』国際交流基金調べ）では引用表現の形式として、引用標識「と」と引用動詞「言う」からなる「と言う」が引用の典型的形式として提示される。また、教科書によっては、メッセージを伝える文型として「と言っていました」を提示しているものもある。

本章の教室習得者では「と言う」に由来するひとまとまりの「と言いました」が最も早く習得され、上級レベルになっても減少はするものの使用され続けた。「と言って」もひとまとまりの形で早い段階で習得され、「と言いました」に次いで使用頻度が高いが、長くは使用されず2級ですぐに減少した（5.4.2 表5-7，表5-8）。

引用とは、時空の異なる場で生じた発話や思惟を伝達の場に取り込む言語行為であるため、「と言いました」という過去の出来事を示す形態がひとつの文型として早く習得され、使用も多くなっていると考えられる。「と言って」は接続用法とメッセージ用法が初級教科書で提示される。初級に近いレベルほどメッセージ用法の割合が高く、レベル上昇とともに減少した（図5-1）。一方、初級教科書に提示があまりない「って言って」の場合、当然メッセージ用法の説明もないため、はじめから接続の用法が多く、レベルによる変化はほとんどなかった。以上のことから、「と言いました」、「と言って」の習得において、インストラクションを通した教科書の影響が大きく、ひとまとまりの語形として習得されており、「と言いました」「と言って」で引用される構造は複文的構造であっても、「定型的複文的構造」ともいうことができる。

ところで、「と言って」はその接続用法が優勢になると急激に減少した。「命令する」と「と言って」の2つの動詞を用いた並置的構造(36)は、「と言って」がない、動詞ひとつの複文的構造(37)に進んだ。

(36) （お母さんは）あのう、リビングルームを見て、して、かず子さんを、命令して、ちょっと片付けくださいと言って。（既出8, 34, 2級）
(37) お母さんははやく勉強しなさいと命令しました。（既出9, 35, 1級）

(36)から(37)への統合の過程で、「と言って、命令しました」という複数の動詞による引用形式は生じず、「と言って」は消滅し、「と命令しました」となった。この理由として教室習得者の最も低いレベルからひとまとまりで習得された「と言いました」が分析されて、動詞1個をとる「〜とVました」という枠組みが使用可能になったことが考えられる。この枠組みは、コミュニケーションにおいて豊かな言語表現を行うために、インストラクションから得られた有用な定型表現を基に、学習者が見つけた新しい規則（Ellis 1990: 165）とも言える。この「〜とVました」がコミュニケーションを円滑に進めるための有効な枠組みとして強く維持される結果、2つの動詞をとる「〜と言って、命令しました」は避けられ、動詞ひとつの「〜と命令しました」が産出されやすいと思われる（5.4）。さらに、ひとつの動詞への統合を促すもうひとつの要因として、動詞「言う」の情報的価値の低下が考えられる。発言の意図を解釈し、その発言行為を「命令する」と名付けた以上、当然「命令する」は発言という行為「言う」を内包する。その結果、発言を表す「言う」の情報的価値は低くなる。情報として伝えるべき価値の減少は常に形式量の減少を促す（Haiman 1980, Givón 1995a）。すなわち、「と言って」の形式に積極的な存在意味は少なく、(37)のように「〜とVました」というひとつの名付け動詞への統合が加速されると推測される。引用動詞による名付けが進む2級において、「と言って」が急速に減少したこととも矛盾しない。

　伝達者の解釈を引用動詞に表すことが困難な学習者では、周囲の文体にかかわらず定型的表現の「と言いました」や「と言って」がくり返し使用され、しばしば聞き手に不自然な感じを与える結果となる。しかしながら、「〜とVました」という枠組みがまったく与えられない自然習得では、並置的構造から複文的構造への統合までに困難な道のりがある（【研究1】【研究2】）。不自然に聞こえることはあっても、引用構造の枠組みの形成という点で、教室での引用形式のインストラクションは引用の構造上の発展を促すために有効であると考えられる。

iv)「って」の習得
本データにおいて「って」を用いる引用形式は発言を単純に示す動詞「言う」

が用いられることが多く、ッテ中止型及び「って言って」から習得が進むことが示された (5.4.2、表 5-7、表 5-8)。「って言う」が基本形として初級教科書にあまり提示されていないことで、「と」とは異なる習得過程をたどることが推測される。

仮に、「って言う」が「と言う」と同様基本形として提示され、習得されているならば、異なる時空で発せられたことばの引用を最もよく表せる引用形式として「って言いました」が最も早く、最も多量に表出されることが予想される。しかし、本データに見る限りそうはなっておらず、逆に 3 級レベルでは「って言いました」は非常に少なかった。つまり、「って」は「って言う」という基本形で習得が始まるのではなく、ッテ中止形、または、「って言って」の形で習得が始まることを示している。

2 級で「って言いました」が増加し、ッテ中止型、「って言って」の 3 つの形式の使用がほぼ同じ割合になる。さらに 1 級に習得段階が進むと、ひとつづきの形式「って言って」の使用が急激に減少する。2 級で受身形「言われる」が表出され、「言う」の形態の多様化が進み、1 級では「言う」には恩恵の授受を表す「言ってくれました」や、同一場面における同一主体の動作を続けて表す「言いながら」など、一層形態の多様化を生じる。このような「言う」のさまざまな形態の習得が進んだ結果、単純に接続を表すひとつづきのテ形の「って言って」の使用が減り、表出が減少したと推測される。もうひとつ、「って言って」の減少の理由として、引用表現の文構造の拡大が考えられる。「って」は単独で引用を行う形式としても習得され、「って」自体に「ト言イマシタ」という意味が含まれるため、「って」は区切りをつける性格が強い。そのため、引用は「って」によって一旦終結され、「って」の後ろへの節の挿入が容易となる。(38) では、「って」でことばの引用が一旦終結し、その後に元話者の状況が挿入され、結果的に「って言って」の「って」と「言って」の間に節が挿入された「ってV」となっている。

(38) かず子は、部屋で、ええとね、今勉強してる<u>って</u>、ぜんぜん勉強してないのに、お母さんにごまかして<u>言って</u>。(既出 20)

「って」の持つ区切り性のため、「って」の後方への拡大は自由で、元発話についての伝達者の解釈や元発話者の動作を示すことができる。文構造の拡大とは、「って」の後方への節の形成による引用表現の拡大である。「って」単独で引用を表すッテ中止型と「って言って」が次第に減少し、「〜ってV」の使用割合がもっとも大きくなっていること（表5-8、表5-9）と文構造の拡大は符合する。

つまり、ひとつづきの「って言って」は、「言う」の形態の多様化と、「って」の区切り性から生じる後方文構造の自由な拡大の中で減少し、「ってV」へ発展的に移行すると考えられる。

5.5.2　引用表現に表される対象の拡大

初期段階の単文的構造では明示的引用動詞がないため、当然引用されるのはイコン的に表現されたことばだけである。定型的複文構造でも、「と」「って」ともに動詞は「言う」であるため、元の場で発言されたことばと、そのことばが発言されたという事実だけが、明示的な解釈をともなわず伝達される。

ところで、「聞く」「答える」という対話を表す動詞は習得の早い時期に表出された。元の場で発せられたことばが質問として、あるいは、回答として対話を構成していることを示すことから、対話としてのことばを引用するのである。つまり、引用表現にとらえる対象は対話を構成する2つの発話へと広がる。

さらに、習得が進むと元発話が元の場面においてどのような働きをするか、どう受け取られているかまで引用表現に表すようになるが、その場合の表し方は引用標識によって表現の発達の方向性が異なってくる。「と」による引用においては、Vに引用動詞1個をとる「〜とV」という単純な形式を維持しつつ、名付けや特徴付け表現の習得によって、構造は小規模であるが、元発話に対する伝達者の解釈や評価を表す引用表現が発達する。「と」では元の対話者のどちらかに偏ることなく等距離において、第3者的な遠い視点（久野1973）から眺めた評価が行われ、メタ言語的な名付けや特徴付けを示す引用動詞を用いて、場面全体を視野にいれた引用が行われる。その中で元発話の受け手への所定の行為の要求や元話者自身の動作の規定など、発

話による他者や自己への働きかけを示す引用が行われる。
　一方、「って」による引用においては、元の場で発言されたことばだけに焦点を当てる「言う」を用いながら、受身形によって元の対話の聞き手の立場に視点を置き、伝達者自身の共感を通して引用する表現(39)や授受動詞を用い元発話による恩恵の授受をも表す引用が発達する。また、「って」の後方への挿入節によって長い説明的な引用表現(40)が形成される。

(39)　この朝、あのうかず子、かず子さんはね、学校、学校行くときに、あのう、お母さんは、きょう雨が降るって、あの、傘を持って、持って行きなさいって言われました。(この朝、かず子は母親に、雨が降るから傘を持って行くようにと言われた)(既出13)
(40)　かず子は、部屋で、ええとね、今勉強してるって、ぜんぜん勉強してないのに、お母さんにごまかして言って。(既出20)

　つまり、「って」による引用では、受身形や授受動詞の使用で元の場面の対話者に視点をおくことで元の場面に入りこみ、そこから元発話のもたらす恩恵や影響を当事者の視点から生き生きと再現することが可能になっている。また、「って」で引用を一旦区切ることで、元発話の周囲で起こっている事象や、元話者の思惟を推定して表し、元発話の意味を補足することができる。「って」による引用では伝達者が元の場面の中に入り込み、ことばを追体験し、内部からの報告を行うのである。「と」と「って」は文体が異なる標識とされるが、それだけではなく、「と」で引用するか「って」で引用するかは、伝達者の元の場面に対するかかわり方をも変えているということができる。
　引用に表される対象の拡大を図5-2に表した。はじめは1)ことばだけがそのまま写し取られる(図内:ことばの引用)。ついで、対象が広がり、2)対話としてのことばの引用が可能となる(図内:対話の引用)。この段階までは「と」による引用も「って」による引用もあまり違いはない。習得がさらに進むと、「と」と「って」で違いが生じ、3)「と」がより遠い視点から場面全体を見渡し、元発話に対する伝達者の解釈あるいは評価を第3者的なメ

タ言語的引用に表すのに対し、「って」は場面の中に入り込み、元発話を元の場面の対話者に対する共感を通して引用し、中で起こっている第3、第4の事象も伝える。標識によって元の場面へのかかわり方が異なるということである。

上のように「と」による引用と「って」による引用で対象に対する伝達者の異なるかかわり方が発達した要因として、引用標識の習得を進めたインプットや環境の違いが考えられる。

教室環境での学習は「テニスの素振り」(Corder 1976: 68)にたとえられるように、整然とした理想的な形式が多量にインプットされる中で言語規則の学習が生じる。「と」はもともと初級教科書において提示された書きことば的な表現であり、書きことばでは「要求する」「命令する」など漢語動詞による引用が多く用いられる。ここから、「と」では漢語の引用動詞が当てられやすく、第3者的な評価を表す引用となると思われる。

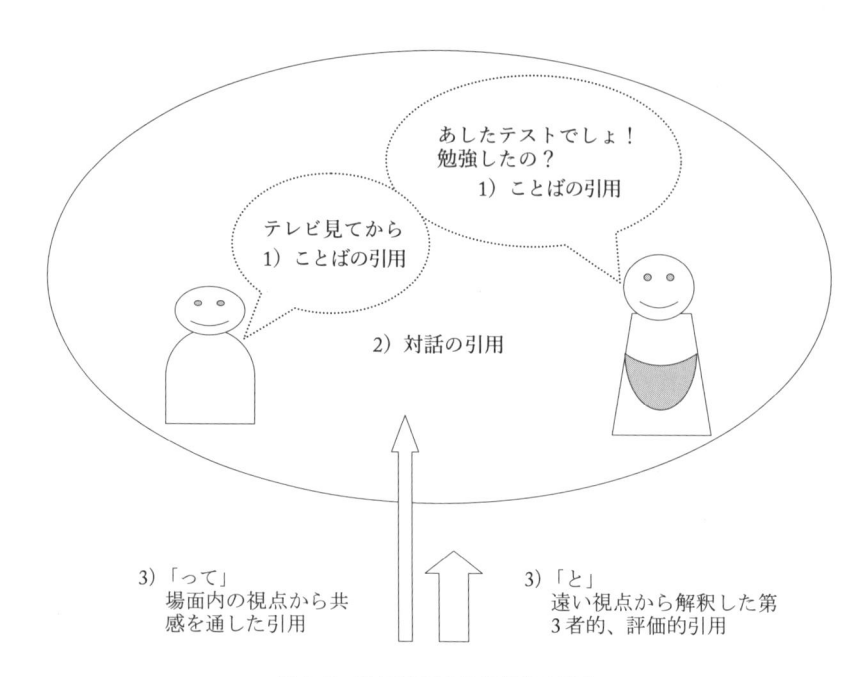

図5-2 引用に表される対象の拡大

一方、「って」では「言う」が用いられた。「って言う」は初級教科書にあまり提示がなく、L1、L2 の自然習得で表出されたように実際のコミュニケーションの場の口頭表現で使われる中で習得が進んでいる。実際のコミュニケーションとは、すなわち、会話の当事者として発話するということであり、伝達者自身が元の対話に当事者として参加する場合も多いだろう。そのような環境で習得が進んだ「って」で引用する場合、伝達者に元場面の会話の当事者の視点をとらせやすく、その結果共感を通した引用が行われやすいと思われる。

　複文的構造の習得によって引用表現に表すことができる対象が広がり、それと同時に引用表現を生成する伝達者の介在が顕在化する。異なるリソースから習得された統語知識に基づいて産出される表現は、表現者である伝達者の元の場面へのかかわり方の違いとしてあらわれると考えられる。

5.5.3 「って」の新しい機能

引用形式の習得が進み、「って」による引用で元発話の受け手への共感を表すことが可能となる中で、伝達者が元話者の心的状況を推定して、引用の述部に評価を表すものが見られた。

(41)　かず子さんは、「でも」って、ちょっと、ちょっとちょといやかもしれませんが、かさをもって学校へ行きました。
　　　（かず子は「でも」と言って、いやのようだったが、傘を持って学校へ行った）（既出 25）

　(41)は「*かず子は『でも』って、傘をもって学校へ行きました」とは言えず、「かず子は『でも』って、ちょっといやかもしれません」と続く。つまり、「って」で「でも」という発話を引用すると同時に、かず子が『でも』と発言した事象をまるごと取り出し、「（傘をもっていくことは）ちょっといやかもしれません」と伝達者の解釈を加えている。次の(42)は「って」によって元話者の思惟が引用され、元発話が発せられる前提として提示されており、「いってきます」ということばの写し取りは「と」で行われている。

（42）行くって、いってきますと言ったんです
　　　（かず子は学校に行こうと、「いってきます」と言った）

2つの例においては、「って」が評価される事象を取り出して示す提題や、動作の理由や前提を示す機能をもっており、「って」が単なる発話の引用標識から新たな機能を得つつあることが推測される。

5.5.4　教室習得者の引用形式の習得仮説

本章データにおける引用形式の習得は以下のような過程をたどると推測され、図5-3のように表すことができる。

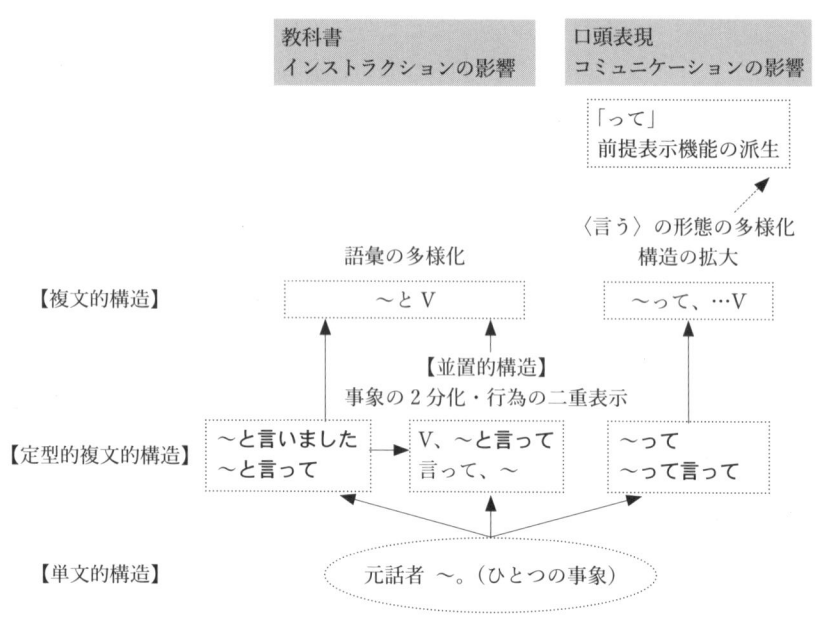

	教科書 インストラクションの影響	口頭表現 コミュニケーションの影響
		「って」 前提表示機能の派生
		↑
	語彙の多様化	〈言う〉の形態の多様化 構造の拡大
【複文的構造】	～とV	～って、…V
	↑　　↑	↑
	【並置的構造】 事象の2分化・行為の二重表示	
【定型的複文的構造】	～と言いました ～と言って	V、～と言って 言って、～	～って ～って言って
	↑	↑	↑
【単文的構造】	元話者　～。（ひとつの事象）

ゴシック体：ひとまとまりの形式
～：引用句
…：文要素，V：ひとつの引用動詞

図5-3　引用形式の習得仮説：教室習得

5.6　分析と結果Ⅱ　話法

本書【研究1】【研究2】の自然習得研究から、直接話法は引用形式部分（引用動詞と引用標識）とかかわりがあることが推測された。引用形式がまったく習得されていない段階では、終助詞、くり返し表現、丁寧体など直接話法の明示要素が引用句に大量に付与され、引用形式が整うにしたがって、直接話法の特性の量が落ち着く傾向があった。すなわち、引用形式が不十分な段階では、元の発話をリアルに強調して再現する直接話法によって実物表示することで、統語的な引用形式の不十分さを補っていると考えられる。この点で、中間言語における直接話法は単に話者の恣意的な選択による文体ではなく、引用伝達をわかりやすくするための重要なストラテジーでもあるという仮説を得た。本章の教室習得者では、5.5で見たように、低い段階から引用形式が習得されている。この状況で話法はどうあらわれるのかを観察し、自然習得で得られた仮説を検討する。

5.6.1　分析

話法を示す特性

話法は基本的に直接話法と間接話法の2つとする（藤田2000）。一般に、直接話法引用とは引用句が元の発話の場の発言として解釈される引用で、その話法を示す要素は伝達のムードを表す表現や伝達の場に調整されない元発話の場のダイクシス（−）表現としてあらわれる（鎌田2000: 75）。発話の直接話法の読みを促す特性（以降「特性」と呼ぶ）や元発話者の視点を示す指示表現が多くあらわれるほど直接話法であることが明確になる。「特性」とは、たとえば、呼びかけ、間投詞、くり返し表現、命令・要求、定形表現、丁寧形、擬態語・擬声語、終助詞など[vi]である。また、伝達の場に視点を調整していないダイクシス（−）表現[vii]も直接話法の解釈を促す。話法の区別の判定項目としてポーズやイントネーションなど音調的特性もあげられているが、学習者言語では判定が必ずしも安定しないため、本研究では参考にとどめ、分析項目としていない。

　間接話法引用とは、元発話が伝達者の視点で元発話が言い換えられて引

用されているものである。本章の間接話法引用には、伝達の場に合わせて調整されたダイクシス（＋）表現[viii]で表されるものの外に、構造的な間接引用（43）、及び、引用動詞の語彙的特性から間接引用と考えられるもの（44）が見られた。

(43) お父さんは、その駅の名前を聞いた。聞いて、その外国人を<u>どうやって行くかいい、どうやって行ってもいい、どうやっていいか</u>と教えました。
（父親はその駅の名前を聞いて、その外国人にどうやって行くか教えた）
(44) よし子は、え、電話をしらべたあと、電話が切られたと<u>気がついた</u>。

また、直接話法を表す「特性」やダイクシス（−）表現、あるいは、間接話法を示すダイクシス（＋）表現や（43）（44）のような間接話法表現をもたないため、どちらの話法とも特定できない引用を特定不可話法とした。

5.6.2 結果

ⅰ）話法の表出

引用表現がどのような話法で引用されているかを、それぞれの話法の表出数を被調査者毎にカウントした。レベル毎に各話法の合計（表内：合計）を算出し、引用総数に対する割合（表内：％）を示した（表5–12）。

　3つのレベルにおいて直接話法が圧倒的に多く表出されている。直接話法の引用総数に対する割合は3級（87.0％）、2級（83.3％）、1級（83.9％）と、レベルが低い3級で直接話法が特に多い。間接話法（2級4.2％, 1級1.4％）は非常に少ないが、レベル間で比較すると2級で突出して多く表出された。特定不可話法も表出が少なく、レベル上昇と関連する変化は見られない。

【直接話法】
直接話法を示す要素（「特性」とダイクシス（−）表現）の表出数を被調査者毎に示した（表5–13）。また、直接話法ひとつ当たりの「特性」及びダイクシ

表 5-12 話法の表出

級	被調査者	対象とする引用数	直接話法数	特定不可話法	間接話法数
1級	1	43	36	7	0
	2	22	16	5	1
	3	15	14	1	0
	4	21	18	3	0
	5	33	28	5	0
	6	24	22	2	0
	7	29	22	5	2
	8	24	21	3	0
	合計	211	176	31	3
	%		83.9%	14.7%	1.4%
2級	9	29	23	3	3
	10	20	18	2	0
	11	24	20	4	0
	12	23	19	3	1
	合計	96	80	12	4
	%		83.3%	12.5%	4.2%
3級	13	53	47	6	0
	14	53	44	9	0
	15	21	20	1	0
	16	31	27	4	0
	17	19	16	3	0
	合計	177	154	23	0
	%		87.0%	13.0%	0.0%

ス(-)表現の表出数(表内:1直接当たり)を算出し示した。さらに、レベル毎に直接話法ひとつ当たりの「特性」とダイクシス(-)表現の合計を算出し示した(表内:要素数合計)。引用総数は分析対象「と」「って」「標識なし」による引用の表出数である。

 1直接話法にあらわれる特性合計数をレベルごとに見ると、3級1.19、2級1.08、1級0.86とレベル上昇とともに減少している。表出が多い特性を個別に見ると、3級では「間投詞」(0.36)、「終助詞」(0.34)が多く見られる(45)。2級では引用句の文末のデス・マス体(45)(46)が0.46と非常に多い。終助詞(0.27)、命令・要求(0.25)も主要な「特性」である。1級では命令・要求(0.29)がもっとも多く、終助詞(0.24)、デス・マス体(0.20)、と続く。

表 5-13　直接話法の「特性」とダイクシス（-）表現

級	被調査者	直接話法引用総数	呼びかけ	間投詞	繰り返し	命令・要求	デス・マス	デショ	終助詞	特性合計	ダイクシス(-)	要素数合計
1	1	36	4	7	3	10	6	1	7	38	10	
	2	16	1	2	2	5	1	0	5	16	2	
	3	14	2	1	1	4	1	0	3	12	4	
	4	18	1	1	1	4	5	1	4	17	10	
	5	28	0	1	2	4	2	0	3	12	3	
	6	22	1	3	1	5	8	1	3	22	4	
	7	22	0	2	1	7	4	0	5	19	4	
	8	21	0	2	0	5	3	1	6	17	8	
	合計	177	9	19	11	44	30	4	36	153	45	
	1直接当たり		0.05	0.11	0.06	0.25	0.17	0.02	0.20	0.86	0.25	1.11
2	9	23	0	1	1	4	12	0	6	24	6	
	10	18	0	1	1	3	10	0	6	21	4	
	11	20	0	1	1	6	6	0	4	18	7	
	12	19	0	3	2	7	8	0	5	25	2	
	合計	80	0	6	5	20	36	0	21	88	19	
	1直接当たり		0.00	0.08	0.06	0.25	0.46	0.00	0.27	1.08	0.24	1.32
3	13	47	2	17	2	7	5	2	10	45	9	
	14	44	4	25	0	6	7	0	20	62	14	
	15	20	0	2	1	5	3	0	7	18	5	
	16	27	4	8	2	7	4	2	12	39	7	
	17	16	2	2	3	3	11	1	2	2	1	
	合計	154	12	54	8	28	30	5	51	188	36	
	1直接当たり		0.08	0.36	0.05	0.18	0.20	0.03	0.34	1.19	0.23	1.42

表 5-14　直接話法を示す要素　χ2 検定残差分析結果

	文頭(呼びかけ・間投詞)	繰り返し	命令・要求	デス・マス体	文末(デショ・終助詞)	ダイクシス(-)
1級	-2.243*	0.832	2.187*	1.461	-0.510	1.653+
2級	-3.976**	0.051	0.345	4.593**	-0.494	-0.391
3級	5.455**	-0.860	-2.432*	-2.317*	0.905	-1.305

+p<.10　*p<.05　**p<.01

(45) お母さんは、ええ、いいですよ。
(子どもの母親は「ええ、いいですよ」と言った　3級)
(46) お母さんが、もう8時ですよと言いました。
(母親がもう八時だと言った　2級)

「呼びかけ」と「間投詞」は文頭に表れ、「デショ」と「終助詞」は文末に表れるため、文頭表示、文末表示としてまとめた上、5種の「特性」とダイクシス（−）表現の表出にレベルによって偏りがあるかどうかを見るためにχ^2乗検定を行ったところ、偏りは有意であった（$\chi^2(10) = 53.223$, $p < .01$）。残差分析の結果、以下のことがわかった。文頭の「特性」（呼びかけ・間投詞）は3級で有意に多く、レベル上昇とともに減少する。特に、2級で減少が著しい。デス・マス体は、3級では有意に少ないが、2級で激増し、1級でその使用は落ち着く。命令・要求は3級で有意に少なく、レベル上昇とともに増加する。そして、ダイクシス（−）表現は1級で増加傾向にあるということである。

つまり、同じ元発話を直接引用しても、レベルによって表示される「特性」の種類や量に差があるということである。3級では、引用句の始まりを示す文頭部分が強調される傾向にあり、2級では丁寧体で引用されやすく、1級では命令要求形が多用される傾向を示している。また、終助詞の使用は全レベルにおいて多い。直接話法を表示するために、3級では引用句の開始と終結がいわばカギかっこでくくるように「特性」で際だたせられていると言える。

【間接話法】
表5–12で示したように、直接話法に比べると間接話法の表出は全体に非常に少ないが、引用総数に対する間接話法の表出割合は2級（4.2%）と1級（1.4%）で、2級で最も多くなっている。3級では間接話法は表出されていない。間接話法の読みを促す要素を表5–15に示した。

　間接話法の読みを促す要素には、「自分」「気がつく・気づく」があり、そのほかに構造的な間接話法も見られた。「自分」を付加して間接引用化したものは、2級と1級に見られた。(47)は、かず子が母親に呼ばれて、「今、

表 5-15 間接話法の表出

級	被調査者	間接話法の要素数	間接話法を示す要素
1級	1	0	
	2	1	「気がつく」
	3	0	
	4	0	
	5	0	
	6	0	
	7	2	「自分」「気づく」
	8	0	
	合計	3	
2級	9	3	「自分」構造的間接話法
	10	0	
	11	0	
	12	1	「自分」
	合計	4	

勉強してるの」とうそをつく発話の引用である。元発話に類似した引用句ではあるが、元発話をそのまま再現したものではなく、「自分」を付加し、時間を表すダイクシス（-）表現「今」と終助詞の「の」を削除した間接引用となっている。

(47) （かず子は）自分が勉強しているといって、
    （かず子は勉強していると言って）

(48)(49)は2級で表出された構造的間接話法と考えられる例である。(48)は外国人に英語で駅を尋ねられた父親が指で駅の方向を指して、「ああ、あっちあっち」と道を教えている発話の引用である。

(48) お父さんは、その駅の名前を聞いた。聞いて、その外国人をどうやって行くかいい、どうやって行ってもいい、どうやっていいかと教えました。（既出43）

（父親は駅へはどうやって行くか教えた）

「ああ、あっちあっち」という断片的なことばは、「どうやって行くかいい、どうやって行ってもいい、どうやっていいか」（どうやって行くか）に改変されて、引用されている。この引用表現は「あっちあっち」を「どうやって行くか」と抽象化して伝えようとしており、「と」で引用された間接話法である。

また、(49)は注文したやきそばではなく、間違えてラーメンの出前をされて、「ぼくの注文したの、やきそばだよね。」と言って、同僚に自分の注文を確認している発話である。

(49)　（小林さんは）自分が、何か注文したと、確認します。
　　　（自分が何を注文したか確認した）
(50)　?自分が何を注文しましたかと確認した。（作例）

(49)は、「自分」があり、「何か注文した」（注文したのは何か）もやはりデス・マス体(50)は不自然なところから、やはり間接話法である。
一方、1級では、引用動詞の語彙によって間接話法とされるものがあった。(51)は、電話の途中で場を離れたよし子が戻ってきて、母に電話を切られてしまったことに気づいて発した「やだ、お母さん、切っちゃったんだわ。」という独り言の発話である。元発話は「気がつく」という直接話法性が希薄な引用動詞で引用されている。「私」が挿入された場合(52)に、その「私」は「よし子」ではなく全文の話し手である伝達者を指示するところから、「気がつく」は間接話法の読みを促す。伝達者は、元発話が母親の行動に迷惑を受けたと解釈し、母親の行為を受身に直し、独り言を間接話法で表しているのである。

(51)　よし子は、え、電話をしらべたあと、電話が切られたと気がついた。
(52)　よし子は、私（＝伝達者）が電話が切られたと気がついた。（作例）

間接話法についてまとめると次のようになる。元話者を単純に「自分」と表すダイクシス（＋）表現は2級と1級のどちらにも見られた。また、2級では構造的に改変しようとする間接話法引用の試みが見られた。1級では引用動詞の特質に拠る間接引用が表出された。つまり、2級では文法構造を意識した間接引用の習得が進行しているのに対し、1級では語彙面での引用表現の習得がさらに進みつつあることを示している。

ⅱ）**文体変化**

話法には文法で律せられるシンタグマチックな側面とは別に、パラディグマティックな広がりがあり、その広がりを示すもののひとつが引用されることばを表す文体の変容である（藤田2000）。実際に発せられた元発話を伝達者がどのように変容させるかは伝達者の固有の表現意図によっており、その意図の実現には言語形式が必要である。元の発話がどのような言語形式で引用されているかを見ることで、学習者の話法習得の実態のひとつの側面を明確にすることができる。直接話法を示す特性のうち丁寧体が、2級において特に多く表出されていることが示された（表5-13）。本項ではレベルによって文体変化にどのような違いがあるかを見る。直接話法と特定不可話法の引用表現について、丁寧体での引用例（53〜58）と普通体での引用例（59〜62）を実際に表出された例で示す。

【丁寧体】
デス形、マス形、ナサイ形、クダサイ形、デショ（ウ）形、〜さん（呼びかけ）

(53)　この赤ちゃんは、なんか、<u>生まれて何カ月ですか</u>と聞きました。
　　　（この赤ん坊は生まれて何カ月か聞いた）
(54)　お母さんはかず子さんに、あのう、あの、<u>勉強しましたか</u>って聞きました。
　　　（母親はかず子に勉強したか聞いた）
(55)　かず子、<u>傘をもって学校行きなさい</u>と言いました。
　　　（母親はかず子に学校に傘を持って行くように言った）

(56) かず子さんを、命令して、ちょっと片づけ、片づけ<u>ください</u>と言って。
　　（かず子に片づけるように命令した）
(57) お母さんはあしたテストがある<u>でしょ</u>、もう8時だから、早く始めなさいって、言いました。
　　（母親は次の日テストがあるし、もう8時だから早く始めるように言った）
(58) <u>よし子さん</u>、電話だよって
　　（よし子に電話だと言った）

【普通体】
動詞普通体、形容詞普通体、テ形（要求）、名詞（ダ）

(59) かず子は何もしてないのに、なんか、ああ<u>勉強してる</u>って言って
　　（かず子は何もしていないのに、勉強していると言って）
(60) 課長は、きょうは<u>ワープロを打つことが多い</u>って言いまし、と言いました。
　　（課長はその日ワープロで打つものがたくさんあると言った）
(61) 課長は、なんか、小林さんに、<u>ちょとお茶を入れて</u>、<u>入って</u>、って、小林さんに言った
　　（課長が小林にお茶を入れるようにと言った）
(62) この子のお母さんは<u>6カ月</u>と答えました
　　（母親は子どもは生後6カ月だと言った）

元発話が引用されたとき文体が改変されたかどうか、また、改変されたとするとどのように変えられたかを調べた。分析対象とする表現は、直接話法引用及び特定不可話法引用のうち、ビデオ会話の中に元発話が具体的に特定できるものに限定した。それぞれの文体の表出数の分析対象引用総数に対する割合(%)をレベル毎に算出した。表5-16に元発話の文体（表内：元発話）が引用表現でどのような文体で表されているか（表内：引用文体）を示した。さらに文体変化にレベル間の偏りがあるかどうかを見るためにχ^2検定を行った。

表 5-16　文体変化

元発話 引用文体 文体変化	普通 普通体 なし	普通 丁寧体 あり	丁寧 普通体 あり	丁寧 丁寧体 なし	計
1級	82 46%	22 12%	24 13%	52 29%	180
2級	28 33%	15 17%	12 14%	31 36%	86
3級	85 53%	14 9%	19 12%	41 26%	159

表 5-17　文体変化　χ^2 検定残差分析結果

元発話 引用	普通 普通体	普通 丁寧体	丁寧 普通体	丁寧 丁寧体
1級	-0.115	0.120	0.206	-0.111
2級	-2.776**	1.738⁺	0.313	1.569
3級	2.423*	-1.567	-0.470	-1.188

⁺p<.10　*p<.05　**p<.01

　まず、引用句の文体変化の有無に注目してみると、3級(変化なし79%、変化あり21%)、2級(変化なし69%、変化あり31%)、1級(変化なし75%、変化あり26%)で、2級は文体を変更するものが3級、1級にくらべて多くなっている。普通体、丁寧体の元発話がそれぞれどんな文体で引用されているか4つのパターンについて偏りを見るためにχ^2検定を行ったところ、レベル間の偏りは有意であった($\chi^2(6)$ =11.036, .05<p<.10)。残差分析の結果(表 5-17)から、3級で最も多いのは普通体の元発話をそのまま普通体で引用するもので、3級で有意に多いが、2級では有意に少なくなり、1級で再度使用が増加することがわかる。また、3級で最も少ない普通体の元発話を丁寧体で引用するものは、2級で多くなる傾向があることが示された。元発話が丁寧体の場合は、文体変化、文体維持ともに偏りはなかった。つまり、普通体の維持は3級で非常に多く、級の上昇によって一旦激減し、

その後回復する傾向があること、また、3級で最も少ない普通体から丁寧体への変更は、2級で一時的に増加傾向が生じることが示された。

次にあげたのは文体変化の例である。(63)はビデオの1場面で、姉のよし子が掃除中に弟の一郎のプラモデルを誤って壊してしまい、帰宅した一郎に謝罪する場面の会話(元発話)である。

(63) ① よし子:あのね…おそうじしてた時にね。{背中の後ろに隠していた壊したプラモデルを差し出す}
② 一郎　:あっ、僕のプラモデル。
③ よし子:ごめんなさい。今度新しいのを買ってあげるから。

姉であるよし子が弟に向かって発した発話の中の①「おそうじしてた時にね」も③「買ってあげるから」も普通体でどちらも言い挿し文である。(64)は①が普通体のままで引用されたもの、(65)(66)(67)は一部または全部が丁寧体に文体変換されたものである（理解を容易にするため引用句を「　」で示した）。

(64) よし子さんは「そうじをした時これをちょと」、よし子さんは、「ごめんなさい、今度新しいの買ってあげる」って言って、(3級)
(65) よし子さんは一郎さんに、「ごめんなさい、さっき、お掃除をしていた時に、あのう、ああ、ん、壊した、なんか、ええとね、壊しました」って言いました。そして、「今度新しい、買ってあげるから」って言いました。(2級)
(66) よし子さんが掃除したとき、弟一郎さんのプロ、プラ、プロ、プラモデルを壊しちゃった。だから、よし子さんが、「今度新しいのを買って返す、返す、返しますから許してくれませんか。」(2級)
(67) そして、あのう、お姉さんが、一郎に、急に、一郎に、謝ったんです。そして、一郎はおどろ、ちょっと驚いた、ちょっと驚いたので、あのう、お姉さんが、一郎に、「あのう、お掃除をしているとき」って言いながら、その壊れたプロ、プラモデルを一郎に見せました。一

郎が、なんて言ったか、「もうお姉さん」って言って、ん、で、お姉さんが、「また新しいの買ってくれ、あ、買ってあげます」って一郎に言いました。(1級)

　3級の(64)では元発話①「そうじしてた時にね」は「そうじをした時これをちょと」と、普通体のままで引用されている。後ろに隠していたプラモデルを差し出して見せる動作が「これをちょと」(これが少し壊れた)という断片的な文で引用句が補充され、文を完結させようとする試みが見られる。補充された部分は元の場面の文脈依存性が強い直接話法である。元発話③の「今度新しいの買ってあげるから」は「今度、新しいのを買ってあげる」と引用されており、元発話とほとんど同じ語句、同じ文体で元発話をほぼ忠実に写し取られたものだが、「から」が削除され完結されている。つまり、この引用では、文体やことばはそっくりそのままであるが、少量の補充と削除を行って少しでも完結した文に近づけ、確実に元発話を伝えようとする改変を行っている。

　2級では、伝達者は省略された元発話を節で補って完結した文で引用している。元発話①は「お掃除をしていた時に、壊した、壊しました」(65)と一旦に普通体で補充され、その後丁寧体の「壊しました」に言い直して補充されている。また、元発話③は、ほぼ文字通り一言一句そのままで文末の終助詞的な「から」まで引用されているもの(65)もあるが、(66)においては、「今度新しいのを買って返す、返す、返しますから許してくれませんか」と、元発話「買ってあげるから」を「買って返しますから」と丁寧体に変換した上で、やはり文を完結させるために、丁寧体の「許してくれませんか」が補充されている。つまり、2級では元発話をそのまま引用する場合も、また、実際に発話されていない節を補充して完結する場合も、デス・マス体が用いられる傾向があることを示している。

　1級では言い挿し表現の補充が引用表現の外に表された(67)が見られた。元発話①は「あのう、お掃除をしているとき」と言い挿し表現のまま引用されているが、よし子が言語で表現しなかったプラモデルを壊したという事実を、引用に続く節の「～って言いながら、壊れたプラモデルを見せました」

で表している。2級の(64)、(65)のように言い挿し表現が引用句の中に補充されているのではなく、引用句の外に補充されているのである。また、普通体の③は「買ってあげます」と丁寧体に変換し、やはり終助詞的な「から」を削除して引用を行っている。1級の(67)においては、言い挿し表現の意味がとらえられ、元場面で言語化されていない文脈がことばで補充され、伝達の場で聞き手に伝わりやすいような完結した文に改変されているということができる。

(68)もビデオの中の一場面で、課長が来客にお茶を出すよう部下の小林に依頼している発話である。元発話は普通体である。この元発話は2級で過度に改変された(69)。

(68) 課長が部下の小林に：
「きみ、わるいが、ちょっとお茶を入れてくれないか。」
(69) 課長は小林さんに頼んで、お茶をさしあげてください。（調査者：課長は小林さんになんて言ったんですか？）わるいんですけど、ちょっとお茶を、なんというか、お茶を、ん、入れる、お茶を入れて、お茶を入れてさしあげてください。(2級)

(69)では「わるいが」が「わるいんですけど」に改変され、この課長から部下へのことばとしては一般的に不自然と思われる表現となっている。また、「お茶を入れてくれないか」が「お茶をさしあげてください」「お茶を入れてさしあげてください」へといずれも普通体が丁寧体に文体変換され、待遇表現として過度ともいえる表現となっている。2級ではデス・マス体に変換されるか、デス・マス体で補充され完結した文で引用する傾向があり、そのような引用句は(66)(69)のように引用形式がないものが見られ、デス・マス体で引用句の終了を明示しているとも考えられる。

まとめると以下のようになる。全体に、普通体の元発話は普通体のまま、丁寧体の元発話は丁寧体のままと文体を変えないで引用されることが多い。しかし、文体変更とレベルとの関係を見ると、3級では普通体の元発話の文体を変えないでそのまま普通体で引用することが非常に多いが、2級になる

と普通体のままの引用は急激に減少し、丁寧体に変換される傾向が生じる。元発話が明らかに言い挿し表現の場合はそのまま引用せず、補充や削除によって文法的に完結した文に整えて、効率的な伝達を図る傾向が見られる。この補充や削除も3級では普通体であるのに対し、2級では丁寧体で完結する傾向がある。言葉を補充する場合、2級では伝達者の解釈を自分自身のことばで補って引用句に入れる引用を行うことができる反面、過度に丁寧な待遇表現には不自然さが生じる場合もある。また、元発話によって実現される元発話者の意図が引用動詞ではなく、引用句の中に付け加えるものも見られた。このような補充も多くはデス・マス体で行われた。1級では、元発話者の動作、すなわち元の場の文脈を引用句の外に詳しく補って表す例があり、地の部分の拡大が見られた。伝達者は元発話の意味とその意図をとらえ、最もわかりやすく伝えるために、伝達者自身の言語知識の範囲で可能な限り最適な形に元発話を改変し、文脈とともに再構築しているということができる。

iii) **タスク事例**

話法の分析結果から、引用表現の習得が進むと引用句にさまざまな改変が施されることが示された。最後に、具体的にどのような改変が行われたかを、2つの場面に注目して例を示す。

場面1「かたづけ」

(70)は、散らかされたままの居間を見た母親が、子どものかず子に居間に来て片づけるよう命じる場面における会話である。この場面で発せられた元発話が被調査者によってどのように引用され、どのように伝達されたかをレベル毎に(71)～(87)に示した。({ }内は映像にあらわれている話者の行動)。

(70) 場面「かたづけ」
  ① 母親 ：かず子、かず子！{居間が散らかっているのを見た母親が怒った様子で2階のかず子を呼ぶ。}

② かず子：はーい ｛2階の自室でおもちゃのブレスレットで遊んでいる｝
③ 母親　：ちょっと来なさい。｛階下から呼ぶ｝
④ かず子：どうして？｛依然、遊んでいる｝
⑤ 母親　：居間をちらかしたのは、かず子でしょ？
⑥ かず子：<u>今、勉強してるの</u>。｛遊びを続けながら答える｝
⑦ 母親　：いいから、ちょっときなさい。
⑧ かず子：はーい。｛しかたなく一階の居間に下りる｝
⑨ 母親　：なーに、これ。すぐ、かたづけなさい。｛階下に降りたかず子は母親に叱られてうつむく｝

　具体例として発話⑥を取り上げる。発話⑥は、実は遊んでいるかず子が「今、勉強してるの」と母親にうそをつくものである。3級では以下のように引用された。

(71) かず子さんは<u>今勉強してる</u>。
(72) （調査者：かず子さんは？）<u>今勉強してるの</u>っていうそい、つきました。
(73) かず子さんは、<u>今勉強し、勉強したの</u>。
(74) かず子は何もしてないのに、なんか、<u>ああ、勉強してる</u>って言って。
(75) かず子さんは、勉強していないのに、<u>勉強</u>言います。

　3級の引用句は文体変更はまったくない。5例中4例 (71)(72)(73)(74) が元発話「今、勉強してるの」をほぼ忠実に再現し引用している。うち3例には元発話にある「今」が取り込まれ、ダイクシス表現の変更は行われていない。また、終助詞「の」が取り込まれたもの (72)(73)、あるいは、間投詞「ああ」が新たに付加されたもの (74) など、元発話に忠実に再現した直接引用性が強い引用が行われている。普通体のまま、ダイクシス表現も調整しないほぼ同じ形をなぞる形で直接引用性を強調した直接話法となっている。(75) は普通体のままであるが、引用句は元発話から1語が取り込まれ

た「勉強」に変化しており、このことばだけでは元発話の意味の伝達はできない。しかし、引用句の前に、「勉強していないのに」という節が挿入され、元発話が発せられた時点の元話者の行動が示され、「勉強」という一語でも「勉強している」ということばの意味が伝達できるよう工夫されている。

　3級では元発話に極めて忠実な再現による文字通り一言一句そのままの形で提示する直接話法引用が多い。また、文脈がある場合は、引用句は元発話の一部の最小のことばで引用される。つまり、引用されることばの形に対する伝達者の改変がほとんどない。もし、改変するときは元発話を縮小する傾向があるということができる。

　2級レベルの引用は以下の通りである。

(76)　かず子は、なんか、部屋で、<u>今勉強してるって</u>、全然勉強してないのに、お母さんにごまかして、ごまかして言って

(77)　かず子が<u>自分が勉強している</u>と言いました、お母さんをだまして、だましたい。

(78)　かず子は、自分のおもちゃを、おもちゃを、なんというか、あのう、遊んでいたとき、自分のおもちゃを遊んでるのに、<u>自分が勉強していると言って</u>、ちょっと悪い子だと思います。

(79)　かず子は部屋で遊んでいて、そしてうそもついた。(調査者：何て言った？)たぶん、お母さんに怒られると思いますから、<u>今は勉強中なんですけど</u>

2級では、普通体のままで引用されているものは3例 (76)(77)(78)、丁寧体に変えられたものは1例 (79) ある。

　普通体のままで引用された (76) は終助詞「の」はないものの「今」が取り込まれ、元発話をほぼ忠実に引用した直接話法である。一方、普通体のうち (77)(78) は「自分が勉強している」と変換され、元発話に表されていない「私 (= かず子)」が改めて「自分」で明示された間接話法となっている。また、4例すべてで元話者の発話が虚偽であることが引用動詞、あるいは挿入節や後続節によって示されている。

(79)は普通体の元発話⑥を「今は勉強中なんですけど」と丁寧体に変えた引用である。ダイクシス（－）表現の「今」が保持されていることから直接話法で、女の子が母親に対して発したインフォーマルな発言の引用としては、文体的に自然とはいえない。一方で、「うそをついた」との解釈が先に述べられ、後ろに来る引用句には後続する引用標識も引用動詞もないため、デス・マス体の「勉強中なんですけど」に改変して引用することで、引用句自体もその終了も明確になっている。

　つまり、2級では、元発話に類似した引用であっても、「自分」が用いられた間接話法になっており、この点で3級のまったく忠実な再現とは大きく異なる。また、丁寧体に変える場合は、デス・マス体によって引用句の終了が明確にされているが、同時に文体という語用論面では不自然な改変となっている。以上のことから、2級では、引用句への伝達者の介入と改変があらわれ始めているということができる。

　1級レベル8名の引用は以下の通りである。

(80) かず子は、かず子は、今勉強していると言いました。
(81) そのとき、かず子さんは、実は勉強してないけど、今勉強してるって、言いました
(82) 今、あ、かず子さんが、お母さんに、1）今勉強してるのって、うそをつきました。じつは、自分のおもちゃ？おもちゃとか、遊んでいるところですから、でも、お母さんに、2）今勉強してるて言いました。
(83) かず子さんは、あのう、今は勉強して
(84) かず子さんがちょっとうそついて、勉強してるって、返事して、すぐ来なかったが、お母さんはもう一回呼んで
(85) かず子さんは部屋のなかでブレスレットを遊んで、遊びながら、今勉強してるって言いわけして、でもお母さんは怒っているから
(86) かず子は、自分の部屋で、ブレスレットをいじっていましたが、勉強しているのを言いわけをして、下に降りたくないけど、お母さんに怒られて、あのうちゃんと、下に行きました
(87) で、かず子は、今べんきゅう、勉強中ですよとか、うそをついたんで

すね

　元発話「今、勉強してるの」にほぼ忠実に普通体で引用句に再現した引用は9例中7例ある(80)(81)(82–1, 82–2)(83)(84)(85)。そのうち(84)を除く6例は「今」も取り込み、元発話を非常に忠実に再現した直接話法となっている。また、解釈を行わず、「言う」で単にことばだけを引用しているのは(80)(83)の2例だけで、あとの7例はかず子の発言が虚偽であることをさまざまな語句で表している。たとえば、4例に「うそをつきました」(82)、「うそをついたんですね」(87)、「ちょっとうそをついて」(84)、「言いわけして」(85)という引用動詞が用いられており、文字通りのことばの写し取りとともに、元発話に対する解釈を引用動詞に表す表現が習得されている。また、(82–2)(86)は、発言時に遊んでいるという行為や勉強していないという実態を引用表現の外に表すことで、発言が虚偽であることを表している。

　また、(86)は元発話をほぼ忠実に再現しているが、「と」または「って」で引く引用表現とはせずに、「勉強しているのを言いわけをして」(勉強しているという言いわけをして)と元発話を「言いわけ」の内容に取り込もうとしている。ことばを伝達するために、引用表現以外の形式を模索していると言える。

　普通体を丁寧体に変換したものも1例ある。(87)では、元発話の場を表すダイクシス(‑)表現の「今」を引用句に取り込み、普通体を丁寧体に変えた上に終助詞を加え、「今勉強中ですよ」と変容させた直接話法で引用している。女の子が母親に対して発した発話としては、待遇表現という語用論面からみて不自然である。ここでは「～とか、うそをついた」と引用形式が引用句の後ろに明示されていることから、丁寧体の引用句終了の明示の必要は必ずしもない。こういった変換は、伝達の場において伝達者自身が投影された変容、すなわち、伝達場面と伝達の相手に対する丁寧体の使用と考えることもできるかもしれない。

　つまり、1級の話法表現は多くが元発話を普通体のままほぼ忠実に再現している点においては3級と類似している。しかし、単にことばの提示にとど

まらず、ことばに対する伝達者の解釈や評価を引用動詞に表すことや、ことばと同一場面に生起した行為、背景、思惟を引用句の外に述べることで、引用したことばの真偽性を伝達者の責任において確実に伝達しようとする。元発話を直接話法でそのままの形で引き写しつつ、引用句の外に伝達者による名付けや評価を表して、場面と元発話の関係までも詳細に伝達していると言える。

場面2「道案内」

次に挙げる(88)は外国人に英語で道を聞かれて困っている男性(父親)が、「*Chofu* Station(調布駅)」と何度も言われてやっと理解し、「調布？ああ、あっちあっち！」と言いながら、駅の方向を指さして教える場面である。以下はこの場面の会話である。

(88) 場面5「道案内」
① 外国人：Excuse me. Can you tell me the way to *Chofu* Station?｛外国人が父をよびとめる｝
② 父　　：えっ？｛困ったという様子｝
③ 外国人：I'm afraid I'm lost. Can you tell me how to get to *Chofu* Station?
④ 父　　：ああ〜、困ったな。英語わからないんだ。英語、ダメダメ。｛頭をかきかき、困った様子をする｝
⑤ 外国人：*Chofu* Station
⑥ 父　　：<u>調布？ああ、あっちあっち！</u>｛父親はやっと調布駅とわかった様子で、後ろの方向を指さし、道を教える｝
⑦ 外国人：Great! Thanks! Yeh, Thanks!｛外国人は笑顔で、指された方向へ歩いて行く｝

発話⑥「調布？ああ、あっちあっち！」に注目して、どのようなことばで引用されたかを見る。以下は3級の引用表現である。

(89) お父さんは、<u>ちょう、調布？あ、あっちあっち</u>、
(90) お父さんは、わかる、わか、わかるから、<u>あ、あっち</u>と言って。
(91) 調布駅かな、っと思ったら、<u>あっちって言いました</u>。
(92) お父さんは、調布を、調布を覚え、調布を知ります、だから、えー、外国人は、町を、えー、ふふふ、えー、知ります。(調査者：なんて言ってた？)<u>あっちあっち</u>。
(93) お父さんがわかりましたって、ああ、<u>調布？ちょうはあそこ、そっちにあります</u>って言って(略)

　3級では元発話「調布？ああ、あっちあっち！」をほぼ忠実に再現した「あっち」が引用句に取り込まれている引用句が4例ある(89)(90)(91)(92)。「あっち」は元発話の場の読みを促すダイクシス表現でこれらは直接話法である。特に引用動詞も引用標識もない(89)(92)は繰り返しのまま引用しており、一言一句元発話の通りに再現した文字通り実物提示に近い。ところが、(93)は「ああ、調布？ちょうはあそこ、そっちにあります」と普通体から丁寧体に変えられており、直接話法である。「あっちあっち」という断片的なことばがデス・マス体で補充され、文法的なひとつの文に完結されている。元発話は中年男性による発話であり、面識のない外国人に男性が道を聞かれるという場面設定であることから、この場面での丁寧体の使用は語用論的にも不適切ではない。
　3級では元発話を忠実に再現する引用が多く、特に引用動詞も引用標識もない場合、その元発話との形の類似性は高い。一方で、インフォーマルな断片的引用句を避け、文法的にひとつの文に完結する改変を行う学習者も見られた。この場合は伝達者にとって最も使用が容易なデス・マス体で補充されており、結果として元発話の発せられた状況に合った文体が生じているということができる。
　2級4名の引用は以下のようになっている。

(94) お父さんは、その駅の名前を聞いた。聞いて、その外国人を<u>どうやって行くかいい、どうやって行ってもいい、どうやっていいかと教えま</u>

した。(既出43,48)(どう行けばいいか教えた)
(95) お父さんが、調布、と聞いた、そして、あのう、<u>調布駅があそこへいっていい、っていい</u>と思います(調布駅はあちらへ行けばいいと考えて、教えました)
(96) お父さんは、たぶん、あのう、後ろの方だと思いますけど、そして、**そっちの方を、指をさしてそして、そっちの方を指をさして**、外国、外国人の、あのたぶん、**それを見てたぶんわかっている**と思いますけど(父親は駅の方角を指差して教えた。それを見て、外国人はわかったようだ)
(97) 最後に、やっと、調布が、キーワード、キーワードがわかって、そして、やっと、外国人、外国人に**わかるように説明しました**

　2級では、⑥「調布？ああ、あっちあっち！」を引用表現で表したものは(94)(95)であるが、どちらも忠実に再現したものはない。「どうやって行くかいい、どうやって行ってもいい、どうやっていいかと教えました」(94)は「と」で引用されているものの、元発話はまったく姿を消しており、構造的に間接話法となっている。また、(95)では「調布駅があそこへ行っていい」(調布駅はあちらの方へいけばいい)に改変されている。元話者のことばと動作によって示された「道を教える」という元話者の意図が、「あそこへ行っていい」(あちらの方へ行けばいい)という指示忠告の表現に表されている。伝達者の解釈による名付けは引用動詞ではなく、名付けを表す文型に変換されて引用句の中に組み込まれているのである。伝達者の解釈が引用句を改変したと言える。また、引用動詞は「言う」ではなく、「思います」となっている。伝達者が引用句として伝達した「調布駅があそこへ行っていい」は、実際の発言「調布？ああ、あっちあっち」とは形がまったく異なる。元発話と元話者の動作に基づいて伝達者が改変したことばであるところから、「言う」ではなく「思う」(考えて教えた)で表現されていると考えられる。
　(96)(97)は引用表現ではない。(96)では「そして、**そっちの方を指をさして、外国、外国人の、あのたぶん、それを見てたぶんわかっている**と思いますけど」と、元発話の「あっちあっち」と発話主体の取った行動が、「そっ

ちの方を指をさして」に表され、「外国、外国人の、あのたぶん、それを見てたぶんわかっていると思います」で道を教えた結果が伝達されている。元発話の「あっち」という指示表現の痕跡を「そっち」に残しながら、道を教えたという状況を記述した表現となっている。(97)では⑥「調布？ああ、あっちあっち」は、「調布？ああ」の部分が「最後に、やっと、調布が、キーワード、キーワードがわかって」と説明され、「あっちあっち」の部分が「外国人にわかるように説明しました」と言い表されている。この例においては、元発話の形の痕跡はまったくない。

　2級では元のことばを形によって提示する引用表現の枠を超えようと試みられている。「調布？ああ、あっちあっち」という断片的で文脈依存度の高い発話をそのまま形のまま忠実に再現する直接話法ではなく、構造的改変を加えた間接話法や発話意図を引用句に組み込むための改変などが行われ、ことばの意味をより象徴的に伝達しようという意識がうかがわれる。

　さらに、引用で表現されていない例には、元発話の痕跡をかすかに残しつつも引用表現を用いずに記述しているものや、所与のことばを類似性において再現するという表現方法を捨て、元発話の意味を解釈し記述するものが見られた。「あっちあっち」という断片的なことばの形の提示を避ける文法意識が働いているとも考えられ、また、形を提示しなくてもことばの意味が伝達可能な言語知識を得つつあるということである。2級の引用表現は3級の忠実な再現とは相当様相が異なり、所与のことばの形からことばの意味を取り出し、新たな形を与えて文法構造に組み込もうとする伝達者の試みが行われるといえる。

　1級8名では以下のような引用表現が見られた。

(98)　でもね、はっきり聞いて、あのう、<u>調布、わかった、あっち</u>と言いました。

(99)　外国人は別の方法とって、こんどはポイントだけ、キーワードだけ。調布ステーション。お父さんは、ようやくわかりました。で、<u>あっちあっち</u>って。

(100)　お父さんは外国人に道を聞かれました。ええ、でも、英語がだめ、だ

め、と言いました。ええ、でも、外国人は最後わかりました、はい。(面接者：教えるとき、お父さんは何て言いました？　お父さんは、外国人に道を教えましたよね。)ああ、はい。あっちあっちって言いました。

(101) で、最後に、なんだ、お父さんがほんとにわかったんですか、(調査者：わかりましたよね)はん、最後に、おとうさんは調布ステーションはあっちっていいました。

(102) 調布ステーションの何度もくり返し、くり返しました。で、お父さんは、外人を見て怖かったので、あのうあのう、さげ、さげ[避け]ようと思ったんですが、あ、その外人さんが、調布ステーションを何度も言ったので、や、ようやくわかりました。ですから、**外人さんに、駅への道を教えたんです。教えることができました。**

(103) そのあと、お父さんもなんか、外国人の言う言葉に、理解できるようになったみたいで、あのう、**駅の方向を、**あのう、**示しました。**

(104) 外人、その外人さんは、行きたい駅の名前を何度も言って、お父さんは、やっとわかったような感じで、その駅は、**その駅の方向を、指でさして、**それで外人さんもわかって、え、お礼を言って、言って、行きました。

(105) お父さんが英語、英語がわからないから、外国人の英語で聞かれたら、えと、ぜんぜん返事できない、返事できません。えと、かな

　元発話⑥「調布？ああ、あっちあっち！」の忠実な再現に近い引用が8例中4例(98)(99)(100)(101)見られ、すべてに「あっち」という表現が取り込まれている。忠実な引用の(98)には「ああ」が「わかった」という動詞で表されており、元発話に忠実な引用をしつつも、形そのままというのではなく、間投詞の「ああ」をそれ自体で意味が明確な言葉に直して引用句としているのである。

　1級では引用表現ではない例が8例中4例ある。その内3例で「ああ」という断片が「ようやくわかりました」(102)、「理解できるようになった」(103)、「わかったような感じ」(104)と、ここでも「わかる」「理解する」と

いうことばに変換され明示されている。同時に、指を指しながら道を教えた動作も、「駅への道を教えたんです」「駅の方向を示しました」「その駅の方向を指でさして」と明確な文に言語化されている。断片的なダイクシス表現である元発話の形を写し取らないで、元発話の意味を言語で表現した表現となっている。

つまり、1級では間投詞や断片的なことばは形として実物表示をする引用表現をとることもあるし、元発話の意味をとらえて引用表現を用いずに場面を描写することもある。どちらの表現も自由に選択できるレベルに達していると言うことができる。引用表現であってもなくても、元発話は厳密に解釈され、断片的な元発話の意味が明確に伝達されていると言える。

話法のまとめ
話法について、以下のようにまとめることができる。
【話法の種類】
1. すべてのレベルにおいて直接話法が極めて多い。間接話法の表出は非常に少ないが、2級の方が1級より多い。3級では表出がない。

【直接話法】
2. 直接話法であることを示す「特性」は習得レベルが低いほど多く表出された。特性のうち終助詞はレベルを通じて多く見られた。その他の特性、ダイクシス(-)表現、及び、引用句の文体については以下のようにレベルによって異なる。

    - 3級レベルでは引用句の始まりを表示する「特性」が他のレベルより多く表出されており、終助詞と合わせて引用句の開始と終結がより明確にマークされている。引用句については元発話を一言一句ことば通りに忠実に再現して引用する傾向が強く見られた。この傾向は引用形式がない場合に顕著である。また、元の形が維持されることから、元発話が普通体のときは普通体のままの維持される傾向が他のレベルより強い。

    - 2級レベルではデス・マス体による直接話法の表示が他のレベルより多い。特に、元発話が普通体の場合、丁寧体に変換して引用する

ことが他のレベルより多かった。元発話の改変や、言い挿し表現に対する補充が丁寧体で行われた。また、元発話によって実現される意図が、引用動詞ではなく引用句内に表された直接引用も見られた。つまり、3級とちがって、元の発話をより的確に伝達するために、伝達者によって元発話にさまざまな改変が加えられた。一方で、このような改変や補充が行われた場合、待遇表現として適切とは言えないものも多く、丁寧体への改変によって語用論的に不自然になる傾向が見られた。

- 1級では命令・要求形が他のレベルより多く見られた。元発話が普通体の場合、普通体のまま忠実に再現している点においては3級と類似している。しかし、元発話を忠実に再現しながら、言い挿し表現は引用句の外に補充された。また、間投詞や断片的なことばはより確かな意味と形をもったことばや文に変換され、元発話の意味は明確に、詳細に伝達された。文体改変はあまりないものの、丁寧体への改変の例には、伝達の場にある伝達者自身の立場の投影ともうけとれるものも見られた。

【間接話法】

3. 間接話法は、元話者を「自分」と表すものが2級と1級で見られた。その他に、2級では元話者の再現を捨て、ことばを抽象化し構造的に改変する間接話法引用の試みが見られた。つまり、2級では伝達者による元発話の大巾な改変が直接話法だけでなく間接話法においても行われた。1級では間接話法の読みを促す語彙「気づく」の使用による間接話法が見られ、解釈を表す語彙的側面の発達が示された。

【その他】

4. レベルが上昇すると引用表現を用いない伝達が増加した。

5.7 考察II　話法

5.7.1　直接話法

直接話法と引用形式の相補性

自然習得の研究【研究1】【研究2】から、引用形式の習得が不十分なほど直接話法が多く用いられることが示され、直接話法は引用形式を補って伝達を容易にするストラテジーであるという仮説を得た。本章の教室習得のデータにおいても自然習得仮説と矛盾しないことが示された。

　本教室習得者では、レベルが低いほど直接引用ひとつあたりの「特性」数が多く、レベル上昇とともに減少する傾向が見られた。レベルが低いほど引用形式の習得が不十分であることから、引用形式と直接話法は引用機能に相補的に働くということである。イコン記号性の強い直接話法引用はほとんどの言語に存在する引用の原初的形態であり（Li 1986）、早く習得される。日本語での社会交流の経験がない学習者では直接話法が避けられる傾向があるという米国の教室習得（Kamada 1990）とは若干異なる結果となった。

　さて、引用という言語行為の目的は所与のことばをもともとあったかのようにその類似性において伝達の場の聞き手に伝えるということである。そのためには元の発話、すなわち引用句を地の部分から出来る限り区切り、明確にすることが重要となる。そこで、低いレベルではより直接話法らしい直接話法、すなわち、引用されたことばが元の話者自身のものであり、それを「生きたことば」のまま伝えているのだという、出所と形態と発話意図の表示を保証する直接話法の「特性」が多用されたのである。コミュニケーションの最も重要な情報である、元発話にあらわれる事象の伝達を最優先に、類似性を特徴とするイコン記号によって元の発話がとりこまれるわけである。

　また、「特性」の中でも特に呼びかけ、間投詞と終助詞が多く用いられた。呼びかけ・間投詞と終助詞はそれぞれ文頭と文末におかれることから、引用句の開始と終結を明示する。低いレベルは定型的な引用形式が習得されているとはいえ（「引用形式」参照）、引用動詞も引用標識もない引用がまだかなり見られ、引用形式は整っていない。口頭による言語表現が時間軸に沿って流れる以上、引用句が始まる時点をマークして聞き手の注意を喚起し、さら

に終了する時点を明示することが聞き手に伝わりやすい引用となることはいうまでもない。引用動詞が明示されない新聞などの見出しなど、最も簡潔な引用表現では、伝達の透明化のために引用句が必ずカギかっこでくくられていることからもわかる。つまり、学習者の中でも特に引用形式が十分とはいえない段階では、コミュニケーションにおいて最も重要な伝達情報の始まりや終わりという、引用句とその他の部分との境界が、「特性」によって明示される傾向が強いと推測される。

引用とは発せられたことばを時空を超えて伝える言語行為である。元の場で発せられたことばにあらわれた事象と発言されたという事象の2つのコトを引用表現の中で表すことばは、それぞれことばの質が異なり、前者はイコン記号性をもち、後者はシンボル記号性をもつ（藤田 2000a）とされる。しかし、現実のコミュニケーションにあらわれる形はどちらもことばという形をとる。したがって、引用表現では記号の境界の明示やイコン記号性の強調などの方法で表示することが重要で、低いレベルでは「特性」を明示することによって、異なる記号の開始と終結やイコン記号の類像性が強調されたということができる。

文体の改変

さて、日本語の習得が進む2級では3級レベルのように引用句の開始が特に強調されることは少なく、デス・マス体の使用が多くなった。そこで話法における文体の改変について考えてみる。

形から意味へ：形の再構築

3級では元発話が普通体の場合、そのまま普通体で引用され、一言一句忠実に引き写される傾向が見られた。つまり、模倣的でイコン記号性が非常に高い実物表示である。元の発話の形に焦点が当てられ、その形をできるだけ変えずに、できうる限りの模倣によって類似的な表現を行うのである。この様な引用表現は最も直接話法らしい直接話法であり、できごとを描写する「示威」(Clark and Gerrig 1990) や元話者を演じること (Wierzbicka 1974) に近い表現である。

2級ではデス・マス体の使用の増加にも表れているように、普通体の元発話を丁寧体に変える傾向が見られた。発話の形をそのまま模倣するより、むしろ、形よりも意味に焦点を当て、解釈された意味に基づいて形が再構築されることになる。
　たとえば、「勉強したの」は「勉強しましたか」(54)と引用されている。元発話の意味がとらえられ、伝達者のことばで再度イコン記号化されているのである。また、元発話が言い挿し文の場合、後ろに来る終結部を推測し、デス・マス体で補充している例もある。「お掃除してた時にね」は「お掃除をしていた時に、あのう、ああ、ん、壊した、なんか、ええとね、壊しました」(65)と、補充に際して、一旦補充された「壊した」が訂正され、最終的にデス・マス体で完結された。また、発話の意図は普通引用動詞部分に表されることが多いが、「新しいの買ってあげるから」が「今度新しいのを買って返す、返す、返しますから、ゆるしてくれませんか。」(66)と引用句自体に含める改変も見られた。この場合も元発話「新しいのを買ってあげるから」という言い挿し文に込められた謝罪の意図と元話者の頭を下げるという態度がデス・マス体の「ゆるしてくれませんか」という表現で補充され、引用されるのである。元発話に文としての明示的な完結がないときは、そのまま引用されるのではなく、その意味を推測し、学習者自身の言語知識に基づいて必要な部分が最も伝達効果の高く、最も使用が容易な形式、すなわち、この場合はデス・マス体の「ゆるしてくれませんか」が当てられ、補充されるのである。
　つまり、2級レベルになると、元の場で発せられたことばは、形だけでなく、元発話の意味や発話意図が伝達者によって解釈され、伝達者自身のことばで、文脈を離れた別の時空での伝達にもっとも有効な形のイコン記号に整えられるのである。その際、家族の発話としては不自然な文体になる場合もある。それは、本章の学習者は、ビデオの会話場面である家庭で用いられる文体の使用経験が少ないためとも推測される。
　同じような丁寧体への変換で、1級では伝達者が男性の場合、女の子の文体を引用することは避けられ、伝達者が発言するにふさわしい丁寧体とされるものも見られた。「今勉強してるの」という女の子の発話は、「今、べんきゅ

う、勉強中ですよ」という文体に改変された (87)。このデス・マス体の引用句は少女から母親に対することばとしては不自然である。この1級の学習者の場合、引用形式は十分に習得されていることから、引用句を特に強調する必要性は低い。それにもかかわらず、デス・マス体への改変が行われている。この理由として2つ考えられる。ひとつは教室習得者の口頭表現ではデス・マス体が最も習熟した文体であることである。教室習得ではしばしばデス・マス体の固定さえ見られ、2級レベルと同様に、語用論的な不自然さを生じさせることになる。もうひとつは、伝達の場の状況の影響である。元話者の発話であっても伝達の場に引用するとき、伝達者の口から発せられることばとなる。つまり、伝達者は男性の大学院生で、大学内での面接である程度フォーマルな場で年配の日本語教師に答えるという状況において、女の子のことばを伝達する場合、伝達者自身がおかれた社会的立場にとってより適切と考える文体に変えて伝えているという推測も成り立つ。これは、伝達者の意図が文体に投影された語用論的変換で、元発話を伝達の場に関連づけた、語用論的改変と考えることもできよう。伝達の場に合わせた選択的改変と考えれば、引用句の「創造」（鎌田 2000: 52-61）が可能になった習得段階ともいえる。

　まとめると次のようになる。伝達者は元の場面で発せられた元発話を伝えるのに、形の上で高い類似性をもつイコン記号に表そうとする。しかし、伝達を容易にするために類似性を求めてただ一言一句文字通り形を模倣する以外にも、イコン記号として示す方法があるわけで、伝達者が解釈した意味と発話意図を加えて、元の場面という文脈から離れてもことばとして伝達できるだけのことばに改変する段階に進む。形の模倣から抽象化した意味の伝達をも可能とする発達である。この改変は学習者自身のことばによる再構築であることから、教室習得者が習熟したデス・マス体が多用されると推測される。ただ、改変によって伝達はスムーズになる反面、不自然な文体になる場合もあり、この点では米国の教室習得 (Kamada 1994) とも共通している。文体改変が起こり始める時期は、定型的複文的構造からの複文的構造へと統語知識の習得が進み、引用形式についても学習者自身で新しい形式を発展させる時期にあたっている (5.4, 5.5)。つまり、引用表現の統語知識の習得に

よって、引用形式、引用句の両面について伝達者自身のことばで改変し、効率のよい伝達を試みる段階に進むと考えられる。

　最終的に元発話を模倣的に写し取る引用が再び増加し、文体改変は減少する。しかし、類似性を生かしながら断片的なことばには確かな形と意味が与えられ、引用句の前後に詳細な場面説明が入れられ、引用句の外側に元発話の意味や発話意図が表現されており、3級の一言一句形に忠実な模倣に偏る引用とは異なる。さらに、伝達の場に関連づけられた語用論的変容も見られた。また一方で、所与の言葉の完全なシンボル記号化、すなわち、引用表現を用いない伝達も見られた。1級ではイコン記号による伝達の有効性が再認識されると共に、通常の言語記号とイコン記号という2つの記号を自由に選択し、融合できる段階に達しているということができよう。

5.7.2　間接話法
「自分」による間接話法

引用とは所与のことばをイコン記号に類像的に写しとって、通常の言語記号の中に統合して表示する言語行為である。直接話法については、リアルな形の模倣に続いて、伝達者による意味と発話意図の解釈を通したイコン記号への改変、再構築が見られた。間接話法も元発話の意味の解釈に基づく改変、再構築であるが、伝達者の視点を明示した改変である。

　本章のデータでは、元話者を「自分」と表すダイクシス（＋）表現をもつ間接話法が2級、1級のどちらにも見られた。「今勉強してるの」をほぼ同じ「自分が勉強している」と改変することで、元話者、すなわち、発話の出所が明確に明示され、一方で元発話の形の類似性はほぼ維持される。伝達者の視点を明示しつつ元発話との類似性を保持した改変の結果として間接話法表現になったものである。

　自然習得の間接引用は伝達者自身を「わたし」と表現するものが早い段階から習得された。言語表現は話者を中心に構築される（池上 2000）という原則から自然習得では「わたし（＝伝達者）」を使用して現行の場の秩序に従う間接話法表現は容易であることが推測された。しかし、本章の教室習得データでは伝達者自身を「わたし」と表すものはなかった。ここで分析し

た教室習得データで「わたし（＝伝達者）」がないのは、自然習得のデータは伝達者自身が発言主体や受け手として元の場面に臨席した発話の伝達が多かったのに対し、本章のデータは映像内の発話を伝達するタスクによって誘発された伝達表現であったためであろう。伝達者自身が元の会話の当事者になることはなく、そのため、伝達者自身を「わたし」とする間接話法引用は当然ない。今後、伝達者を表す「わたし」が表出されうる教室習得者のデータでの検証が必要である。

構造的間接話法
自然習得における間接話法引用はすべてダイクシス表現を伝達の場に調整した間接引用であったが、本章の教室取得ではダイクシス表現のかかわらない、構造的な間接話法引用の試みも見られた。2級では「あっちあっち」という道を示す発話が、疑問詞を用いた「どうやっていいかと教えた」と間接話法的引用に表現された（106）。

(106) お父さんは、その駅の名前を聞いた。聞いて、その外国人を<u>どうやって行くかいい、どうやって行ってもいい、どうやっていいか</u>と教えました。（既出43, 48, 94）（どう行けばいいかを教えた）

「あっちあっち」ということばの意味がとらえられ、その意味と発話意図に基づいて、「あちらです」といった文脈依存性の高いイコン記号に再構築されるのではない。類似性が捨てられ、抽象化されたシンボル記号的に表されている。しかし、目標形式には用いられない「と」を用いることで、所与のことばが存在し、意味をとらえてそのことばを改変し引用したものであるという、伝達者の意図が示されたのである。つまり、このような構造的な変換をともなう間接話法は、伝達者によって解釈された元発話の意味と発話意図が新しい形に改変される段階へ進む過程で、元のことばの存在と出所だけを明示しながら元の形が完全に消えたところにあらわれる話法であることが推測される。産出する統語構造について規範文法との照合を求められる機会が多い教室習得において特徴的にあらわれる中間言語の間接話法であると推測

される。

　Givón (1980, 1995a 他) の統合尺度 (第 2 章、表 2–1) では、複文の統合の度合は直接話法引用から間接話法引用へ統合が進むとしている。「どうやって行くかいい、どうやって行ってもいい、どう行っていいかと教えた」(どう行くか、どう行ったらいいか教えた) という間接話法的引用は丁寧形の使用を許さない制限があるところから、従属節の独立性は直接話法より低い。この点で、直接話法から間接話法へと、2 つの事象の統合度合は上がっていると考えることができ、複文構造の習得過程は統合順序と矛盾していない。米国の教室習得者で「〜と」と「〜かと」という引用表現が容易に習得されるのに、「と」のない「〜か (例：行くかききました)」はなかなか習得されないという報告 (Kaplan 1993) とも矛盾しない結果となっている。

語彙の意味特性による間接話法
1 級では引用動詞「気がつく・気づく」によって間接話法とされるものがあった。「やだ、お母さん、切っちゃったんだわ」という独り言の発話が「よし子は、え、電話をしらべたあと、電話が切られたと気がついた」と改変された。「気がつく・気づく」は間接話法の読みを促すため、この引用表現は間接話法である。伝達者が、元発話にある「やだ」「切っちゃった」ということばの意味や元話者の不機嫌な様子に基づき、イコン記号を再編する中で、元発話のモダリティが維持されないという点で間接話法的引用になったといえる。

　米国の学習者では間接話法引用が好まれるとされる (Kamada 1990) が、本教室習得者では間接話法の使用は極めて少ないと言わねばならない。しかし、本研究とは間接話法の定義が異なり、特性が詳細にされていないため比較は簡単にできない。本データの被調査者に見る限り、イコン記号という伝達の透明性が高い記号による再現から離れ、シンボル記号に改変しようとする構造的間接話法の試みや、文末モダリティ表現をもち得ないことばを引用する動詞の習得による間接話法が表出されており、指示詞や「わたし」という引用表現の発話者を中心とする視点表現でのみ可能であった自然習得の間接話法とはかなり異なっていることが示された。間接話法の産出には規約的

文法によって統合する知識や語彙的知識が必要である。このような間接話法において、規約的文法などの知識が教室で豊富に供給される教室習得者と、それを実際のコミュニケーションの中で自ら発見しなければならない自然習得者とに大きな違いがあるのはいわば当然かもしれない。

注
i 会話では間接話法が用いられることが多いため、ダイクシス表現の「わたし」で元話者を指したい時は、ポーズを入れて強調する必要があるとされる。
ii 本章でいう中国語とは台湾で教育に用いられている中国語である。
iii ビデオ東京書籍『日本語』受身表現、受身使役表現。
iv ッテ中止型は前節で述べたように引用動詞の明示はないが、「引用句」の後ろにあって引用を表示するという点で引用動詞の意味機能を含んでいるととらえ、動詞後続型の特殊な形と考える。
v 「よし子さんは、えと、赤ちゃん、えと、抱かせてくださいとか<u>聞いて</u>、あっ、もっと前は、なんか、生まれてから何ヶ月ぐらい。」先行型であるが、一旦引用して、その発話以前の発話を思い出して、引用句の入れ替えとして言い直している。
vi 本章で分析する教室教習データで見られた例を示す。
   呼びかけ
    お母さんは・(中略)・<u>かず子</u>、傘をもって学校行きなさいと、言いました。(母親はかず子に学校に傘を持って行くように言った)
   間投詞
    お母さんは、<u>だめ！</u>もう八時だよ、って、(母親はもう八時だからだめだと言った)
   くり返し表現
    お父さんは、ちょう、調布？　あ、<u>あっちあっち</u>、(父親は調布駅は向こうだと言った)
   命令・要求
    お母さんは・(中略)・かず子、傘をもって<u>学校行きなさい</u>と言っていました。
   定形表現
    かず子さんは傘を持って、<u>いってきます</u>と言いました。

丁寧形
　　道を迷って、お父さんに、調布？　駅はどこですかって聞きました。(道に迷って、父親に調布駅はどこか聞いた)
擬態語・擬声語
　　よし子さんは、部屋を出てから、電話を見ると、エッ。(よし子は部屋から戻って電話を見て、驚いた)
終助詞
　　そのときは、もうお母さんが、もう八時ですよと言いました。
vii　課長は、きょうはワープロを打つことが多いって言いまし、と言いました。(課長はその日ワープロで打つものがたくさんあると言った)
viii　自分のおもちゃを遊んでるのに、自分が勉強していると言って、(自分はおもちゃで遊んでいるのに自分は勉強していると言って)

第6章
総合的考察

　引用表現は引用されたコト［事象A］と発言するというコト［事象B］の2つの事象を結合した表現と考える機能的文法の観点と、引用句部分と引用動詞を含む地の部分の記号性に差があると言う引用論（藤田1999a, 2000）を理論的背景として、この2つの事象が習得の過程でどのように表現され、どのようなプロセスで統語化されるのかを記述し、中間言語体系の組織性を発見することを本書の目的とした。
　第3章のタガログ語母語話者5名の横断的研究【研究1】、及び、第4章のロシア語母語話者とタイ語母語話者の2名の縦断的研究【研究2】の2つの自然習得研究における分析から以下の6点が明らかになった。

（1）習得の初期段階には2つの事象がひとかたまりの事象としてとらえられる。引用表現は単文的構造の［元話者＋引用句］である。
（2）習得が進行すると、ひとかたまりとしてとらえられ、単文的構造に表現されていた事象が分化を始め、2つの事象として表現されるようになる。引用表現は並置的構造の［元話者＋引用動詞＋引用句］である。
（3）習得の最終段階には、2つに分化した事象は「って」によって、複文的構造のひとつの文に統語的に統合される。引用表現は複文的構造の［元話者＋引用句＋引用標識＋引用動詞］である。
（4）2つの事象への分化が生じる際、他者発話の引用専用の標識「だって」

「んだって」が習得されると、副次的分化のルートが生じる場合がある。
（5） イコン性の高い直接話法の使用によって引用形式の不十分さが補われ、伝達の透明性の確保が図られる。
（6） 引用構造の2分化の過程で、地の部分である事象Bは、引用句の文法レベルとは別に、1語文から2語文へという言語習得の初期過程を繰り返す。

6.1 引用表現の自然習得仮説

上で示した6つの結果に基づいて、以下のような引用表現の習得仮説が得られた（図6-1）。

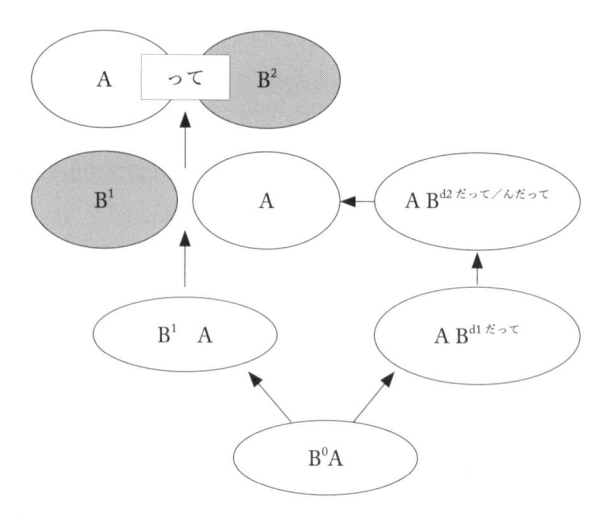

B^0：事象Bが未分化
B^1：事象Bの分化が進み、独立した事象として把握される。
B^2：「って」によりB事象が1つの複文的統語構造に統合される。
B^d：事象Bは未分化で、引用標識「だって」「んだって」で示される。

図6-1 引用表現の習得仮説

6.2 事象の分化と統合

6.2.1 ひとかたまりの事象としての事象 A と事象 B (B^0A)

引用構造習得の仮説を表したものが図 6-1 である。習得の初期段階 (B^0A) では［元話者＋引用句］という形式が使用される。イコン性の高い表現である引用句に、引用されたことばのもともとの話し手が付加されたひとまとまりの状態で表現される。引用句に述語性がある (藤田 1999a, 2000) とされることから、このような文では、元話者を主語 (主体)、引用句部分を述語と考えることが可能で、「主語＋述語」の単文的構造ということができる。習得の初期段階では事象 A、B がひとかたまりの事象としてとらえられるとの推測ができる。

発言するという事象 B が多くの場合元話者を指示する最小の形式である名詞 1 語で表現され、発言行為を表す動詞がまったく使用されず、引用動詞部分への形式配分量がゼロという点では、幼児の L1 日本語習得 (大久保 1967, Clancy 1985, 伊藤 1990) や児童の L2 日本語の習得 (白畑 2000) で最も早く表出される［元話者＋引用句＋って］という動詞部分への量配分が小さい形式との類似性がうかがわれる。また、引用動詞部分への量配分が極端に少ない引用表現は、学習者言語のみならず、新聞やテレビなどのメディアにおいては引用句をカギかっこでくくった見出しで頻繁に使用されていることからも、このような引用表現は極めて伝達効果の高い引用表現で、「見出し型」引用文とも呼べる形態である[i]。

6.2.2 ひとかたまりの事象から 2 つの事象への分化 (B^1A)

習得が進行すると、事象 B は元話者を示す 1 語から引用動詞を加えた 2 語に発達する (B^1A)。この段階の形式は［元話者＋引用動詞＋引用句］で、事象 B が主語と述語をもったひとつの文 (節) に発達する。引用動詞が元話者を示す文要素に近接されることで、発言行為を行った主体と動作の関係が明確に言語化され、伝達される (Givón 1995a, b)。この段階では、ひとかたまりでとらえられていた事象の 2 分化が進む。

引用動詞の明示による 2 分化は段階的に生じる。まず、引用の意味機能を

示す名詞的動詞(「電話」「びっくり」など)、続いてテンスやアスペクトなどを示す形態素をもたない動詞(動詞テ形、学習者固有の動詞語幹形など)、最後に形態素のある動詞(タ形など)という統語化の順序に沿って、事象Bを示す節はより独立性の高い節へと発達する。この段階の引用表現は基本的に発言行為が先に述べられ、引用句がそれに続くという語配列で、独立した2つの文(節)が生起する並置的構造と言うことができる。

事象Bを表す引用形式部分は話者を示す名詞1語のみから引用動詞を加えた2語へと文法体系の発達が繰り返されるとも考えられ、引用句内の構造を示す文法体系発達とは別に、引用の地の部分で1語から2語へという文法体系の発達(大久保1967, Brown1973, Clancy 1985, 伊藤1990, Givón 1995a, bほか)が生じているということができる。引用句がイコン記号であるのに対し、引用文の地の部分はシンボル記号であるとされ、両者の記号の質差が統語論で論じられている(藤田1999a, 2000)。引用表現の習得過程においても質差によると思われる違いが見られた。習得の初めの段階においては、極端な例では引用句は日本語であるが、引用句以外の部分、すなわち、引用動詞と元話者を英語で表される引用表現が表出されたし、また、多くの学習者において引用句部分の発達が早いのに対し、地の部分にあたる引用形式の習得には遅れが見られた。つまり、イコン記号とされる引用句に比べ、シンボル記号性をもつ地の部分の習得の遅れが出るのは、それが抽象的記号性、規約的文法性をもつという表意記号の質差が存在するためと推測される。

事象Bの統語化には引用動詞を用いない、引用標識のみによる副次的な分化もある(図6-1)。他者発話引用専用に限定された「だって」から「んだって」へという発達である。この「だって」、「んだって」による分化は引用動詞に発展せず、引用標識にとどまる点で副次的分化ともいえる。しかし、[AB^{d1}だって]から[AB^{d2}だって・んだって]への習得過程では、標識から引用動詞への統語的発達は見られないものの、引用句との接続において先行語との接続の整合性が高くなり、間接話法的性質を帯びてくることにおいて、統語化が進むことが示された。幼児のL1日本語の習得では「って」に次いで早く習得されたのに対し、教室習得者や、自然習得でも家庭内で日本語を使用しない学習者では見られなかったことから、「だって」「んだって」の

副次的道筋は家庭内やインフォーマルな日本語を常用する環境で日本語習得する学習者に特徴的に生じる可能性がある。

6.2.3　2分化の進行

6.2.2で述べたように、意味論的要素のみの名詞的動詞から文法的形態素をもった述語動詞への発達は、まず引用句の前の位置で生じ、それから動詞が引用句の後ろ、すなわち文末へ配置され、複文的引用表現が習得されることが【研究1】の横断研究から予測され、【研究2】の縦断研究でほぼ確認された。言い換えれば、「～が…って言う」という複文的構造に至る習得過程において、「～が言う、…」という並置的構造が必ず出現するということである。ひとつととらえられた事象が2分化される際、発言を表す動詞は引用句の前に生じる。この現象は次のように説明することができる。

　近接性原理 (Givón 1995a) では、認知的に最も関係が強い主体 agent と動作 action が近接して置かれるとされる。主体（主語）と動作（動詞）が近接する語順 SVO については、第二言語習得やクレオールの発達の初期段階にこの配列が生じることがすでに指摘されている (Meisel, Clahsen and Pienemann 1981, Klein and Perdue 1992, Holm 2000: 233–236)。発言するという事象Bがひとつの独立した事象として形式化されるとき、発言動詞（引用動詞）が発言主体に引き寄せられた「元話者＋V」となり、そのうしろに引用句（事象A）が付加される。その結果、SVO に類似した「元話者＋引用動詞＋引用句」という配列になることは、言語習得の他の研究結果と矛盾しないということができる。

　また、2分化を促す要因として、「統合尺度」(Givón 1980, 1995a) に示された直接話法表現の統合の度合いの低さがあげられる。この尺度では、意味論的、心理言語的に主節動詞が従属文の内容の真理性にかかわる度合いによって階層性が示されており、発言することを単純に表す「言う」という動詞 "say" は補部動詞の述語性を減じる影響力が小さいため、統合尺度では統合度の最も低い位置に置かれている（第2章表2-1）。すなわち、「言う」を主動詞とする引用表現の場合、2つの節（事象）を統合する力は弱く、むしろ分離的に働くと考えられる。つまり、単文的構造に詰め込まれた2つの事象は

イコン的記号とシンボル的記号という表意記号に差がある上に、近接性原理と「言う」という動詞の意味論性質とから、主節部分［元話者＋引用動詞］と［引用句］部分が2文に分離されやすいと考えられる。

　また母語の影響については、本研究の被調査者の母語の引用表現の語順は［主語＋引用動詞＋引用句］（ロシア語、タイ語：SVO言語）、［引用動詞＋主語＋引用句，引用句＋引用動詞＋主語］（タガログ語：VSO, OVS言語）とそれぞれ異なっているものの、どちらのデータからも［主語（元話者）＋引用動詞＋引用句］型が先に習得される傾向が見られたことから、本データに限れば、2分化の進行に母語の影響は少ないと考えられる。

　しかしながら、類型的にSVO言語であるタイ語母語話者では、口頭表現において引用動詞の文末位置が習得されているにもかかわらず、L1の文字で表した引用表現からの口頭翻訳においては引用動詞の文末位置に乱れが生じ、L1の語順である［元話者＋引用動詞＋引用句］というSVO語順の引用表現への逆行現象や、この語順を守った新しい形式（「…ガ言ッタノハ～」）があらわれた。また、同じSVO言語のロシア語母語話者の初期段階の語順は、通常の単文においても日本語のSOV語順が不安定で、特に動詞文の使用が増加する時期にL1の語順であるSVO型に振れやすかった（杉浦2003）[ii]。以上のことから、ある個別のタスク、あるいは、ある習得段階では母語の影響があることも否定できない。ただ、日本語母語話者の引用表現においても、口頭表現では引用動詞と引用句が倒置した配列（［言う＋引用句＋って］）がしばしば使用されることから、引用表現における動詞先行の語順傾向には、心理言語学的な要因も含めさまざまな要因がかかわっている可能性がうかがわれる。

6.2.4　2つの事象の統語的統合（AB²）

引用において2つに分化した事象は、引用標識「って」を介して引用句と地の部分が文法的にひとつの構造［元話者＋引用句＋って＋引用動詞］に統合される。

　「って」については、【研究1】で動詞先行型の〈言う＋引用句＋って〉より、「って言う」という後続型の方が習得レベルの低い段階から使用された

ことから、動詞先行型が早く表出される「だって」、「んだって」といった引用標識と習得プロセスが異なることが予測された。【研究2】の縦断研究において、「って言う」は「って」に動詞「言う」が付加されるのではなく、「ていう」というかたまりで習得されることが推測された。文末引用動詞の「ていう」の習得を引き起こした要因として次のことが考えられる。

ひとつは中間言語の引用文型［元話者＋ゆって＋引用句］の「と言った」を意味するテ形の「ゆって」が終止形「ゆった」に交替したことである。文を終止する形を文中に使用することによって、ひとつの文が2分化される。文中の引用動詞「ゆった」が、引用句が短い時に文末に来る形式が試みられる中、文末配置が誘発された可能性がある。

2番目に、中間言語の引用文型において引用の「と言った」を意味していたテ形の「ゆって」に、命令・要求のテ形「と言ってください」という要求の意味機能が付与されたことである。つまり、1形式に2つの機能があてられたことになる。同時に、引用を示していた「ゆって」に否定の「ない」を付加した「ゆってない」が表出され、非引用の否定形として用いられたことである。これによって、既に習得されている「〜について話さない」という意味を表す、非引用の「言う」の否定形「いわない」に同義異形の「ゆってない」が生じ、ひとつの機能に2つの形式があてられたことになる。

つまり、終止形のタ形によって動詞文末が促進された。それと同時に、「〜と言いました」というひとつの意味を表していた「ゆって」というひとつの形式に、「〜と言いました」と「〜と言ってください」の2つの意味機能が付与され、非引用の否定というひとつの意味機能に「いわない」と「ゆってない」の2つの形式が生じたわけである。この現象は、伝達の経済性を保つ意味と形式の1対1の対応関係（Andersen 1984, Givón 1979, 1985, Slobin 1985）にゆるみが生じたことになる。このような対応関係のゆるみは、ひとつの形式が複数の意味をもつことで形式の担う意味機能の曖昧性を引き起こし、2つの形式がひとつの意味にあてられることで、2つの形式が同義的になってくることを意味する。「ゆって」が担ってきた引用の機能の曖昧化と、「ゆって」という形式において引用と非引用機能の合流が生じ、その結果、引用形式としての「ゆって」の引用の衰退が促されたと推測される。

形式と機能があいまいな対応関係のある形式は、たとえ明示的インストラクションを与えても効果を見込みにくい項目とされ (Ellis 1990)、自然環境ではこのゆるみが生じると、形式に込められるメッセージの語用論的、意味論的、文体的な分離が始まるか、片方の形式が退化していくことが通時的研究から予測されている (Givón 1985: 1014)。「ゆって」の意味機能があいまいになっても、実際のコミュニケーションの場では引用を示す明示的な形式は常に必要であり、そのために新たな文末引用形式「ていう」が取り込まれたと考えられる。このように効率的な伝達のために新たな形式が必要となったことが、既存の引用表現の組織性を動かし、新たな中間言語へと変容する統語化を促進するエネルギーとなっていると考えられる。複数の命題を効率よく処理する手段が文法であるとすると (Givón 1995b)、他の時空で他のだれかによって発せられたことばを明確にすばやく伝達したいという学習者のコミュニケーション意思が、新たな文法の習得を進め、中間言語体系を目標体系に近づける大きな動力のひとつとなっていると考えられる。

6.3　引用表現の教室習得仮説

6.3.1　定型的複文的構造と事象の二重表示

教室習得研究【研究3】のデータに見る限り、教室習得においても引用標識も引用動詞もない単文的構造から引用動詞が引用句に先行する位置にある並置的構造を経て、統語的に統合された複文的構造へと習得が進むという自然習得仮説に提示された3つの引用構造が表出された。分析結果から以下の教室習得の仮説が得られた (図6–2)。

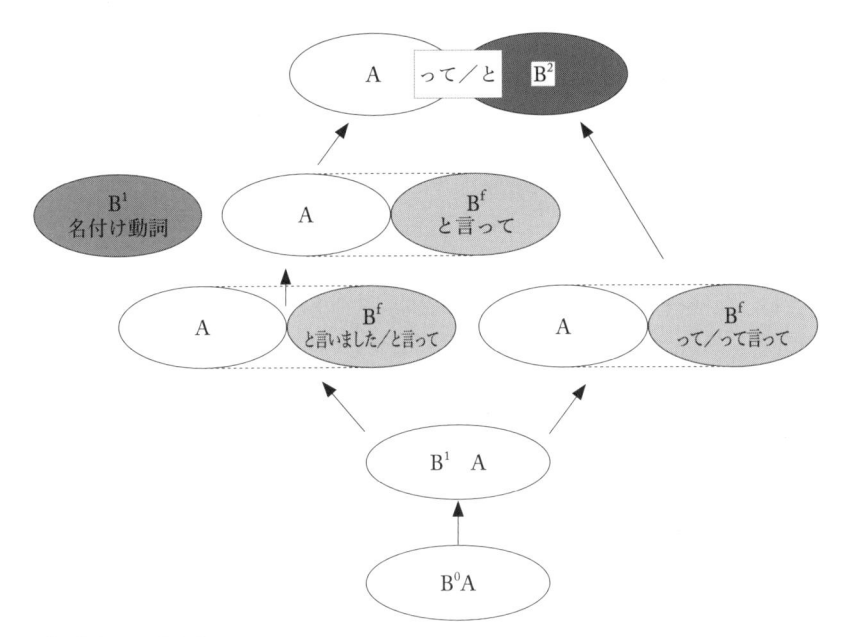

B^0：事象 B が未分化
B^1：事象 B が分化した並置的構造
B^f：事象 B が定型的動詞「と言いました・と言って」または、「って」「って言って」で表示
　　　される定型的複文の構造
B^1（名付け動詞）：事象 B が「名付け」動詞と定型的動詞〈といって〉で二重表示される並
　　　　　　　　　置的構造
B^2：様々な引用動詞による複文の構造

図 6-2　引用表現の教室習得仮説

　引用は習得環境に関係なく、習得の初期段階にはひとかたまりの事象として捉えられ、［元話者＋引用句］【B^0A】という単文的構造が原初的構造として表出される。この原初的構造は習得過程のみならず、新聞などの見出しとして存在する構造でもある。米国の教室習得者においても初級レベルでしばしば事象 B に形式が付与されない例が見られ（Kamada 1990, 鎌田 2000）、本データと矛盾しない。続く段階において、自然習得と同じように並置的構造［元話者＋引用動詞＋引用句］【B^1A】が習得される。
　インストラクションで引用標識の「と」と引用動詞の「言う」が一緒に提示される。そのため、続く習得段階では両者が強く結びついた「と言う」が

習得され、「と言いました」、「と言って」のひとまとまりの形で引用句に付加された［元話者＋引用句＋と言いました／と言って］が多く使用される。文法規則のインストラクションが与えられた場合、規則として習得されるより、むしろプロセスが容易な語彙として、すなわち、定型表現として習得されやすい（Ellis 1990: 166）とされることから、この段階の引用表現は定型的複文的構造【AB^f】ということができる。

次に、伝達者の解釈によって元の発話意図の名付けが行われる段階で、［元話者＋名付け動詞＋引用句＋と言って］という並置的構造【B^{1}AB^f】が生じる。言語習得の2語期に当たる時期に生じる原文法の近接性原理（Givón 1995a 他）に従う形式である。たとえば、元発話で実現される元話者の意図を「命令する」と名付ける場合、「命令する」は発言する主体の動作・行為であるため、行為主体に対して近接位置をとる。このとき、「元話者＋命令した＋引用句＋と言って」という発言行為が2つの動詞で表され、それぞれが節を成す並置的構造をとる。すなわち、ひとつの主体による発言行為という事象が二重に表示される、2次的な2分化が生じるのである。行為を表す動詞が行為主体に近接するという近接性原理に従って、インストラクションで習得されたひとかたまりの定型的複文的構造から、新たに2次的な並置的構造が生じる習得のプロセスが繰り返されるのである。「引用句＋と言って、命令した」という動詞が2つ連続する形は起こらない。2次的並置的構造を経て、インストラクションから取り出された「〜とVする」という動詞ひとつをとる枠組みの中において、引用句内の事象と発言するという事象とが伝達者の解釈によって名付けられ、「引用句＋と命令する」という複文的構造に統合されていく。すなわち、規約的文法の発達によって多重の命題が効率的に表される複文的構造【AB^2】「元話者＋引用句＋と＋名づけ動詞」へと引用表現の習得が進むと考えられる。つまり、教室習得においても、自然習得と同じ単文的構造、並置的構造、複文的構造の3つの構造があらわれるのである。また、教室インストラクションにより定型的な複文的構造の形式を習得していても、名付けの際に再2分化によって新たに2次的並置的構造があらわれ、その二重に表示された事象が再統合され、新たな複文的構造が習得されると推測される。

6.3.2 インストラクションの影響

本書のデータでは、教室インストラクションによって「～と言いました」という定型的表現が習得されていながら、一方で、同時に自然習得と同様の2分化と統合が繰り返され、発達していった。これまでのインストラクションの効果についての研究では、そもそもどんな形式インストラクションがどう行われたのか、学習者の個性や動機づけは考慮されているかなど明らかでない要因もあり、そのインストラクションの有効性については議論を呼んできた。たとえば、教室インストラクションの効果については、影響を及ぼすとするもの (Kraschen and Seliger 1978)、インストラクションによって教室固有の道すじが生じ、かえって必ずしもよい影響だけではないとするもの (Ewbank 1987)、教室環境と自然環境は同じ性格をもつ (Allwright 1984, Ellis 1984) とするものなどさまざまである。また、教室習得の始めの段階でのみインストラクションが効果的であるとするもの (Weinert 1987) もあり、大量のドリルによって目標形式に近い定型的表現の習得が一旦生じるが、同時に自然習得の初期に見られる形式も表出されており、その後習得が進むにしたがって、定型的表現にかわって自然習得の初期形式が優勢となって自然習得の道すじに沿った中間言語体系が構築されてゆくことが示されている。また、Ellis (1990: 170) はこれまでに行われた数多くの研究を検討した結果、インストラクションは2つの面で有効であると結論付けている。1) インストラクションは直接的、即時的効果がある。自然なコミュニケーションで目標構造を用いる能力の習得に有効である。しかし、教育可能な構造が適切な正しい時期に教えられる必要がある。2) インストラクションの効果は間接的で、遅延効果が主体である。インストラクションは運用に関わる手続き的知識 procedural よりむしろ宣言的知識 declarative 知識を高める。宣言的知識は交流の中において無視されやすい形式を突出 salient させることによって、最終的な手続き的知識の習得を促進するのに役立つ。また、この意識化は学習を加速し化石化を防ぐのに必要であるとしている。

本書のデータに見る限り、自然習得も教室習得も、程度の差はあるものの、【単文的構造】から【並置的構造】を経て【複文的構造】へという基本的な文構造の発達を予測する原文法の形成の自然習得の道すじは不変である

ことが推測された。つまり、中間言語の文構造の発達過程の道すじは基本的に変わらないということがいえる。ただ、JFLの教室習得では低いレベルにおいてさえ自然習得と比べて並置的構造は表出が極めて少なく、文構造の習得における優位が明らかに見られた。「と言う」のインストラクションと大量のドリルによって「と言いました」「と言って」が強制的に定着させられ、そこから抽出された「〜とVする」という複文的構造の枠組みが引用表現の構築に有効な手がかりを与え、引用表現の習得を効果的に有利に進めることが推測された。

　しかし、個別の形式の習得は環境によって異なる。インストラクションを十分に受けたJFL教室習得（アメリカ人, Kamada 1990）においては、表出例は「と言う」だけである。そして、JFL教室習得（台湾人）も、初級インストラクションの影響が残るレベルで「と言う」が最も多く使用された。また、JSLで自然に近い環境にあっても、少量のインストラクションを受けたロシア語母語話者の場合は、その後すべての引用形式が消えてしまったものの、教科書でわずかに提示された「と言う」だけが瞬間的に表出された。それに対し、JSLとしての日本語の自然習得（フィリピン人、タイ人）では「と言う」はまったく習得されず、「って」、「って言う」のみ習得された。コミュニケーションの中で起る幼児のL1日本語の習得や児童のL2習得においても終助詞的な「って」や「ってV」の習得は非常に早いことが示されている。

　つまり、個別の形式の習得はインストラクションによって大きく影響を受けるとみてよい。インストラクションの効果は時期、量ともに適切であれば持続するが、量的あるいは時期的に不適切な場合には瞬間的にあらわれることはあっても、すぐに消滅することが推測された。しかし、一旦習得されてしまうと他の形式への変換が難しい場合もあることを示している。

　教室習得（台湾人）においては「と言う」と「って言う」のどちらも習得されたが、どちらを主に使用するかについては個人差が大きく、学習者によって偏っていた。インストラクションによっては「って」はあまり丁寧ではないことば遣いであるといった先入観が植え付けられ、あまり重要視されない結果、教室学習者に使用がためらわれ、習得が進みにくいということも考えられる。もし、インストラクションにおいて「って」が「と」同様に引

用を表す表現として明示的に提示されれば、少なくとも宣言的知識として蓄積が可能で、後に「って」、「って言う」への転換がよりスムーズに起こる可能性があるだろう。

　本書の被調査者は、自然習得者が日本語によって通常の社会生活を営む社会人であるのに対し、教室習得者は日本語専攻の学生や大学院生で、学習結果が評価されることもある。両者では日本語に対する学習の動機づけや態度の面で非常に異なっていることが考えられ、調査結果の違いを学習環境の違いのみに帰すことはできないかもしれない。しかし、事実として、自然習得と教室習得で共通する文法構造の発達過程があり、習得された形式という点では明確な相違があると言うことができる。

　言語がコミュニケーションの手段として用いられる限り、ことばを模倣的にイコン記号に写し取る原初的で最も単純な単文的構造の引用表現は必ず表出され、統語化の過程において原文法にしたがった並置的構造を経て、複文的構造への統合に向かって進む。この自然習得の道すじは教室習得においてもくり返されながら習得が進んでいくということができる。自然習得者は自身で意味機能をもつ形式を探さなければならないのに対し、インストラクションは、完成した引用表現の複文的構造を示すことで到達すべき形式を明示できる。その結果、形式の枠組みの抽出が容易になり、文構造の変化がスピードアップするという点で大いに意味があると考えられる。しかし、教室外のリソースからもいろいろな形式の習得が容易になるように形式インストラクションを工夫する配慮が必要であろう。

6.3.3　「って」による引用の発達

初級教科書に提示されることが少ない「って言う」を用いる引用形式は、まず［元話者＋引用句＋って］、［引用句＋って言って］というひとつづきの形式をもつ定型的複文的構造【AB^f】が習得される。続いて、複文的構造［元話者＋引用句＋って＋引用動詞］【AB^2】で、後方にさまざまな形態の引用動詞の使用や節が挿入される引用表現が習得される。「って」で文を中止することができる区切り性から後方の文構造は自由に拡大され、〈～って、Vする〉へ移行すると考えられる。規約的文法は多重の命題を効率的に記号化

する。「って」による引用では多重の命題の配列は並列的で、引用動詞以外にも命題毎に節が配置される重文的な構造となる傾向が強く、構造の拡大は容易ということができる。

6.3.4 「と」と「って」の意味機能
「と」と「って」の違いは、「と」はあらたまった話し方、「って」はくだけた話し方という文体的な違い、あるいは、書記表現と口頭表現という表現手段の違いとされる。しかし、学習者言語においては、両者の違いは文体だけではなく、「と」で引用するか、「って」で引用するかによって伝達者の元の場面に対するかかわり方に違いが見られた。

　引用表現に表される内容は習得が進むにつれて次第に広がる（第5章, 図5-2）。まず、発せられたことばは形として写し取られる（ことばの引用）。引用句として表されたことばは元発話に極めて類似し、イコン記号性は非常に強い。ついで、対話としてのことばの引用が可能となる（対話の引用）。質問と応答という談話の中のことばの機能も伝達される。この段階までは「と」による引用も「って」による引用も大きな違いはない。しかし、習得がさらに進んだ段階では「と」による引用と「って」による引用では、引用される対象へのかかわり方に違いが生じる。

　「と」による引用では、伝達者はより遠い視点から場面全体を見渡し、その場面のことばを第3者的な視点から解釈や評価を行い、名付け動詞や特徴付け動詞によってメタ言語的に引用に表す。伝達者は場面の外に立ち、場面内で発言されたことば、発言したという行為、さらに発話で実現される元話者の意図をとらえて解釈し、すべてを統合して引用動詞ひとつに凝縮された複文的引用構造に表現するのである。

　それに対し、「って」は発言行為を単純に示す動詞〈言う〉が用いられることが多く、その形態が多様化する。伝達者は受身形（例：言われる）や授受動詞との複合動詞（例：言ってくれる）などを用いて、元の場面の対話の当時者に視点を据えることで元の場面に入りこみ、そこから元発話の働きや恩恵を当事者の視点から生き生きと再現する引用を行う。場面の中で起こっている第3、第4の事象も同時に元の場面の視点から伝える。元の対話者の感

情や態度を追体験し、体験者の立場からさらに伝達の受け手に体験を提供するのである。「って」による引用では元発話を伝達者の共感を通して引用するのである。「って」によって引用することは、元のことばを受けた側への共感を示しつつ、元のことばを発した人を「演じる」(Wierzbicka 1974)ことで、引用の言語行為を最もダイナミックに実現する表現形式であるということができる。規約的文法の習得が進むとともに引用表現に表される内容が広がり、伝達者の場面へのかかわり方が引用表現に反映されるようになるのであるが、「と」と「って」では伝達者のかかわり方に以上のような違いが生じるということができる。

　上のように「と」と「って」では対象に対する伝達者の異なるかかわり方が発達した要因として、引用標識の習得を進めたインプットや環境の違いが考えられる。教室習得が自然習得より速く、高い段階まで進むことについて、その要因はインストラクションよりむしろインプットではないか(Ellis 1990: 165)とされる。教室環境と自然環境は異なるインプットを供給するため、言語習得の速度と成功度が異なることが予測される。であれば、2つの習得環境では習得される言語形式も機能も異なる場合があるということである。

　「と」では第3者的な視点から発話意図を解釈し、さまざまな引用動詞に表すメタ言語的に引用する引用形式が発達した。「と」はもともと初級教科書において提示された書きことば的な表現である。「と」が習得される教室環境では理想的で整然とした書記表現の言語形式が多量にインプットされる。特に本書の教室習得者は大学で日本語を専攻する学生や大学院生であるところから、上級では大量の高度な書記表現の形式のインプットに次々と接触していると思われる。書記表現では「要求」「命令」「確認」などの漢語の引用動詞が共起する引用形式が起こりやすい。ここから、第3者的、客観的記述の視点をもちやすい漢語動詞によって、「と」による評価的、メタ言語的性格の強い引用が習得されたと考えられる。

　一方、「って」では動詞「言う」を用い、伝達者の共感を通した引用が発達した。「って言う」は初級教科書に提示は少なく、自然習得で優位に習得されたことからもわかるように、むしろ、実際の口頭コミュニケーションで使

われる中で習得が進んでいると思われる。実際のコミュニケーションとは、すなわち、会話の当事者として発話するということである。そのような環境で習得が進んだ「って」での引用は、伝達者に元場面の会話の当事者の視点をとらせやすく、場面への立ち入りを促すことになると推測される。

　本書で分析したデータでは、主要な引用標識は自然習得では「って」が習得されたのに対し、教室習得では「って」と「と」が習得された。そして、「って」と「と」は形式の違いだけではなく、習得環境の違いから元の発話、元の場面に対する伝達者の認知的かかわりが異なってくることが示された。これまで教室習得と自然習得の違いは明確にされていない点が多いが、引用形式に焦点を当てた結果、環境の違いが形式の習得だけでなく事象のとらえ方にも影響を及ぼす可能性がうかがわれた。

　さて、引用形式の習得が進み、「って」による引用で伝達者の共感を表すことが可能となる中で、伝達者が元話者の心的状況を推定して「って」で引用することで、次に生起する行為の前提や理由を提示する機能が生じた。

（7）　行くって、いってきますと言ったんです
　　　　（かず子は学校に行こうと、「いってきます」と言った）

（7）は、「って」によって「行こうと思って」「行くつもりで」という元話者の思惟が引用され、その思惟に基づいて「いってきます」という発言が生じたことを示す。ことばの写し取りは「と」で行われている。「って」が行為の理由や前提を示す標識として使用されており、「って」がことばの引用標識でありつつ、同時に提題、前提条件を示す標識（丹羽 1994）の機能も得つつある可能性が推測される。このような可能性をもった「って」の習得は重要であるといえる。

6.4 話法

6.4.1 直接話法と引用形式の相補性

本書の自然習得、及び教室習得のデータに見る限り、直接話法は引用形式部分（引用動詞と引用標識）とかかわりがあった。

　引用形式は表出できないが、ある程度の会話はできるレベル（タガログ語母語話者グループⅠの上位者、タイ語母語話者の初期段階、ロシア語母語話者調査後半期）には、終助詞などのモダリティ表現、くり返し表現、間投詞など直接話法を示す「特性」が使用された。一方、引用形式の習得が進んだ段階（タガログ語母語話者グループⅡ上位者、タイ語母語話者後半）では「特性」が減少した。つまり、引用形式がない段階の引用では実際の会話の知識を生かした直接話法に大量の直接話法の明示要素が多く付与され、引用形式が形を得るにしたがってその要素の付与の度合いが低くなるということである（【研究1】【研究2】）。また、教室習得においても、レベルが低いほどひとつの直接話法に多くの直接話法を明示する要素が用いられた（【研究3】）。また、元の対話者ごとに異なる文体を用い、一人二役をこなす落語のような直接話法や、台本のような引用も、引用形式が習得されていない自然習得で見られた（【研究1】）。すなわち、引用形式が不十分な段階の直接話法の引用句は、元発話をイコン記号的に再現する要素が付与された表現となっており、地の部分からの際だちが強められ、そのイコン性ゆえに伝達性は高いのである（Givón 1985, Hopper and Thompson 1985）。

　コミュニケーションにおける直接話法については、引用されたことばの内容や話し方などすべてが元話者に由来するものであることを信じさせようとする伝達方式（Li 1986）、示威によって元の話者の意図を表示する伝達方法（Clark and Gerrig 1990）、元話者を演じる伝達（Wierzbicka 1974）、聞き手に向けた公的な発話（廣瀬1988）、伝達を目的とする表現（遠藤1982）など、いずれも直接話法の伝達性の高さが注目されている。元の発話をあったがごとく、あるいはあった通りにリアルに再現し、書記表現におけるカギかっこのように元発話を際だたせることができる直接話法によって、「生きたことば」のように実物提示し、統語的な引用形式の不十分さを補っていると考え

られる。この点で、低いレベルの中間言語における直接話法は単に話者の恣意的な選択による表現ではなく、引用伝達を透明化するための重要なストラテジーでもあるといえる。

6.4.2　直接話法を示す「特性」

習得環境と「特性」

引用とは、発せられたことばを時空を超えて伝える言語行為である。引用句の中のことばは元の場で発せられた元話者に由来するもので、伝達者が地の部分に表現するのは元話者の発言行為に対する伝達者の解釈である。引用表現に表されるとき、この2種類のことばはそれぞれことばの質が異なり、前者はイコン記号性をもち、後者はシンボル記号性をもつとされる（藤田 2000）。しかし、現実のコミュニケーションにおいては時間軸上を線状に表出される形はどちらもことばという形をとる。したがって、伝達者は、イコン記号とシンボル記号の違いを、記号の境界の明示やイコン記号性の強調などの方法で表示することが必要なのである。そのことばが異なる記号性をもつということを引用形式（引用標識と引用動詞）で表せない段階では、引用句のイコン性を強調し、引用されることばが伝達の場とは別の場で元の話者によって発せられたものであり、そのことばのすべてを伝えるという伝達者の意図の表示（Li 1986）を補強するために、直接話法の「特性」が多量に用いられる。

　一方で、具体的にどのような「特性」が用いられるかは、学習者の日本語習得レベルや、調査期間の時間経過によって違ってくるが、自然習得と教室習得という観点から、【研究1】、【研究2】、【研究3】で主に使用された5種の「特性」（「間投詞」「繰り返し表現」「命令・要求」「デス・マス体」「終助詞」）を比較すると、大体表5–1のようにまとめられる（表内：タガログ語Ⅰ、Ⅱはそれぞれタガログ語母語話者グループⅠ、グループⅡの他者発話引用（第3章、表3–14）、ロシア語前期：ロシア語母語話者面接1～9、ロシア語後期：面接10以降（第4章、表4–7）、タイ語：タイ語母語話者（第4章、表4–12）、中国語3級, 2級, 1級：中国語母語話者3級, 同2級, 1級（第5章、表5–13））。

表 6-1　自然習得と教室習得における直接話法の「特性」

		間投詞	繰り返し	命令・要求	デス・マス	終助詞
自然習得	タガログ語　Ⅰ	○	○	○		○
	タガログ語　Ⅱ	○	○	○	−	○
	ロシア語　前期	○		○	○	
	ロシア語　後期	○	○		○	
	タイ語	○	○	○	○	○
教室習得	中国語　3級	○		○	○	○
	2級			○	○	○
	1級			○	○	○

○：相対的に使用が多いもの　無印：相対的に使用が少ないもの　−：使用なし

繰り返し表現

2つの習得環境を比較すると、自然習得では繰り返し表現が多用されるのに対し、教室習得では少ない。ただし、自然習得であっても、ロシア語母語話者前期は繰り返し表現は少ない。また、デス・マス体については、同じ自然習得であっても、タガログ語母語話者ではあまり使用されないのに対し、自然習得のロシア語母語話者とタイ語母語話者では多用され、教室習得者においても多く表出されている。

　日本語能力がゼロの段階から、自然習得と並行して少量の教室インストラクションとともに調査を始めたロシア語母語話者は、それまで表出されていた引用動詞が突然使われなくなった時期とほぼ時を同じくして、繰り返し表現が増加した。それは来日から1年3カ月の時で、日本の生活に慣れ、日本語学習は基本的な文法の紹介が終了し、地域で友人を得て日本語での交流を盛んに試み始めた時期にあたる。すなわち、調査後期には口頭コミュニケーションが日常化していたのである。繰り返し表現は会話分析的観点からも、そのイコン性によって強調的に意味を伝えるために使用されるストラテジーであるともされ(Tannen 1987, Ishikawa 1989)、強調性が高く、コミュニケーションを行う中で発生するピジン・クレオール言語や幼児のL1習得(伊藤1990: 161 他)においてもしばしば見られる。ことばと量との関係から見ても、物理的な言語量を増量できるため、記号の強調には有効な言語表現

である[iii]。口頭でコミュニケーションを行う中で日本語を習得した学習者たちが、何とかスピーディに正しくメッセージを伝えようとする中で、自然に習得される伝達効果の高い表現であると推測される。一方、教室習得では繰り返し表現が少なかった。その理由として、教室環境で定型的引用形式が早くから習得されていることと、日本語でのコミュニケーションの機会に必ずしも恵まれていないという習得環境の違いがあるだろう。その外に、データ収集の方法の違いも考えられる。自然習得がソーシャルワーカーによる家庭調査、あるいは調査者との一般的な会話で、実質的な情報のやりとりがあるのに対し、教室習得は調査者が作成した映像を見て報告するタスクに基づく会話で、被調査者と調査者との間に実質的なインフォメーションギャップは存在していない。この点で、直接話法を示す「特性」の表出傾向に違いが生じた可能性も考えられる。

デス・マス体
また、デス・マス体の使用は、自然習得であってもタガログ語母語話者(他者発話引用)では少ないが、タイ語母語話者とロシア語母語話者では多いという違いがあった。この理由として、学習者の習熟した文体の違いが考えられる。家庭内においても日本語を使用しているタガログ語母語話者は通常、デス・マス体ではなく普通体で相互交流が行われると思われる。そのため、普通体が実際の使用文体として習熟されていると考えられる。日本語学習を始めて間がなかったり、あるいは家庭内で母語のタイ語やロシア語が用いられるため、日本語での交流は家庭外に限られるタイ語母語話者やロシア語母語話者では、最も習熟した文体がかならずしも普通体ではないと考えれば、引用句にもデス・マス体が多用されていることと矛盾しない。教室習得者についても同様である。

　タガログ語母語話者の中で引用表現の習得が進んでいるグループⅡでは、自己発話の引用にはデス・マス体が見られた。特定の場面において伝達者自身が発したことばはデス・マス体を用いて引用していることから、実際のコミュニケーションにおいて丁寧体を使うことは可能である。警官や夫の母親など丁寧体を使った方がよいと判断する場面で適切な丁寧体を使用できる語

用論的、統語論的知識を習得していると推測される。一方、教室習得者の中レベルではデス・マス体の不自然な使用がかなり見られ、実際の社会的交流体験の不足から語用論面の習得は進んでいないことが推測された。

間投詞

ところで、自然習得者と教室習得者の低いレベルでは間投詞が多く用いられている（表 6-1）。間投詞は文頭におかれることから、引用句の開始を明示する。自然習得者においてまだ引用形式を習得していない段階や、教室学習者においては引用形式が何もない引用が相当表出されている段階である。引用句の文頭を明瞭に示すことができる間投詞を用いて、引用句が始まる時点を時間軸上にマークすることで、聞き手に伝わりやすい引用を行っているのである。つまり、学習者の中でも特に引用形式が十分とはいえない段階では、「特性」は異質な記号の始まりを告げる鈴のような役割も果たしているといえよう。言語がコミュニケーションの手段として用いられるかぎり、直接話法はすべての言語において普遍的に存在しているとされる（Li 1986）。中間言語においても「特性」によって明示され、補強された直接話法は自然習得、教室習得にかかわらず共通して存在するということができる。

6.4.3　引用句の文体の改変

話法には文法で律せられるシンタグマチックな側面とは別に、パラディグマティックな広がりがあり、その広がりを示すもののひとつが引用されることばを表す文体の変容である（藤田 2000）。元発話が引用されるとき、どのような文体に変化するかを本書の教室習得データから観察することができた。教室習得者を詳細に見ると、日本語の習得が少し進むと、始まりを示す「特性」は減少したが、デス・マス体が増加した。

　3級では元発話が普通体の場合、一言一句忠実に引き写され、イコン記号性の高い文字通りの実物表示を行う傾向が顕著に見られた（第 5 章, 5.6.2 ii 文体変化，iii タスク事例）。元の発話の形に焦点が当てられ、その形をできるだけ変えずに、まるごとの模倣によって形を写すのである。この様な引用表現は最も直接話法らしい直接話法であり、示威や模倣（Clark and Gerrig

1990) や元話者を演じる (Wierzbicka 1974) 表現ともなる。一方、2級では発話の形はそのまま模倣されるより、むしろ、形のもつ意味に比重が置かれ、解釈した意味に基づいて伝達者自身のことばで元の形に対して調整や再構築が施され、改めてイコン記号として表示されることになる。この改変の過程で、普通体で発せられた元発話は、普通体の「勉強したの。」は「勉強しましたか。」(第5章,例54) のように、デス・マスの丁寧体に変えられるのである。つまり、元発話の意味がとらえられ、伝達者自身の通常の使用範囲にあることばで伝えられるのである。

　さらに、引用句に伝達者の普段の相互交流の使用文体が用いられることを示すものに言い挿し文の補充がある。元発話に終結部分がない場合、後ろに来る終結部が推測され補充されるのである。「お掃除してた時にね。」は「お掃除をしていた時に、あのう、ああ、ん、壊した、なんか、ええとね、壊しました」(第5章,例65) のように、補充に際して、一旦「壊した」と補充されたが、訂正され、最終的に丁寧体で完結された。また、伝達者によって解釈された元発話の意図は普通引用動詞部分に表される (砂川1989,藤田2000,鎌田2000) が、「新しいの買ってあげるから。」という元発話は、「今度新しいのを買って返す、返す、返しますから、ゆるしてくれませんか。」(第5章,例66) のように、丁寧体の謝罪表現が引用句に加えた改変が行われた。元発話によって意図された謝罪と元話者の頭を下げるという行動が引用句に付加される際、元発話には存在しない丁寧体の「ゆるしてくれませんか」という表現で補充されているのである。これらから、伝達者は自身の使用範囲にあることば、交流のために最も習熟した文体であるデス・マス体で、写し取ったイコン記号を補正し、強調していることが推測される。

　つまり、元発話が文として伝達の達成には不十分と考える場合、発話の意味と統語知識を照合してあるべき形を予測し、学習者自身のもっとも習熟した文体で補充して最も伝達効果の高い形式に整え、引用句を文として完結させているのである。すなわち、元の場で発せられたことばは、伝達者の解釈を経て、伝達者のことばで、文脈を離れた別の時空での提示に耐えうる最も有効な形、すなわち統語的規範に合ったイコン記号に整えられるのである。習得された文法が新たなイコン記号を生み出しているということができる。

しかし、一方では実際の運用に関わる手続き的知識は乏しいため、実際の使用場面にはそぐわない、語用論的に不自然な場合も生じるわけである。

　学習者は元の場面で発せられことばを伝えるのに、まず単純に形の上で類似性の高いイコン記号に模倣して表す。しかし、イコン記号の伝達を容易にするには、一言一句文字通り形を模倣する以外にも方法はあるわけで、次の習得段階では伝達者が解釈した意味と元の発話の意図を基に、元の文脈から離れてもことばとして伝達されうるイコン記号に再構築するのである。この再構築は学習者自身のことばによることから、もっとも習熟した文体が用いられるのである。JSLであっても習得環境によって習熟する文体は異なっており、家庭内という最も普通体の使用される場面で日本語を使用しないタイ語母語話者やロシア語母語話者では、習熟したデス・マス体が多用されるわけである。ただ、デス・マス体の使用の際、タイ人、ウズベキスタン人自然習得者おいても、台湾人教室習得者においても、待遇的に不適切な文体になる場合も多く、この点では米国の教室習得（Kamada 1990）と類似している。

　デス・マス体の使用が増加する習得段階は、定型的複文的構造からの複文的構造へと統語知識の習得が進み、インストラクションとドリルによって強制的に定着させられた決まった引用形式から新しい引用形式を発展させる時期と重なる（第5章、5.4、5.5）。このような更新は、引用形式においても、引用句の表示においても起こっているわけで、学習者は新しく習得した文法と照合しながら、自身のことばを用いてより効率的なコミュニケーションが可能な形式を探り、既存の形の再編を行っていることを示している。

　習得の最終段階では、元発話をそのまま模倣的にイコン記号に写し取る引用が再び増加し、文体改変は減少する。しかし、引用句の前後に詳細な場面説明があったり、引用句の外側に元発話の意味や発話意図が表わされたりと、イコン記号の有効性が利用されつつシンボル記号で表される部分の表現が充実し、低い習得レベルの一言一句形に忠実な模倣に頼る引用とは異なる。一方で、所与のことばをイコン記号化しない完全なシンボル記号による伝達、すなわち、引用表現を用いない伝達も見られた（第5章、5.6.2 ⅲ タスク事例）。この段階では規約的文法の習得が進んだ結果、2種類の記号を駆使し、思いのままに引用表現を行える段階に近づいているということがで

きよう。

6.4.4 間接話法
ダイクシス表現による間接話法化

自然習得の【研究1】及び【研究2】で引用句内の伝達者自身を「わたし」と表す間接話法が習得の初期段階から見られた。また、自然習得では、引用句の中に文末モダリティ表現を残した直接話法でありながら、伝達者自身をダイクシス（＋）表現の「わたし」と表すもの（8）や、元話者自身を「自分」（ダイクシス（＋）表現）と表す、自由間接話法（Li 1986, Clark and Gerrig 1990）が見られた。

（8）　彼女のあたしの病院どこですか
　　　（彼女が、私（＝伝達者）の病院はどこかと聞いた）（第4章，例22）

　一方、教室習得では元話者を「自分」と表すダイクシス（＋）表現による間接話法は見られたが、自由間接話法は全然見られなかった。伝達者自身を「わたし」として引用する間接話法もまったく見られなかった（【研究3】、5.6.2）。

　知覚の営みにおいても、認知の営みにおいても、人間はまず何よりも自らを営みの〈原点〉として指定するとされ（池上 2000: 269）、言語表現はそれを発する話者を中心とした表現になりやすい。伝達者自身を指すのに元話者の視点から「あなた」と表現するより、「わたし」（ダイクシス（＋）表現）で表す方が伝達主体にとって自然であることは容易に推測できる。間接話法の制約が大きくない日本語（三上 1963, 奥津 1970, 柴谷 1978）では、ダイクシス表現を伝達の場に調整した間接話法が習得の早い段階から可能であろう。教室習得データでは伝達者自身に「わたし」をあてる間接話法の表出がなかったのは、ビデオ映像を見て報告するというタスクによって誘発された言語データであるため、伝達者が元発話の会話に参加することはなく、当然の結果であると考えられる。そして、自由間接話法は言語表現で自然にとられる話者自身を原点とした表現と、どの言語にも存在し伝達性に勝る直接話法

(Li 1986, Clark and Gerrig 1990)の特色をともに備えることから、所与のことばの伝達の達成を第一の目的とする引用表現の自然習得で、早くから習得されるのは自然なことであると思われる。

構造的な間接話法化
教室習得ではダイクシス表現がかかわらない間接話法が表出された。ひとつは構造的に間接話法と考えられるもの、もうひとつは語彙的に間接話法と考えられるものである。(9)は「調布?ああ、あっちあっち。」と言って道を教える発話がイコン記号として写し取られるのではなく、「どうやって行くかいい、どうやって行ってもいい、どうやっていいか」と伝達者によって構造的に改変された。

(9) お父さんは、その駅の名前を聞いた。聞いて、その外国人をどうやって行くかいい、どうやって行ってもいい、どうやっていいかと教えました。
(どう行けばいいかを教えた)(第5章, 例43)

元のことばがシンボル記号として再構築されているにもかかわらず、「〜と教えました」というイコン記号を引く引用形式で伝達の場に持ち込まれている。「と」でことばが提示されているところから、伝達者は所与のことばを引いて伝達する引用行為を意図している。一旦、所与のことばを伝える形式として「〜とVする」が習得されると、イコン記号ではなくシンボル記号に表そうとする場合でも、所与のことばの明白な存在から「と」で引用されるのであろう。その結果、(9)のような中間言語固有の間接話法化が生じると推測される。米国の教室習得において「〜とVする」、「〜かとVする」(例:行くとききました)という引用形式は容易に習得されるのに対し、「〜かVする」(例:行くかききました)という「と」のない言語形式の習得は容易ではないこと(Kaplan 1993)と矛盾しない結果である。

言語習得において、意味と形式の1対1の対応関係(Slobin 1985, Andersen 1984)が起こりやすく、この対応関係が崩れ新たな対応関係が作られながら習

得が進む。教室習得において、ことばを形に写し取って伝達する機能を表す形式「～とVする」が習得されると、この枠組みを用いた引用表現の使用が促進される。しかし、一方で、元発話が統語的に改変され、シンボル記号として組み込まれても、所与のことばを伝達する引用の意図に変わりはないことから、引用の「～とVする」が当てられるのである。つまり、目標言語ではイコン記号化した引用と、シンボル記号化したことばの提示では、それぞれに異なる目標形式が用いられるが、中間言語の場合、元発話がイコン記号であろうと、シンボル記号であろうと、所与のことばを伝達の場に伝えるひとつの機能ととらえられ、既に習得している引用形式があてられているのである。この状態はいわば2つの意味機能にひとつの形式があてられた不安定な状態にあると言うことができ、さらに習得が進むと例えば「と」のない形式（「どうやって行くか教えた」）という形式が新しく取り入れられることが予想される。

　疑問詞を用いた間接話法（9）はデス・マス形が不自然であるという制限があるところからも、従属節の独立性は直接話法より低い。この点で、「調布？ああ、あっちあっち。」という駅の場所を表す事象と「発言して教える」という2つの事象の統合度合は、類似形を写し取った引用句より高くなっていると考えることができ、複文の統合の度合は直接話法引用から従属節を持つ間接話法引用へ統合が進むとする統合尺度（Givón 1980, 1995a）と矛盾しないように思われる。

　引用句の構造的改変による間接話法は、イコン記号という伝達の透明性の高い記号によらず、規約的文法によってシンボル記号に変換された引用表現に近い。こういった構造的改変による間接話法は、自然習得では見られなかった。教室習得では規約的文法の知識が供給され、学習者にシンボル記号化の方法が示されるのに対し、自然習得では実際のコミュニケーションの中で形式を自ら発見しなければならない。米国の教室習得者で間接話法引用が好まれる（Kamada 1990）とされるが、論文に示された例では間接話法の特性が詳細にされていないため、本研究の表出例との比較は難しい。しかし、本書のデータにおける表出状況から見て、シンボル記号性の高い間接話法が効率的に早く習得される可能性があると考えられ、この点で教室教授は有効

であるといってよい。

語彙的な間接話法化

日本語能力の最も高い1級レベルでは、間接話法を導きやすい引用動詞「気がつく・気づく」を用いた間接引用が表出された(10)。この例は、よし子が母に電話を切られてしまったことに気づき、「やだ、お母さん、切っちゃったんだわ。」という独り言の引用である。「気がつく」は「と」で引かれる引用句内の「わたし」は常に伝達者を指示することから、間接話法の読みを促す動詞である。伝達者は元話者が母親の行動に迷惑を受けたと解釈し、母親の行為を受身に変更した上で、独り言という自己に向けた私的表現（廣瀬1988）を、「気がつく」と表した。

(10) よし子は、え、電話をしらべたあと、電話が切られたと気がついた。
（第5章, 例51）

(10)のような間接話法は元発話の解釈を言語化する統語的、語彙的知識を必要とする。このような間接話法は元発話の単純な写し取りではできず、場面を広くとらえ、元の文脈の中のことばの意味や影響を的確に伝える能力を基にして初めて可能となる。自然習得に見られたような伝達者を原点とする言語表現「わたし」を用いる間接話法の習得はかなり自然に進むと推測される。しかし、元発話の統語的改変が必要な構造的間接話法や語彙的、統語的知識を必要とする間接話法の習得は遅れると言えよう。

話法とは所与のことばをどのように伝えるかという表現方法で、鎌田(2000)は、引用表現は伝達の場に合わせて創造されるものとしている。中間言語の場合、話法というのは、伝達の達成のために、所与のことばを表すより明瞭な記号を模索する過程で生じる表現法で、学習者がその時点で使用可能な限られた言語形式によって、伝達の場にふさわしく、あるいは自分自身のことばで表現し伝えようとする試みの中で変容する。引用という言語行為を達成するために、他の場で発せられたことばをそのまま模倣して提示する、「特性」でより際だたせる、あるいは、伝達者のことばで再構築する、

あるいは伝達者の言語に一体化させる、といったさまざまな方法が習得される。中間言語の話法は、その時点時点の言語知識や、実際の社会的相互交流で習熟している文体や、伝達の場と相関しつつ、変化を続けるということができる。

　本書は、引用表現はイコン記号性のある引用句とシンボル記号性のある地の部分（引用形式）の2つの異なる記号からなっているという理論に拠り、2つの記号がどのように統語的に統合されるかを引用表現の習得過程として見てきた。引用表現全体において、引用句というイコン記号だけで表示されていたことばの引用がシンボル記号の統合によって統語的に複文的構造に統合されていく。この習得の進行過程において、それ自体がイコン記号である引用句にも変化が起こっており、忠実な模写、あるいはことばをデキゴトとしてまるごとリアルに写し取るイコン記号から、表現者の積極的な表現意志によって修正されたイコン記号を経て、抽象化されたシンボル記号へと表意のあり方を広げつつ、話法の習得が進むことが示された。習得環境、習得段階、あるいは習得項目と関係なく、イコン記号からシンボル記号へという原文法の原理が言語習得の進む道すじを照らしている可能性がうかがわれた。

6.5　Givónの統合尺度とのかかわり

規約的文法は言語の自動的処理をスピードアップする手段で、節と節の間のつながりを表すてがかりを示すことで、多重命題の処理の円滑化を進める。文法の発達は、コミュニケーションの発達過程で生じる命題の複数化と、その迅速な言語処理の必要性と密接な関係があるわけである。通時的研究及び汎言語的研究から統合尺度（Givón1980, 1995a）が示され、その中で引用は2つの独立した文からなる直接話法引用から統語的制約が高い間接話法引用へと統合が進むことが示唆された。

　引用文の構造について、【研究1】【研究2】の自然習得研究における第2言語としての日本語の引用表現の習得過程の分析と記述から、日本語の引用表現における2つの事象の統合は、統合尺度の始まりとなっている2つの独立した発話から生成されるのではなく、引用をひとかたまりの事象ととらえ

た単文的構造をもつ引用表現から始まり、並置的構造、複文的構造へと進むことを推測した。引用構造の発達は、単文、並置文、複文と進む通常の統語化と同じ過程に沿って進むということである。【研究3】の教室習得研究においても、習得の初期段階に単文的構造と並置的構造の存在が見られ、そこに教室習得特有の統合された定型的複文的構造が生じ、事象の二重表示といえる2つの引用動詞をもつ2次的な並置的構造を経て、複文的構造へ発達することが示された。どの段階の並置的構造も行為を表す動詞が行為主体に近接されるという近接性原理により出現するのである。つまり、教室環境の引用表現の習得過程も分化と統合を繰り返すという点で自然習得と同じ道すじをたどることが推測された。

　中間言語における引用表現の可変性は、シンボル記号性をもつ引用動詞部分の統語化の遅れに顕著にあらわれた。引用表現においてイコン性とシンボル性が併存するとする理論（藤田 1994, 1999a, 2000）に基づいた本研究の習得過程の分析記述では、引用句と地の部分が異なる記号体系であるがゆえに生じると思われる習得のスピード差が見られた。原初的記号であるイコン的表現の引用句部分が早く習得されるのに対し、シンボル的表現の引用動詞部分の習得は遅れることが示された。

　また、多重命題の統合はひとつの動詞によって複文的に統合される場合と、引用表現を含むいくつかの節の並列によって重文的に統合される場合の2つの方向性が見られた。前者は書きことばや教科書で習得されやすい「と」による引用、後者は口頭コミュニケーションで習得されやすい「って」による引用表現である。また、2つの形式は語用論的な違いだけでなく、機能的にも異なっており、前者が場面を遠い視点に立って解釈や評価を行う第3者的、メタ言語的引用であるのに対し、後者は場面内に視点をおいた元の対話者に共感をもちつつ、発話者を演じるようなリアルで細密な引用であった。学習者にとって「と」も「って」も表現上、重要な標識であるといえる。

　話法については、直接話法から間接話法への発達が見られた。教室習得においてレベルの上昇とともに構造的間接話法や語彙的間接話法が生じた。これは規約的文法の習得が進み、この文法によって事象の統合がより促進された結果であると推測される。直接話法引用から間接話法引用も可能になる方

向へ習得が進むという点で複文的構造の統合の進展であり、Givónの統合尺度に矛盾しない結果となった。但し、伝達者を「わたし」とする間接話法や自由間接話法は早期に習得されると考えられ、統合尺度の低い位置に置かれると推測される。言語行動が表現者である「わたし」を原点にすることから、むしろ当然であるかもしれない。引用表現はひとつの事象としてとらえられた命題が分化し、さらにそれらの事象が統語的に統合されるというだけでなく、イコン的記号とシンボル的記号という異なる体系の統合の過程とも言うことができ、その点に習得の複雑さ、困難さの要因があると考えられる。

注

i 新聞の見出しの［元話者＋「　」］という表現は情報を効果的に表す引用表現として、しばしば使用が見られる（「田中均・外務審議官「外交はプロセスより結果」」毎日新聞2003年3月14日付朝刊）。

ii タイ人被調査者の単文レベルの語順については、面接9までに2文要素が動詞の前に安定的に生起していることが示されている（杉浦2003）。

iii 「何を食べたの」という質問に対し、実物のリンゴを差し出して示すのが引用の概念である（藤田2000）が、繰り返し表現は、いわば、リンゴを差し出して振って見せるといったような表示であるかもしれない。

終 章

　本書は第二言語としての日本語における引用表現の習得過程について、伝達の透明性が高いイコン記号と、意味と形式が恣意的関係にある規約的文法とが相互に補強しつつ統語化が進むとする機能的統語論の立場から記述を試みた。

　引用表現は基本的に、引用句に表されるコト（事象 A）と元話者がそれを発言したと言うコト（事象 B）という 2 つの事象を表す 2 つの文から成り立っており、話法の違いは 2 つの事象を表す 2 つの文がひとつの文に文法的に統合される度合いの差であるとされた (Givón 1980, Li 1986)。本研究はこの統合の概念を分析の理論的背景として、事象 A と事象 B という 2 つの命題がどのような引用表現形式によってひとつの文に統合され、中間言語の引用構造がつくりあげられるかに注目し、その組織性を探った。

　第二言語としての日本語を自然習得したフィリピン人学習者 5 名の自然発話データを対象に横断的研究【研究 1】を行い、自然習得に非常に近い習得環境にあるタイ人に 24 ヶ月、ウズベキスタン人に 15 ヶ月の縦断的研究【研究 2】を行った。データはいずれも面接による自然発話である。また、自然習得から得られた仮説を検討するために、外国語としての日本語を教室習得した台湾人学習者 17 名を対象とした横断的研究【研究 3】を行った。映像を見てその場面について詳細に報告するタスクによって誘発された自然発話を分析対象とした。分析項目は引用表現表示機能に着目した引用標識及び引用動詞と、話法の使用実態である。分析の結果以下のことが明らかになった。

7.1 2つの事象の統合

引用表現全体の構造は、単文的構造から並置的構造を経て複文的構造へと進み、単文、並置文、複文という言語発達の過程と類似した発達過程をたどることが推測された。以下の4点は自然習得、教室習得ともに適用される。

（1） 習得の初期には2つの事象がひとかたまりの事象としてとらえられる。引用表現は［元話者＋引用句］という単文的構造で、「見出し型」引用ともいえる形式である。
（2） 習得の進行とともにひとかたまりの事象が2つの事象に分化する。すなわち、引用句に表される事象Aと元話者の発言行為を示す事象Bにそれぞれ述語をもった文が付与され、並置的な2つの文に表される。この場合、発言を示す動詞はその動作主である元話者に近接され、引用句に先行する位置にくる。引用表現は［元話者＋引用動詞＋引用句］で、並置的構造である。
（3） 習得の最終段階には、2つに分化した事象が文末の引用動詞によって、ひとつの文に統語的に統合される。引用表現は［元話者＋引用句＋引用標識＋引用動詞］で、複文的構造である。
（4） 事象Bを表す文は、1語（元話者を示す名詞）から2語文へ変化し、引用句内とは別に言語習得の過程を繰り返す。並置的構造では「言う」のテ形が生じやすい。

自然習得に適用される以下の点が明らかになった。

（1） 発話を引用する引用標識の「と」はほとんど習得されない。
（2） 並置的構造（動詞先行型）から複文的構造（動詞後続型）への移行は容易ではない場合がある。自然習得の複文的構造はひとつづきの「ていう」という形式で習得される。「ゆって」から「ていう」への習得の進展には、1) 終止形「タ」形の習得、及び、2) 中間言語形式「ゆって」における形式と意味の1対1対応関係のゆるみが関与する可能性

が推測される。
- 引用を表す中間言語文型の「ゆって」に終止形の「ゆった」形が交替したことで、動詞の文末への配置が促進される。
- 中間言語引用文型の「ゆって」に要求・命令のテ形の意味機能が追加されたこと、「ゆって」から非引用の「ゆってない」が生じ、既存の非引用の「いわない」との区別があいまいなったこと、などから中間言語引用文型「ゆって」の形式と意味(機能)の1対1対応関係がゆるみ、「ゆって」の引用を示す機能の衰退がすすむ。
(3) 極めてインフォーマルな文体が使用される環境では、他者発話専用の引用標識「だって」「んだって」で引用する副次的発達がある。「だって」「んだって」は先行文要素との接続の統語化にしたがって、間接話法を引く性格が強くなる。

教室習得に適用される以下の点が明らかになった。

(1) 主要な引用標識は「と」と「って」である
(2) インストラクションで提示される、「と」と「言う」が強く結びついた「と言う」が習得される。単文的構造や並置的構造と平行して、「と言いました」、「と言って」がひとまとまりの定型的な形で引用句に付加された［元話者＋引用句＋と言いました／と言って］が多く使用される。この引用表現は定型的複文的構造ということができる。
(3) 伝達者の解釈によって、元発話の発話意図の名付けが行われる段階で、［元話者＋名付け動詞＋引用句＋と言って］という2次的な並置的構造が生じる。定型的複文的構造の2分化である。行為を表す動詞が行為主体に近接するという近接性原理に従って、定型的複文的構造から新たな並置的構造が生じる習得のプロセスがくり返される。ひとつの主体の行為を2通りの動詞で表しており、事象の二重表示ということができる。ただし、1次、2次とも並置的構造の表出は極めて少ない。
(4) 最終的に、インストラクションから抽出された「～とV」という枠組

みの中で、引用句内の事象と発言するという事象が、伝達者の解釈によって名付けられたひとつの引用動詞によって複文的構造に統合される。すなわち、規約的文法によって、多重の命題が効率的に表される［元話者＋引用句＋引用標識＋名付け動詞］に統合される。

（5） 初級教科書にあまり提示のない「って」を用いる引用形式は、［元話者＋引用句＋って］［引用句＋って言って］というひとつづきの形式をもつ複文的構造が習得される。続いて、「って」がもつ区切り性から、後方の文構造は自由に拡大され、「ってV」へ移行する。「って」の後方に様々な動詞形態や節が可能な［元話者＋引用句＋って＋｛挿入節｝＋引用動詞］という複文的構造である。「って」による引用においては多重の命題の配列は並列的で、引用動詞以外にも命題毎に動詞が配置される重文的な性格を伴う複文的構造となる傾向が強い。

7.2 「と」と「って」の意味機能

教室習得が進むと、「と」による引用と「って」による引用とでは、伝達者の元の場面に対するかかわり方に違いがあらわれた。引用表現に表される内容は習得が進むにつれて次第に拡大する。まず、初期には元のことばだけが写し取られる（ことばの引用）。引用句に表わされたことばは元発話に類似し、イコン記号性は非常に強い。ついで、対話としてのことばの引用があらわれる（対話の引用）。この段階までは「と」も「って」も引用の対象に大きな違いはない。しかし、習得がさらに進んだ段階では、「と」であるか「って」であるかによって、伝達者の対象へのかかわり方に以下のような違いが生じる。

- 「と」による引用では、伝達者はより遠い視点から場面全体を見渡し、その場面のことばを第3者的な視点から解釈や評価を行い、すべてを統合して引用動詞ひとつをもつ複文的引用構造に表現する。
- 「って」による引用では、「言う」との組み合わせで用いられることが多く、受身形や授受動詞との複合動詞などで伝達者の視点を元の場面の対話者に移す。そうして、元の場面に入りこみ、元発話の働きや恩恵を当

事者の視点から生き生きと再現する引用を行う。場面内の第3、第4の事象もそれぞれ挿入節や後続節に表される。伝達者は、元の対話者を追体験し、できごとや感情を体験者として伝達の場の聞き手に伝える。

つまり、多重命題の統合は、複文的構造のひとつの動詞によって評価的に統合される場合と、現場志向的に具体的なできごとを示すいくつかの節の並列を含む形で統合される場合の2つの方向性があるのである。前者は書きことばや教科書で習得されやすい「と」による引用で、後者は自然習得や口頭コミュニケーションで習得されやすい「って」による引用表現である。2つの形式は語用論的な違いだけでなく、機能的にも異なっており、前者が場面から離れた視点に立って解釈する第3者的、メタ言語的引用であるのに対し、後者は場面内に視点をおき、元の対話者により共感をもった引用である。インプットによって異なる引用表現が習得されると推測される。

7.3 話法

直接話法は元発話をできるだけ独立させ伝達の場からより切り離して表す表現方法で、間接話法は伝達の場にできるだけ関連づけて伝える表現方法である。直接話法はどんな環境においても初期から習得される。それに対し、間接話法の使用は非常に少ない。また、特別の言語形式が必要な間接話法は習得されるとはかぎらない。

直接話法

引用形式が十分でない場合、ある程度発話が可能な段階になると、直接話法を明示する要素が多用される。伝達性の高い直接話法で引用形式の不十分さが補われ、伝達の透明性の確保が図られるのである。このことから、直接話法は引用形式を補うストラテジーであることが推測される。伝達者は元の場面の元話者を演じながら、元のことばを元の場での発話として伝える。自然習得では引用形式が習得されていなくても、待遇表現の適切な使用によって元話者をたくみに演じわけることができており、語用論的知識が優位に習得されることが推測された。

教室習得ではデータ収集条件の特徴から次のことが明らかになった。
- 低いレベルでは元発話を一言一句ことば通りに忠実に引用する傾向が見られ、文体も変更されないことが多い。引用句の開始と終結が明示される。
- 中レベルになると、デス・マス体で表示され、普通体から丁寧体への文体改変が多くなる。つまり、元発話の意味がとらえられ、伝達者の習熟した文体によって、元発話とは異なる新たな形のことばが引用句に再構築される。再構築では、元発話の発話意図が、引用動詞にではなく、引用句に付け加えられた直接話法引用も見られる。ただし、文体改変は語用論的に適切でない場合も多い。
- 高レベルでは丁寧体への文体変更は再び減少し、元発話に類似した引用句に戻る。しかし、低いレベルとは異なり、元発話の意味をとらえた上で異なる時空での再現に耐えうるように整えた形で、場面のできごとも詳しく付け加えられた引用表現となる。

間接話法

元発話を伝達の場に関連づける方法として以下の2つが見られた。
（1） 自然習得では引用句内の伝達者自身を「わたし」と表す間接話法が習得の初期段階から見られた。また、「わたし（＝伝達者）」や、「自分（＝元話者）」を用いながら、文末モダリティ表現が残った自由間接話法の使用も見られた。
（2） 教室習得では元発話を伝達者のことばに直して伝達する構造的な間接話法が検出され、元の発話が抽象化される試みが見られた。さらに、高レベルでは間接話法の読みを促す「気づく」を用いた語彙的な間接話法も見られた。

(1)は伝達者視点から元発話をとらえなおし、元の場面を伝達の場に強く関連づける表現方法で、(2)は元発話を伝達者自身のことばで構造的改変や抽象化を行ったり、解釈を加えて伝えるという方法である。自然習得と教室習得とでデータ収集方法の違いがあり、習得環境の違いによるとは断定できないが、言語表現はそれを発する人間自らを原点とする表現になりやすいこと

から、伝達者の視点に合わせた前者は、早く習得されることが推測される。一方、元発話の構造的な改変や引用動詞の意味的特性を用いた間接話法は、統語面と語彙面のメタ言語的知識の習得が必要なため、習得は容易ではないと推測される。

7.4 Givónの統合尺度と表意記号性

通時的研究及び汎言語的研究から統合尺度（Givón 1980, 1995a）が示された。その中で引用は2つの独立した文からなる直接話法引用から統語的制約が高い間接話法引用へと統合が進むことが示唆された。

　引用文の構造について、【研究1】【研究2】の自然習得研究における第二言語としての日本語の引用表現の習得過程の分析と記述から、日本語の引用表現における2つの事象の統合は、統合尺度の始まりとなっている2つの独立した発話から生成されるのではなく、引用をひとかたまりの事象ととらえた単文的構造から始まり、2分化を経て統合へと進むことが明らかになった。この道すじは【研究3】の教室習得にも適用することができた。また、教室習得では特有の定型的複文的構造が生じ、事象の二重表示という2分化を経て統合へと進んでおり、教室習得においても2分化と統合が繰り返され、自然習得と同じ道筋に沿って習得が進むことが推測された。

　話法については直接話法から間接話法への発達が見られた。教室習得においてレベルの上昇とともに、構造的間接話法や語彙的間接話法が生じた。これは規約的文法の習得によって、事象の統合がさらに促進された結果と推測される。直接話法引用から間接話法引用が可能になる方向へ習得が進むという点で複文構造の統合の進展であり、統合尺度に矛盾しない結果となった。また、直接話法から構造的な間接話法の試みが行われる時期は、伝達者自身のことばで直接話法の引用句を再構築する時期にあたり、さらに、引用形式についても定型的複文的構造から伝達者自身が新しい引用形式を発展させる時期とも符合していた。つまり、学習者はすべての点で所与の形を超え、自身の解釈を加え、自身のことばで表現し、伝達を効率的、主体的に行おうとしており、この表現する意志がさらなる習得を促すことが推測された。

本研究は、引用表現はイコン記号とシンボル記号という2つの表意記号性をもつという引用論に拠って分析を行った。その結果、中間言語における引用表現の可変性は、シンボル記号性をもつ引用動詞部分の統語化の遅れに顕著に現れた。原初的記号であるイコン記号性をもつ引用句部分が早く習得されるのに対し、シンボル記号性のある引用動詞部分の習得には遅れが見られた。引用表現の習得はひとつの事象が分化し、さらにその2つの事象が統語的に統合されるというだけでなく、イコン的記号とシンボル的記号という異なる体系の統合の過程とも言うことができ、その点に習得の困難さのひとつの要因があると考えられる。

7.5 第2言語習得研究における本書の意義

7.5.1 日本語の引用表現の習得過程の記述

これまで日本語の引用表現の習得について詳細に記述した研究は非常に少ない。特に習得の初期段階から後期までを実証的に観察したものはほとんどなかったといってよい。本書では、自然習得の横断的、縦断的研究と、教室習得の横断的研究を行った。学習者の引用表現においてどのような構造的変化が起こっているのか、引用されることばにはどのような変容が起こっているのか、そしてどのように目標言語に近づいていくのか、こういった日本語の引用表現の習得過程の実態をまずは詳細に記述して明らかにするという本書の目的はある程度は達せられたのではないかと思う。

日本語の引用表現についてはさまざまな研究(三上 1963, 奥津 1970, 柴谷 1978, 久野 1973, 1978, 寺村 1984, 寺倉 1985, 砂川 1988a, b, 1989, 廣瀬 1988, 鎌田 2000)があるが、本研究の拠ってたつ引用の基本的概念は藤田(1999a, 2000 他)の引用論である。藤田の引用論の中心となる考え方はパースの記号論を援用したもので、文を形づくっている言語記号に質の差があるというものである。引用表現がイコン記号性をもつ引用句とシンボル記号性をもつ引用文の地の部分という2つの異質な記号性をもつ2つ表意形式の複合体であるとする引用論は、統語構造はイコン的要素とシンボル的要素を結合する装置であるとする機能主義的な言語変化の考え方とも共通するものである。記

号論に拠る言語観は、文法記述だけでなく、引用表現の習得研究にも有効であったと言える。

7.5.2　機能的言語変化理論による枠組みの提示とその有効性

本書の記述の結果、機能主義的アプローチに基づく記述の枠組みが、自然習得だけでなく教室習得をも含む第二言語としての日本語の引用表現の習得研究において一定の成果をもたらす視点として有効であることが示された。

　本書は第2言語としての日本語の引用表現の習得実態について、機能的アプローチによる言語変化理論 (Givón 1980, 1995a, b) と記号論を援用した引用論 (藤田 1994, 2000) とに拠った枠組みをもとに、まず自然習得の実態の詳細な記述を試みた。この記述によって、第2言語としての日本語の引用表現の習得の過程において、イコン記号性が優位にたつ単文的構造の引用表現から並置的構造をへて、シンボル記号性をもつ規約的文法によって補強・統合された複文的構造の引用表現へと習得が進むという仮説が得られた。この仮説は教室習得においても適用が可能で、定型的な複文的構造が習得されていても、その底流には自然習得と同じ構造変化があり、それに沿って構造的な発達が起こることが観察できた。

　また、原初的記号であるイコン性をもつ引用句部分が早く習得されるのに対し、シンボル記号性をもつ引用動詞部分の統語化には顕著な遅れが見られた。これによって、イコン記号に支配される前文法的段階からシンボル記号も備えた文法的段階へ進む (Givón 1995a) ことが示された。

　さらに、話法の習得においてもイコン記号からシンボル記号への変化が見られた。原初的な話法として、ことばを模倣的にありのまま提示する意図から生じる直接話法が優勢ではあったが、間接話法も表出された。記号変化が最も顕著に表れたのは元のことばが抽象化される構造的間接話法で、伝達者というフィルターを通して引用句の構造的改変が行われた。規約的文法の習得によって、元のことばの模倣を捨て、文法的構造を変え、シンボル記号を用いた抽象化が可能な段階に進んだのである。しかし、一方で間接話法すべてがシンボル記号化されるというわけではなく、別の方向性も見られた。元の場を伝達の場に強く引きつけてことばを再現する意図で、引用句内の伝達

者を「わたし」で表す間接話法である。元のことばを伝達者自身のことばで再現するもので、伝達者の表現意志が引用句にあらわれる。この表現意志によって、引用されたことばは伝達の場に引き込まれるのである。また、直接話法においても、藤田が語用論的変容とした文体の変容では、伝達者が自己の解釈を自分自身の熟達したことばで表現するという意志が実現された。伝達者は表現者として新たなイコン記号を再構築するのである。

　シンボル記号による抽象化にしても、伝達者である「わたし」の明示にしても、また、新たなイコン記号の再構築にしても、このような試みは、伝達を効果的に行うと同時に、伝達者、すなわち引用表現を行う者の自己の存在や意思を表現したいという欲求といったものからも生まれてくる。所与のことばにかぎらず現実に起こる現象になんらかの意味を見出し、それを理解し、解釈し、表現して伝えるという人間の知の営みから言語表現が生まれる。習得過程にある学習者においてもそういった表現の欲求から、新しい表現が模索され、習得のプロセスが促されるのである。このプロセスの一端が、表現しよう、意味を伝えようとする人間の試みが形式的な文法体系の発達を促す原動力であるとする機能的主義アプローチによって示されたのである。

　また機能的主義アプローチというあらゆる言語変化に適用できる視点をとることによって、自然習得と教室習得の関係も見ることが可能になった。本書は、引用表現は、イコン記号性のある引用句とシンボル記号のある地の部分の2つの異なる記号からなっているという理論に拠り、2つの記号がどのように統語的に統合されるかを引用表現の習得過程として見てきた。引用表現全体において、イコン記号だけに依存する初期の引用表現から始まり、シンボル記号の習得とともに2つの記号の統合によって統語的に複文的構造が習得されることを示した。そして、この習得過程の進行の中で、話法にも変化が起きており、イコン記号である引用句自体にも忠実な類似形としてことばを写し取るイコン記号から、表現者の表現意志によって補充や修正を施され再構築されたイコン記号を経て、抽象的なシンボル記号として引用表現と一体化した話法へと変化しつつ進んだ。つまり、話法においても引用表現全体の方向と同じイコン記号からシンボル記号へという方向性をもつ変化が起

こっていることが示されたわけである。いわば、自然界で地球の自転という自然の力によって生まれ大きく成長する渦巻の中で、次々と新しい渦巻が生まれて育つように、言語習得においても、自然習得の原文法の原理に従ってイコン記号からシンボル記号との統合へと進む引用表現全体の習得の大きな流れの中で、引用されたことばそのものもまた同じようにイコン記号への依存からシンボル記号へ進むのである。こうして、環境や段階にかかわらず、自然習得の原文法の原理が照らす言語習得の道すじに従って、中間言語の文法体系が構築されていくことが推測された。教育ができることは、シンボル記号化の手がかりを示し、体系の構築をスピードアップし、確固としたものにする手助けをすることではないだろうか。

　日本語の引用表現の習得を記述するために、異なる記号性をもつ主節と引用句が統合された複文的構造であるとする引用論と Givón の機能的主義アプローチによる 2 つの事象の統合理論を背景とした新たな枠組みを用いることによって、引用表現の習得過程における中間言語の組織性の一端を明らかにすることができた。また、この分析において教室外でどのようなことが起こっているかという当初の疑問にもある程度答えることができたと思う。

7.5.3　インストラクションの影響

インストラクションの効果については懐疑的、否定的、あるいは、積極的な評価などさまざまな報告が行われている (Kraschen and Seliger 1978, Ewbank 1987, Allwright 1984, Ellis 1984, Weinert 1987, Ellis 1990: 170)。本書はインストラクションの効果の有無を探ることを主な目的とはしていない。しかし、自然習得から得られた引用表現の構造の習得仮説を教室習得において検討した結果、単文的構造、並置的構造、複文的構造という 3 つの段階があるという仮説が教室習得においても矛盾なく適用でき、この点でインストラクションでは変えられない文法習得の道すじがあることがうかがわれた。しかし、一方では教室習得においては並置的構造の表出が非常に少ないことから、顕在的な文法知識を与えるというインストラクションが習得の進行のスピードや確度に強い効果をもつことが推測された。

　また、本書の自然習得と教室習得で明らかになったのは、個別の文法項目

である引用標識の習得の違いである。インストラクションでは基本的で主要な引用標識として「と」が提示され、当然教室で大量のドリルが行われる。その結果、教室習得では「と」が十分に習得され、場合によっては固定される例も見られた。一方、自然習得では「と」はまったくといってよいほど習得されず、主要な引用標識は「って」である。この「と」と「って」の習得傾向は、これまで報告された教室習得や自然習得に近い環境での習得実態と矛盾しない。つまり、個別の文法項目について、インストラクションの効果は、JFL の教室環境で非常に大きいと推測される。

また、自然習得では統語的発達の不十分な段階では口頭による社会的相互交流で得られた語用論的知識によって補われていた。自然習得では語用論的知識が統語知識より優位に習得される (Nagatomo and Numazaki 2002, 長友 2005) 場合も多く、それによって引用の伝達の効率化が図られるのではないかと推測された。一方、教室習得では語用論的に不適切な表現もあり、インストラクションだけでは語用論面の習得に対して効果があまり期待できないことが推測された。

言語習得にインストラクションが言語習得にどう影響するのかについて、文法構造の道すじを変えることはできないが、プロセスの一部を短縮して確実に進行させる可能性があること、そして、個別項目には大きな影響を与える可能性があることが推測されたのである。

7.5.4 本書の枠組みの限界

藤田の研究は統語論的研究のみに焦点を当てているため、「と」で引かれる引用以外の形式も引用とする立場 (鎌田 2000, 柴谷 1978, 砂川 1988a) をとらない。引用を「と」に限定したことで、引用表現の統語的説明を記号論によって明確に行うことができたが、一方でこの限定によって、学習者が他の場での発言を引用するための中間言語形式に関心をもつ第二言語習得研究においては、記述対象が制限される結果になっている。したがって、学習者の中間言語の統語的変化を観察するという第二言語習得研究の立場からは、「と」の限定をとりはずし、今回対象としなかった「こと」「疑問詞＋か」「かどうか」「ように」などによって複文化される形式にまで分析対象を広げること

で、Givón が示した統合尺度の中で、他の場での発言や概念を伝達の場に取り入れる形式である引用表現がどのようにあらわれ、どのように統語的統合を起こすのかについて探ることが可能となると考えられる。

7.6　日本語教育への示唆

本研究はもともと「教室学習者はなぜ『〜と言いました』一辺倒から脱却しにくいのか」「なぜ引用動詞が使えないのか」という疑問に端を発し、引用表現の習得はどのように進むのか、ほんとうに困難なのか、困難であるとするとどのような困難があるのかを明らかにする目的をもって始まった。自然習得者5名の横断的研究、2名の縦断的研究、それに教室習得者17名の横断的研究によっていくつかの点が明らかになった。これらを念頭に教育に臨むことは有益であろう。まず引用表現の構造については以下の点である。

（1）　引用表現の習得過程は「元話者＋引用句」という新聞の見出しのような単文的構造、続いて、引用動詞が主体に近い位置にある並置的構造の「元話者＋引用動詞＋引用句」、そして、最後に「元話者＋引用句＋引用標識＋引用動詞」という複文的構造の順に進む。自然習得では引用動詞の文末位置の習得は困難な場合がある。
（2）　「と言う」が教室でインストラクションされると、「と言いました」「と言って」という定型的表現で習得される。「と言う」を習得した教室習得者において、「って」または「って言う」への移行は、口頭表現との接触や相互交流の機会が豊富にある場合に起こる。
（3）　自然習得では「って」、「って言う」が習得される。「と」はほとんど習得されない。

　自然習得では引用動詞を文末に配置する複文的構造に到達しないことがあり、また到達してもそれまで非常に長い時間がかかる場合もある。このことから、並置的構造はどんな習得環境でも到達可能であるが、複文的構造の習得は容易とはいえない。したがって、教室で「と言う」を引用の形式として

明示的に教示し、引用を表す引用構造の枠組みを提供することは、動詞の文末配置の複文的構造を習得するために非常に有効である。ある意味機能に対応する形式の知識をもつことはコミュニケーションを達成するために非常に重要であり、習得を容易にするからである。しかし「と言う」だけが引用表現として習得されると、定型的な「と言いました」が固定しやすい。「って」が習得されないまま、いつまでも「と」だけが維持されると、聞き手に非常に不自然な感じを与えることにもなる。そこで「って」の習得が重要となる。

　自然な口頭表現で使われ、「と」とは違った引用表現の発展を促す「って」の習得を進めるには、初期段階で基本的表現として「って言う」を「と」より先に明示的に提示して枠組みを示し、その書記表現として「と言う」を提示することはどうだろうか。

　「って」の習得の重要さは、口頭表現で自然であるかどうかの違いだけではなく、伝達者の元の場面へのかかわり方や引用表現構造の発展の方向の違いを生じることにある。「と」だけでは評価的な引用になりがちで、ことばが対話者にどのように受け取られているか、人間関係にどのような影響を与えているかといった日本語独特の視点をともなう引用が生じにくいからである。

　また、自然習得では「と」は習得されることはなく、かわりに「って」が習得されたことからわかるように、日本語母語話者の日常の口頭コミュニケーションでは多くの場合「って」が用いられている。すなわち、格別フォーマルでもインフォーマルでもない場合の口頭表現において、「って」の使用は非常に自然な表現である。おそらく教師も教室内で「って」を用いているはずである。「って」はL1習得や児童のL2習得では終助詞的な形で難なく習得される。それに比べると、成人のL2学習者では簡単なことではなく、自然環境においてとらえにくい形式なのである。

　言語の基本は口頭表現であることからも、「って」の習得は重要である。それにもかかわらず、初級の教室では「って言う」という形はあまり重要視されず、初級教科書にも提示されないことが多い。その扱いは学習者や教師に任されている感もある。コミュニケーションを重要視する日本語教育であ

るなら、基本的表現として「って言う」を「と」より優先的に提示し、その書記表現、丁寧体として「と」を提示することを提案したい。

　本書の自然習得（タイ人）の場合、面接後期にある時期を境に「って言う」という引用形式が文末にあらわれ、引用表現の複文的構造の習得が一気に進んだ。このきっかけのひとつとして補助面接のタスクの中で母語と日本語で口頭翻訳のための目標形式「と言いました」を書記表現で示したことが考えられた。非常に良いタイミングでタスクが与えられたことで、母語表現、または英語表現から日本語の表現形式へ変換処理する過程で学習者の意識の中で問題点が明らかになり、形式の意識化が起こり、習得が進行したことも考えられる。しかしながら、この事態においてさえ、書記表現で提示された「と言いました」とは異なる、「てゆう」という自身でとらえた形式が習得された。メタ言語的な解説によって学習者は引用構造の枠組みを得たにすぎないのかもしれない。もし、学習者自身が「って言う」という形式について顕在的知識をもつことができれば、さまざまなリソースの中でこの形式により早く気づき、より直接的に習得できる可能性（Ellis 1994）があると思われる。

（4）「と」と「って」では元の場面へのかかわり方が異なる文構造が発達する。「と」では引用されたことばを第3者的なメタ言語的に解釈、評価し、ひとつの引用動詞をもつ複文的引用構造に表す。一方、「って」では、伝達者は引用された発話の生じる場面に入り込み、対話者としてことばを追体験し、場面で生起する事象をも引用表現に表す。引用表現は複数の動詞を含む重文的な複文的構造をとりやすい。

　学習者の引用表現において「と」と「って」は文体的な違いだけでなく、引用する場面に対するかかわり方にも違いが生じる可能性がある。「って」による引用の特徴は口頭での相互交流を通じた習得から来たものと推測され、体験者として生き生きと描写する引用を可能にしている。しかし、文字による高度な言語活動には「と」による冷静な解釈や評価をともなう引用も必要である。どちらの表現も早く確実に使い分けることができるように習得を進めるためには、書きことばの引用と話しことば（口頭コミュニケーショ

ン)の実践的な引用の練習の機会を作ることが必要である。教室内においても学習者同士の相互交渉で「と言いました」をいつも用いるという不自然な引用練習を避けるだけでも、「って」の習得は進むと思われる。

話法について以下のことが示された。

（１） 直接話法は優位に習得される。
（２） 話法と引用動詞部分は相互補完的に習得が進む。直接話法ストラテジーに依存すると、引用形式の習得が遅れる可能性がある。
（３） 教室習得ではまず元発話を文字通り忠実に引用する直接話法が習得され、次いで、伝達者自身のことばによる新たな直接話法表現が試みられる。
（４） 間接話法では、伝達者自身を「わたし」と表す視点表現が習得されやすい。元発話を抽象化した話法、すなわち、構造的改変や、引用動詞の語彙的特性による間接話法は統語知識や語彙知識が必要である。

　話法の原初的形態は直接話法である。したがって、直接話法の習得から進めるのが自然であろう。しかし、直接話法ストラテジーに依存しすぎると、引用標識と引用動詞の習得が遅れる可能性がある。引用形式の使用を習得するように配慮することが重要である。
　一言一句同じことばを再現する直接話法では問題はない。そのあとに間接話法への改変の方法を示す。ひとつは、元話者の視点を伝達者の視点におきかえて元発話を変更することである。元話者の視点を伝達者自身に変えることは、引用を行う自分、発話を行う自分を中心にして言い換えることで、その逆よりずっと自然で容易であると思われる。もうひとつは、元発話の間投詞や終助詞を取り、抽象的に言い換えることで、それほど困難ではないだろう。構造的な改変には新しい形式の知識が必要であるため、その言語知識は明確な形で提示することが必要である。
　このように、直接話法を間接話法に転換する、すなわち、元話者のことばを自身のことばで再構築あるいは抽象化するという順序で練習するほうが自然である。教科書によっては普通体の導入の目的のために引用表現の「と言

う」を用いるものもある。教える側の都合による話法の提示はあまり意味がないのではないだろうか。

　元の発話を直接話法のままで伝達者自身の習熟した文体に改変するときは注意が必要である。直接話法は発話のモダリティ表現が残され、元話者の発話として伝達されるため、伝達者自身の文体に変えると不自然になる場合があるからである。教室習得者ではこのような不自然さを避けるために直接話法を避けるストラテジーが用いられる (Kamada 1990) とされる。適切な文体を使用できる場面を設定し、語用論面の習得を進めることが大切である。

　教師は、引用表現がどのように習得されるのかについて、第二言語習得研究から得た知見を念頭において、インストラクションを行うことが重要であると思う。

7.7　今後の課題

本書は以下のような限界がある。まず、分析した学習者数が自然習得 7 名、教室習得 17 名と少ないことである。また、分析対象は口頭表現であったが、データ収集方法が自然習得と教室習得とで異なったことから、厳密な意味での対照はできなかった。同一の方法による横断的、縦断的データ収集が必要である。2 番目に類型学的に母語に偏りがあることである。フィリピン人学習者の母語は VSO で、タイ人、ウズベキスタン人、台湾人学習者は SVO であった。したがって、本研究の知見に普遍性を求めるためには、さらに被調査者数を増やし、SOV 型など類型学的に異なる母語の学習者の習得実態を見る必要がある。それと同時に、本研究では曖昧なままとなった第二言語習得における L1 の影響も探っていく必要があろう。3 番目に話法の問題である。「か」「とか」「かどうか」「ように」「こと」「の」などが話法の習得とどうかかわるのか、どのようにして統合されて他の複文構造が習得されるのかなど、引用表現の習得の関係を明らかにする必要がある。本書で扱わなかった「という N」も引用と関係する表現である。これらを明らかにすることによって、引用の本質である、類似性におけることばの再現はどう変容するのかが解明され、中間言語の統語化過程における引用表現の位置づけが

さらに明らかになるであろう。

　最後に第2言語習得研究の課題として2点ある。タイ人学習者のケースで見られた書きことばの役割はどのようなものであったかということである。書きことばによる形式の提示によって習得が誘発された面が否定できない。しかし、それにもかかわらず、一旦、目標形式の自発的産出が始まると、書きことばによる翻訳タスクでは口頭表現では既に表出されていた目標形式の産出が阻害された。つまり、視覚的に提示されたL1形式によって、目標形式の産出が阻害されるのか、あるいは、自然習得は確固とした顕在的知識としての形式習得が困難なのか、それとも、学習者の個別性によるものなのかという疑問が生じた。これは翻訳に類似した練習が多く課せられる教室教授に深くかかわってくる問題でもある。また、会話の流れの中で言い詰まるたびに、また、質問されるたびに口頭で目標形式を示していたにもかかわらず、ある時期が来るまで反復さえされることはなかった。これは学習者にその形式を受け入れる準備ができているかというレディネスの問題ともいえ、レディネスや意識化がどう起こるのかは、最もよいインストラクションのタイミングの選択と密接にかかわる重要な問題であり、今後の研究の課題としたい。

参 考 文 献

有馬道子 2001.『記号論と認知言語学』岩波書店.
池上嘉彦 1984.『記号論への招待』岩波書店.
─── 1999.「日本語らしさの中の〈主観性〉」『言語』Vol.28 (1): pp.84–94.
─── 2000.『日本語論への招待』講談社.
伊藤克敏 1990.『こどものことば』勁草書房.
井上和子 1983.「日本語の伝達表現とその談話機能」『言語』Vol.12 (11): pp.113–121.
岩淵悦太郎・村石昭三 1968.「言葉の習得」『ことばの誕生』岩淵悦太郎編 日本放送協会出版.
ヴァルター・エリザベス 1987.『一般記号学─パース理論の展開と応用』(向井周太郎・脇阪豊・菊池武弘訳) (Walther, E. *Allgemeine Zeichenlehre: Einfuerung in die Grundlagen der Semiotik.* 1974. Deutsche Verlags-Anstalt GmbH.) 勁草書房.
内田種臣 1986.『記号学─パース著作集 2』勁草書房.
小野正樹 2001.「「ト思う」述語文のコミュニケーション機能について」『日本語教育』110. pp.22–31.
遠藤裕子 1982.「日本語の話法」『言語』Vol.12 (3): pp.86–94. 大修館書店.
大島資生 1988.「引用節内要素の後置について」『都大論究』3. pp.1–12. 東京都立大学国語国文学会.
大久保愛 1967.「助詞の発達」『幼児言語の発達』pp.81–109. 東京堂出版.
─── 1973.「幼児の文構造の発達─3歳～6歳の場合」『国立国語研究所報告』50. 国立国語研究所.
奥津敬一郎 1970.「引用構造と間接化転形」『言語研究』56. pp.1–26. 日本言語学会.
─── 1993.「引用」『国文学─解釈と教材の研究』Vol.38 (12): pp.74–79. 学燈社.
加藤陽子 1998.「話し言葉における「ト」の機能」『世界の日本語教育』8. pp.243–256. 国際交流基金.
鎌田修 1988.「日本語の伝達表現」『日本語学』Vol.7 (9): pp.59–72. 明治書院.
─── 2000.『日本語の引用表現』ひつじ書房.
神尾昭雄 1990.『情報のなわばり理論』大修館書店.
許夏玲 1999.「文末の「って」の意味と談話機能」『日本語教育』101. pp.18–26. 日本語教

育学会.
久野暲 1973.「「コト」「ノ」と「ト」」『日本文法研究』pp.137–142. 大修館書店.
─── 1978.「視点と話法」『談話の文法』pp.266–281. 大修館書店.
グッドマン, ネルソン 1987.「引用にかんするいくつかの問題」『世界制作の方法』(菅野盾樹・中村雅之訳) (Goodman, N *Ways of worldmaking*. 1978. Indianapolis: Hackett.) pp.69–98. みすず書房.
グライス, ポール 1998.『論理と会話』(清塚邦彦訳) (*Studies in the way of words*. 1991.) 勁草書房.
小矢野哲夫 1982.「引用・話法」『日本語教育事典』小川芳男編 p.187. 大修館書店.
三枝令子 1995.「「って」の構文的位置づけ」『日本語と日本語教育―阪田雪子先生古稀記念論文集』pp.105–127. 三省堂.
─── 1997.「「って」の体系」『言語文化一橋大学語学研究室』34. pp.21–38.
サピア, エドワード 1998.『言語―ことばの研究序説』(安藤貞雄訳) (E. Sapir. *Language: An Introduction to the Study of Speech*. 1921. Harcourt, NY.) 岩波書店.
柴谷方良 1978.「「と」「ように」」『日本語の分析』pp.80–103. 大修館書店.
白畑知彦 2000.「第二言語獲得における機能範疇の出現―第二言語としての日本語獲得からの証拠」『JCHAT 言語科学研究会第 2 回大会予稿集』.
杉浦まさみ子 2001a.「タガログ語母語話者による日本語の引用表現の自然習得」『2001 年度日本語教育学会秋季大会口頭発表予稿集』pp.91–96. 日本語教育学会.
─── 2001b.「タガログ母語話者による引用表現の習得―自然習得の場合―」『言語文化と日本語教育』22: pp.50–62. お茶の水女子大学日本言語文化研究会.
─── 2002a.「自然習得における引用表現―話法に注目して―」『2002 年度日本語教育学会春季大会予稿集』pp.149–154. 日本語教育学会.
─── 2002b.「日本語の引用表現研究の概観―習得研究に向けて」『第二言語言語習得・教育の研究最前線―あすの日本語教育への道しるべ―言語文化と日本語教育 2002 年 5 月増刊特集号』pp.120–135. お茶の水女子大学日本言語文化学研究会.
─── 2002c.「日本語の引用表現の「直接話法」の習得―フィリピン人学習者による事例研究―」『言語文化と日本語教育』23: pp.52–65. お茶の水女子大学日本言語文化学研究会.
─── 2002d.「日本語引用表現の習得―『話法』に注目して」『第二言語としての日本語の自然習得の可能性と限界』平成 12・13 年度科学研究費補助金研究萌芽的研究 1287043 (研究代表者・長友和彦) 報告書. pp.42–52.

―― 2003.「第二言語としての日本語習得における統語化―縦断的事例研究」『人間文化論叢』5: pp.275–288. お茶の水女子大学大学院人間文化研究科.

砂川有里子 1987.「引用文の構造と機能―3つの類型について」『文藝言語研究―言語篇』13: pp.65–88. 筑波大学文藝言語学系.

―― 1988a.「引用文における場の二重性について」『日本語学』Vol. 7 (9): pp.14–29. 明治書院.

―― 1988b.「引用文の構造と機能その2. 引用句と名詞句をめぐって」『文藝言語―研究言語篇』13: pp.75–91. 筑波大学文藝言語系.

―― 1989.「引用と話法」『講座日本語と日本語教育』4. 北原保雄編 pp.355–387. 明治書院.

曽我松男 1984.「日本語の談話における時制と相について」『言語』Vol.13 (4): pp.120–127. 大修館書店.

田丸淑子・吉岡薫・木村静子 1993.「学習者の発話に見られる文構造の長期的観察」『日本語教育』81: pp.43–54. 日本語教育学会.

田守育啓・スコウラップ, ローレンス 1999.『オノマトペ―形態と意味』くろしお出版.

チェイフ, ウォーレス 1974.『意味と言語構造』(青木春夫訳) (Chafe, W. *Meaning and structure of language.* 1970. University of Chicago Press.) 大修館書店.

デイヴィドソン, ドナルド 1991.「そう言うことについて」『真理と解釈』第4章 野本和幸. pp. 74–97. 勁草書房. (Davidson, D. 1984. "On saying that." *Inquiries into truth and interpretation.* pp.93–108. Oxford: Clarendon Press)

寺倉弘子 1985.「『描出話法』とは何か」『日本語学』Vol. 14 (11): pp.80–90. 明治書院.

寺村秀夫 1984.『日本語のシンタクスと意味Ⅱ』pp.22–31. くろしお出版.

角田太作 1991.『世界の言語と日本語』くろしお出版.

中園篤典 1994.「引用文のダイクシス―発話行為論からの分析」『言語研究』105: pp.87–109. 日本言語学会.

長友和彦 2000.「教室内日本語学習の可能性と限界―日本語の自然習得研究の示唆するもの」『追求卓越的日本研究国際会議論』pp.19–28.

―― 2005.「第二言語としての日本語の自然習得の可能性と限界」『日本語学』Vol. 24 (3): pp.32–43. 明治書院.

仁田義雄 1980.『語彙論的統語論』明治書院.

―― 1982.「助詞類各説」『日本語教育事典』小川芳男・林大編 pp.392–417. 大修館書店.

丹羽哲也 1994.「主題提示の「って」と引用」『人文研究―大阪市立大学文学部紀要』

Vol.46, 第二分冊 pp.79–109. 大阪市立大学文学会.

ビッカートン, デレック 1985.『言語のルーツ』(筧壽雄・西光義弘・和井田紀子訳)(Bickerton, D. 1981. *The roots of language.* Ann Arbor MI: Karoma.) 大修館書店.

廣瀬幸生 1988.「言語表現のレベルと話法」『日本語学』Vol. 7 (9): pp.4–13. 明治書院.

藤田保幸 1988.「「引用」論の視界」『日本語学』Vol. 7 (9): pp.30–45. 明治書院.

――― 1994.「引用されたコトバの記号論的位置づけと文法的性格」『詞林』16: pp.73–85.

――― 1995.「引用論における「話し手投射」の概念―所謂「話法」の論のために」『宮地裕・敦子先生古稀記念論集 日本語の研究』pp.454–492. 明治書院.

――― 1997.「引用構文と「格」の論」『滋賀大国文』35: pp.21–41. 滋賀大国文会.

――― 1999a.「引用構文の構造」『国語学』198: pp.1–15. 国語学会.

――― 1999b.「「話法」のとらえ方に関する覚書」『滋賀大国文』37: pp. 20–34. 滋賀大国文会.

――― 2000.『国語引用構文の研究』和泉書院.

――― 2001a.「引用論から見た「伝達のムード」の位置づけ」『前田冨祺先生退官記念論集―日本語日本文学の研究』前田冨祺先生退官記念論集刊行会編 pp.213–224. 前田冨祺先生退官記念論集刊行会.

――― 2001b.「「話法」の発見」『滋賀大国文』pp.1–15. 滋賀大国文会.

堀口純子 1995.「会話における『ッテ』による終結について」『日本語教育』85: pp.12–24.

ボリンジャー, ドワイト 1981.『意味と形』(中右実訳)(Bolinger, D. 1977. *Meaning and form.* 1977.) こびあん書房.

益岡隆史・田窪行則 1992.『基礎日本語文法―改訂版』pp.185–186. くろしお出版.

三上章 1953, 1972–2.『現代語法序説』(刀江書院復刊) くろしお出版.

――― 1963.『日本語の構文』pp.126–149. くろしお出版.

メイナード・K・泉子 1997.「引用表現と『声』の操作」『談話分析の可能性』pp.143–173. くろしお出版.

森山卓郎・仁田義雄・工藤浩 2000.『日本語の文法 3・モダリティ』pp.158–159. 岩波書店.

山崎誠 1993.「引用の助詞「と」の用法を再整理する」『国立国語研究所報告 105 ―研究報告集 14』pp.1–30. 国立国語研究所.

――― 1996.「引用・伝聞の『て』の用法」『国立国語研究所研究報告集 17』pp.1–22.

山梨正明 1991.「発話の力の観点から見た引用のメカニズム」『現代英語学の諸相―宇賀治正朋博士還暦記念論文集』千葉修司編 pp.501–513. 開拓社.

米盛裕二 1981.『パースの記号学』pp.143–144. 勁草書房.

Allwright, R. 1984. The Importance of Interaction in Classroom Language Learning. *Applied Linguistics 5.* pp. 156–171. London: Oxford University Press.

Andersen, R.1984. The One to One Principle of Interlanguage Construction 7. *Language Learning* Vol.34 (4): pp.77–95. Ann Arbor, MI: Research Club in Language Learning.

Bailey, B. L. 1971. Jamaican Creole: Can Dialect Boundaries Be Defined? *Pidginization and Creolization of Languages* D. Hymes. (ed.) pp.341–348. Cambridge: Cambridge University Press.

Bailey, C., Madden, C. and S. Krashen. 1975. Is There a 'Natural Sequence' in Adult Second Language Learning ? *Language Learning* Vol.24 (2): pp.235–243. Ann Arbor, MI: Research Club in Language Learning.

Bates, E. 1982. Functionalist Approach to Grammar. *Language acquisition: The state of the art*, Wanner, E. and L. R. Gleitman (eds.) pp.173–218. Cambridge: Cambridge University Press.

Bloom, L., Lahey, L., Lifter, K and K.Fiess. 1980. Complex Sentences: Acquisition of Syntactic Connectives and Semantic Relations They Encode. *Journal of Child Language* 7, pp.235–262. London: Cambrideg Univeristy Press.

Bremer, K., Broeder, P., Roberts, C., Simonot, M. and M.-T. Vasseur. 1993. Ways of Achieving Unerstanding. *Adult Language Acquisition: Cross-linguistic Perspectives Volume 2 The results* C, Perdue. (ed.) pp. 157–200. Cambridge: Cambridge University Press.

Brown, R. 1973. *A First Language: the Early Stages.* Cambridge, MA: Harvard University Press.

Bybee, J. L 1985. Diagrammatic Iconicity in Stem-inflection Relations. *Iconicity in Syntax* Haiman, J. (ed.) pp.11–47. Amsterdam, Philadelphia: J. Benjamins.

Clancy, P. M. 1985. Acquisition of Japanese. *The Crosslinguistic Study of Aquisition: The Data.* 1 Slobin, D. I. (ed.) pp.373-524. Hillsdale, NJ: Erlbaum.

Clark, H. H. and J. R. Gerrig. 1990. Quotations as Demonstrations. *Language* Vol.66 (4): pp.4764–4805. Baltimore: Liguistic Society of America.

Coulmas, F. 1986. Reported Speech: Some General Issues. *Direct and Indirect Speech.* Coulmas, F. (ed.) pp.1–26. Berlin: Mouton.

Coulmas, F. 1986. Direct and Indirect Speech in Japanese. *Direct and Indirect Speech in Japanese.* Coulmas, F. (ed.) pp.161–178. Berlin: Mouton.

Corder, S. P. 1967. The Significance of Learners' Errors. *International Review of Applied Linguistics in Lauguage Teaching* 5, pp.161–170. Heidelberg: J. Gross.

―――― 1981. *Error Analysis and Interlanguage*, Oxford University Press.

Dittmar, N. 1984. Semantic Features of Pidginised Learners of German *Second Languages: a Cross-Linguistic Perspective*. Andersen, R. (ed.) pp.243–270. Rowley, MA: Newbury House.

―――― 1992. Introdction: Grammaticalization in Second Language Acquisition. *Study in Second Language Acquisition* Vol.14 (3): pp.249–257. Bloomington, IN: Indiana University Linguistics Club.

Dulay, H and M. Burt. 1974. Natural Sequences in Child Second Language Acquisition. *Language Learning* 24 (1): pp.37–53. Ann Arbor, MI: Research Club in Language Learning.

Ellis, R. 1984. *Classroom Second Language Development*. Oxford: Pergamon.

―――― 1994. *The Study of Second Language Acquisition*, Oxford University Press.

―――― 1990. *Instructed Second Language Acquisition*, Cambridge, MA: Blackwell.

Eubank, L. 1987. The Acquisition of German Negation by Formal Language Learners, *Foreign Language Learning: a Research Perspective*, VanPatten, B., Dvorak, T. and J. Lee. (eds.) pp. 33–51. Rowley, MA: Newbury House.

Fuller, J., and J. Gundel. 1987. Topic-prominence in Interlanguage. *Language Learning* Vol.37 (3): pp.11-17. Ann Arbor, MI: Research Club in Language Learning.

Givón, T. 1979a. From Dicourse to Syntax: Grammar as a Processing Strategy. *Syntax and Semantics: Discourse and Syntax* 12: pp.81–112. New York: Academic Press.

―――― 1979b. *Understanding Grammar*. New York.: Academic Press.

―――― 1980. The Binding Hierachy and the Typology of Complements. *Studies in Language* Vol.4 (3): pp.333–377.

―――― 1983. *Introduction Topic Continuity in Discourse: a Quantitative Cross-language Study*. TSL 3. Givón. T. (ed.) pp.5–41. Amsterdam, Philadelphia: J. Benjamins.

―――― 1985a. Iconicity, Isomorphism, and Non-Arbitrary Coding in Syntax. *Iconicity in Syntax*. Haiman, J. (ed.) pp.187–219. Amsterdam, Philadelphia: J. Benjamins.

―――― 1985b. Function, Structure and Language Acquisition. *The Cross-Linguistic Study of Language Acquisition*. Slobin, D. (ed.) pp.1005-1028. Hillsdale, N.J: Lawrence Elbaum.

―――― 1988. The Pragmatics of Word-Order: Predictabiltiy, Importance and Attention. *Studies in Syntactic Typology*. Hammond, M. and J. Wirth. (eds.) TSL 17: pp.243–284. Amsterdam, Philadelphia: J. Benjamins.

―――― 1995a. Isomorphism in the Grammatical Code. *Iconicity in Language*. Simone, R. (ed.)

pp.47–76. Amsterdam, Philadelphia: J. Benjamins.

——— 1995b. *Functionalism and Grammar*. Amsterdam, Philadelphia: J. Benjamins.

Greenberg, J.H. 1966. Some Universals of Grammar with to Particular Reference the Order of Meaningful Elements. *Universals of Language*. Greenberg, J. H. (ed.) pp.273–113. Cambridge MA: MIT Press.

Haiman, J. 1983. Iconic and Economic Motivation. *Language* Vol.59 (4): pp.781–819. Baltimore: Liguistic Society of America.

Haiman, J. and S.A. Thompson. 1984. Subordination in Universal Grammar. Brugman, C. and M. Macaulay. (eds.) *Proceedings of the Tenth Annual Meeting of the Berkeley Linguistics Society*. pp.510–523.

Hakuta, K.1976. A Case Study of Japanese Child Learning English as a Second Language. *Language Learning* Vol.26 (2): pp.321–351. Ann Arbor, MI: Research Club in Language Learning.

Holm, J. 2000. An Introduction to Pidgins and Creoles, Cambridge University Press. pp.223–236.

Hopper, P. and S. Thompson. 1984. The Discourse Basis for Lexical Categories in Universal Grammar. *Language* Vol.60 (4): pp.703–752. Baltimore: Liguistic Society of America.

Huebner, T. 1983. *A Longitudinal Analysis of the Acquisition of English*. Ann Arbor MI: Karoma.

Hyltenstam, K. 1977. Implicational Patterns in Interlanguage Syntax Variation. *Language Learning* Vol.27 (2): pp.383–411. Ann Arbor, MI: Research Club in Language Learning.

Ishikawa, M. 1989. Iconicity in Discourse: The Case of Repetition in Japanese. *A Paper Presented at the Linguistic Society of America Anual Meeting*.

Johnstone, B. 1987. 'He Says... So I Said': Verb Tense Alternation and Narrative Depictions of Authority in American English. *Linguistics* 25. pp.33–52. The Hague: Mouton.

Kamada, O. 1990. Reporting Messages in Japanese as a Second Language. *On Japanese and How to Teach It: In Honor of Seiichi Makino*. Kamada, O and M. J. Wesley (eds.) pp.224–245. Tokyo: The Japan Times.

Kaplan, T. I. 1993. The Second Language Acquisition of Functional Categories: Comoplementizer Phrases in English and Japanese. *A Dissertation Presented to the Faculty of the Graduate School of Cornell University*. Ann Arbor, MI: UMI Dissertation Services.

Kelley, P. 1983. The Question of Uniformity in Interlanguage Development. *Second Language Acquisition Studies*. Bailey, K. M. Long, M. and S. Peck. (eds.) pp.83–92. Rowley, MA:

Newbury House.

Krashen, S. and H. Seliger. 1976. The Role of Formal and Informal Linguistic Environments in Adult Second Language Learning. *International Journal of Psycholinguistics* 3: pp.15–21. The Hague: Mouton.

Klein, W., Dietrich, R. and C. Noyau. 1993. The Acuisition of Temporality. *Adult Language Acquisition: Cross-Linguistic Perspectives Volume1 The Results.* Perdue, C. (ed.) pp.73–118. New York, NY: Cambridge University Press.

Klein, W. and C. Perdue 1992. Frameworks. *Utterance Structure: Developing Grammar Again.* Klein, W. and C. Perdue. (eds.) pp.11–59. Amsterdam, Philadelphia: J. Benjamins.

——— 1993. Utterance Structure. *Adult Language Acquisition: Cross-Linguistic Perspectives Volume1 The Results.* Perdue C. (ed.) pp.3–40. New York, NY: Cambridge University Press.

——— 1997. The Basic Variety: or Couldn't Natural Languages be Much Simpler? *Second Language Research* Vol.13 (4): pp.4301–4347. London: Edward Arnold.

Kumpf, L. 1984. Temporal Systems and Universality in Interlanguage: a Case Study. *Universals of Second Language Acquisition.* Eckman, F., Bell, L. and D. Nelson. (eds.) pp.132–143. Rowley, MA: Newbury House.

Kuno, S. 1972. Pronominalization, Reflecivization, and Direct Discourse. *Linguistic Inquiry* Vol.3 (2): pp.269–320. Cambridge, MA: MIT Press.

Lado, R. 1957. *Linguistics Across Cultures, Applied Linguistics for Languages Teachers.* Ann Arbor, MI: University of Michigan Press.

Labov, W. 1969. Contraction, Deletion, and Inherent Variability of the English Copula. *Language* Vol.45 (4): pp.715–752. Baltimore: Liguistic Society of America.

Lakshmanan, U. and L. Selinker. 1994. The Status of CP and the Tensed Complementizer in the Developing L2 Grammars of English. *Second Language Research* Vol.10 (1): pp.25–48. London: Edward Arnold.

Larsen-Freeman, D. 1975. The Acquisition of Grammatical Morphemes by Adult Learners of English as a Second Language. *TESOL Quarterly* Vol.9 (4): pp.409–419. Washington D.C.: Teachers of English to Speakers of Other Languages.

Li, C.N. 1986. Direct Speech and Indirect Speech: a Functional Study. *Direct and Indirect Speech* Coulmas, F. (ed.) pp.29–45. Berlin: Mouton de Gruyter.

Limber, J. 1973. The Genesis of Complex Sentences. *Cognitive Development and the Acquisition of Language.* Moore, T. (ed.) pp.169–185. New York, NY: Academic Press.

Littlewood, W.T. 1979. Communicative Performance in Language-developmental Context. IRAL 17. pp.123–138. Heidelberg: J. Gross.

―― 1981. Language Variation and Language Acquisition Theory. *Applied Linguistics* 2, pp.150–158. London: Oxford University Press.

Maynard, K. Senko. 1986 The Particle-o and Content-oriented Indirect Speech in Japanese Written Discourse. *Direct and Indirect Speech in Japanese* Coulmas, F. (ed.) pp.23–46. Berlin: Mouton. de Gruyter.

Meisel, J.1983. Strategies of Second Language Acquisition: More Than One Kind of Simplification. *Pidginization and Creolization as Language Acquisition.* Andersen, R. (ed.) pp.121–157. Rowley, MA: Newbury House.

―― 1987. Reference to Past Events and Actions in the Development of Natural Second Langugage Acquisition. *First and Second Language Acquisition.* Pfaff, C.W. (ed.) pp.206–224. Rowley, MA: Newbury House.

Meisel, J., Clahsen, H. and M. Pienemann. 1981. On Determining Developmental Stages in Natural Language Acquisition. *Studies in Second Language Acquisition* Vol.3 (1): pp.1109-1135. Bloomington, IN: Indiana University Linguistics Club.

Myles, F., Mitchell, R. and J. Hooper. 1999. Interrogative Chunks in French L2 :A basis for Creative Construction? *Studies in Second Language Acquisition* Vol.21 (1): pp.49–80. Bloomington, IN: Indiana University Linguistics Club.

Nagatomo, K. and K. Numazaki. 2002. What Does the Narualistic Acquisition of Japanese '*Ga*' and '*Wa*' Imply for Their Classroom Instructions? 平成12～13年度科学研究費補助金研究 萌芽的研究研究成果報告書『第二言語としての日本語の自然習得の可能性と限界』(課題番号12878043 研究代表者・長友和彦). pp.4–8.

Partee, B.H. 1973. The Syntax and Semantics of Quotation. *A Festschrift for Morris Halle*, Andersen, S. R. and P. Kiparsky. (eds.) pp.410–418. New York, NY: Holt, Rinehart and Winston.

Pavesi, M. 1984. The Acquisition of Relative Clauses in a Formal and in an Informal Setting: Further Evidence in Support of the Markdness Hypotheses. *Language Learning in Formal and Informal Contexts.* Singleton, D. and D. Little. (eds.) pp.151–163. Dublin IRAL.

Peirce, C. S. 1940. The philosophy of Peirce: Selected Writing. Buchleer, J. (ed.). London: Routlege and Kegan Paul.

Perdue, C. and W. Klein. 1992. Why Does the Production of Some Learners not Grammaticalize?

Studies in Second Language Acquisition Vol.14 (3): pp.259–272. Bloomington, IN: Indiana University Linguistics Club.

Perdue, C. 2000. Introduction: Organizing Principles of learner Varieties. *Studies in Second Language Acquisition* 22: pp.299–305. Bloomington, IN: Indiana University Linguistics Club.

——— 2001. Data Collection Techiniques. *Adult Language Acquisition: Cross-linguistic Perspectives VolumeI Fields Methods Written by Members of the European Science Foundation Project on Adult Language Acquisition*. Perdue, C. (ed.) pp.93-107. Cambridge: Cambridge University press.

Pfaff, C. W. 1987. Functional Approaches to Interlanguage. *First and Second Language Acquisition Precesses*. Pfaff. C.W. (ed.) pp. 81–102. Rowley, MA: Newbury House.

——— 1992. The Issue of Grammaticalization in Early German Second Language. *Studies in Second Language Acquisition* Vol.14 (3): pp.273–296. Bloomington, IN: Indiana University Linguistics Club.

Pica, T. 1983. Adult Acquisition of English as a Second Language under Different Conditions of Exposure. *Language Learning* Vol.33 (4): pp.465–497. Ann Arbor, MI: Research Club in Language Learning.

Polanyi, L. 1982. Literary Complicity in Everyday Storytelling. *Spoken and Written Language*. Tannen. D. (ed.) pp.155–170. Norwood, NJ: Ablex.

Ramat, A.G. 1992. Grammaticalization Processes in the Area of Temporal and Modal Relations. *Studies in Second Language Acquisition* Vol.14 (3): pp.297–322. Bloomington, IN: Indiana University Linguistics Club.

——— 1995. Iconicity in Grammaticalization Processes. *Iconicity in Languauge*. Simone. R.(ed.) pp.120–139. Amsterdam, Philadelphia: J. Benjamins.

Reichardt, C. S. and T. D. Cook. 1979. Beyond Qualitative Versus Quantitative Methods. *Qualitative Versus Quantitative Methods in Education Research*. Cook,T. and C. Reichardt. (eds.) pp.7–32. Beverly Hills: Sage Publications.

Sato, C. 1988. Origins of Complex Syntax in Interlanguage Development. *Study in Second Language Acquisition* Vol.10 (3): pp.3371–395. Bloomington, IN: Indiana University Linguistics Club.

——— 1990. *The Syntax of Conversation in Interlanguage Development*. Tuebingen: Gunter Narr Verlag.

Schachter, J.H. 1974. An Error in Error Analysis. *Language Learning* Vol.24 (2): pp.205–214. Ann Arbor, MI: Research Club in Language Learning.

Schumann, J. 1978a. *The Pidginization Process: A Model for Second Language Acquisition*. Rowley, MA: Newbury House.

—— 1978b. The Relationship of Pidginization, Creolization and Decreolizaton to Second Language Acquisition. *Language Learning* Vol.28 (2): pp.367–379. Ann Arbor, MI: Research Club in Language Learning.

—— 1982. Simplification, Transfer, and Relexification as Aspects of Pidginization and Early Second Language Acquisition. *Language Learning* Vol.32: pp.337–366. Ann Arbor, MI: Research Club in Language Learning.

—— 1987. Utterance Structure in Basilang Speech. *Pidgin and Creole Languages: Essays in Memory of John E. Reinecke*. Gilbert, G. G. (ed.) pp.139–160. Honolulu: University of Hawaii Press.

von Stutterheim, C. and W. Klein. 1986. A Concept-oriented Approach to Second Language Studies. *First and Second Langugage Acquisition Processes*. Pfaff, C. W. (ed.) pp.191–206. Rowley, MA: Newbury House.

Selinker, L. 1972. Interlanguage. *International Review of Applied Linguistics* Vol.10 (3): pp.31–54. Heidelberg: J. Gross.

Selinker, L. and U. Lakshmanan. 1992. Language Transfer and Fossilization. *Language Transfer in Language Learning*. Gass, S. (ed.) pp.197–216. Amsterdam, Philadelphia: J. Benjamins.

Siegal, M. 1996. The Role of Learner Subjectivity in Second Language Sociolinguistic Competency: Western Women Learning Japanese. *Applied Linguistics* Vol.17 (3): pp.356–382. London: Oxford University Press.

Skiba, R. and N. Dittmar. 1992. Pragmatic, Semantic, and Syntactic Constraints and Grammaticalization. *Studies in Second Language Acquisition* Vol.14 (3): pp.323–349. Bloomington, IN: Indiana University Linguistics Club.

Slobin, I. 1985. Introduction: Why Study Acquisition Crosslinguistically? *The Crosslinguistic Study of Acquisition: The Data*.1. Slobin, D. I. (ed.) pp.3–24. Hillsdale, NJ: Erlbaum.

Stauble, A. and J. Schumann. 1983. Toward a Description of the Spanish-English Basilang. *Second Language Acquisition Studies*. Bailey, K. M., Long, M. and S. Peck. (eds.) pp.68–82. Rowley, MA: Newbury House.

Tannen, D. 1987. Repetition in Conversation: Toward a Poetics of Talk. *Language* Vol.63 (3):

pp.574–605. Baltimore: Liguistic Society of America.

Terrell, T. D. 1979. Final /s/ in Cuban Spanish. *Hispania* 62: pp.599–612. Stanford: American Association of Teachers of Spanish and Portuguese.

Wagner-Gough, J. 1978. Comparative Studies in Second Language Learning. *Second Langugage Acquisition: A Book of Readings.* Marcussen-Hatch, E. (ed.) pp.155–171. Rowley, MA: Newbury House.

Weinert, R. 1994. Some Effects of the Foreign Language Classroom: The Development of German Negation. *Applied Linguistics.* Vol.15 (1): pp.76–101. London: Oxford University Press.

Wierzbicka, A. 1974. The Semantics of Direct and Indirect Discourse. *Papers in Linguistics* Vol.7 (1) (2): pp.267–307. Champain: Linguistic Research.

Young, R. 1988. Variation and the Interlanguage Hypothesis. *Studies in Second Language Acquisition* Vol.10 (3): pp.281–302. Bloomington, IN: Indiana University Linguistics Club.

——— 1993. Functional Constraints on Variation in Interlanguage Morphology. *Applied Linguistics* Vol.14 (1): pp.176–97. London: Oxford University Press.

参考辞書・事典

『国語学辞典』1955. 国語学会編 東京堂.

『日本語教育事典』1982. 大修館書店.

『諸外国の学校教育アジア・オセアニア・アフリカ編』1996. 文部省大蔵省印刷局.

参考

三上直光 2002.『タイ語の基礎』白水社.

森口恒一 1987.『ビリビノ語文法タガログ語』大學書林.

イ・エム・プーリキナ, イェー・ザマーハー・ニェクラソワ 1968.『新ロシア語文典』(稲垣兼一・初瀬和彦訳) 吾妻書房.

Cabrera, N. C., Cunanan, S. A., Leyba, A. A., Marquez, E. J., Guinto, R. A., and A. C. Silverio. 1965. *Beginning Tagalog.* Berkleley and Los Angels: University of California Press.

Schachter, P. and F. T. Otanes, 1972. *Tagalog Reference Grammar* pp.169–176. Berkeley: University of California Press.

あとがき

　本書は2003年お茶の水女子大学より学位を授与された引用表現の自然習得についての博士論文をもとに、教室習得の1章を加えまとめたものである。
　教室で自分自身の意見や物事の経緯であれば滑らかに話すことができるのに、他の人の言葉を伝えるとなるととたんに収まりの悪い表現やためらいを見せる学習者にしばしば接し、どうしてそうなのかという疑問を持った。それ以来、言葉を引用する表現の習得について関心をいだいていた。
　このような時、長友和彦先生から社会的交流の中で自然に習得された第二言語としての日本語の実態を紹介され、そこで言葉は不十分であっても生き生きと自信にあふれた引用表現に出会った。この出会いが引用表現について研究を始めるきっかけとなり、勇気の源となっている。
　社会でたくましく生きる中で、コミュニケーションを通して自然に日本語を身につけていく人々の言語習得の過程は機能主義的アプローチの可能性を示唆するものでもあった。また、昨今言語学の分野で次々に進められた引用表現についての新たな研究の成果から、中間言語の引用表現を分析する観点を得ることができた。これらのものがあって初めて学習者の引用表現の習得過程の一端を明らかにする記述を行うことができたといえる。

　本書の執筆に当たり、多くの先生方にご指導を賜った。指導教官であるお茶の水女子大学教授（現宮崎大学教授）長友和彦先生には研究課題の設定から最終稿までの長期にわたって御指導と励ましをいただいた。科学研究費研究として「第二言語としての日本語の自然習得」の解明をめざす研究を他に先駆けて立ち上げられ、具体的なデータ分析を通して自然習得に目を向けるきっかけをつくってくださった。研究の過程では様々な発表の機会を与えていただき、研究を発展させる力となった。また、論文執筆の際には辛抱強

く耳を傾けてくださり、言語学や第二言語習得研究の観点から、章立て、議論の筋道、細かい表現に至るまで御指導を賜った。

　さらに、第二言語習得研究の立場からお茶の水女子大学助教授佐々貴義式先生、森山新先生にも数多くの御教示を賜った。佐々貴先生にはゼミを通して論文の書き方に関して御教示をいただき、本書をまとめる基礎的な知識をえることができた。特に、ゼミで引用表現についての基礎的研究をまとめたことは、研究を一歩進めるために大変大きな弾みとなった。また、森山先生には章立てから各章の内容、最終稿にいたるまで各章を細かく読んでいただき、認知言語学の可能性や詳細なコメントなど御指導、御助言を賜った。

　お茶の水女子大学教授（現東京大学教授）鈴木泰先生には国語学の立場から、ゼミを通して国語学研究の緻密さと精確さの要求される研究方法を教えていただいた。博士論文の知見についての御支持とその後の研究方向についての貴重な御示唆をいただいた。これが本書で新たに加えた章の研究につながったともいえる。また、出版に当たって最後まで温かいお励ましをいただいた。また、お茶の水女子大学教授岡崎眸先生は、そもそも研究を始める動機となった、より効果的な日本語教育の意味について再考するきっかけを与えてくださった。ともすれば、言語現象だけに目を奪われがちな第二言語習得研究に携わる者にとって、学習者と日本語教師が互いに人間として、それぞれの文化を担う者として出会う日本語教育の場で、教師として、研究者として何ができるのかを常に自分に問うことの大切さを考えさせられた。

　お茶の水女子大学助手（当時）松田文子氏には研究構想、具体的研究の進め方から、議論の方向性まで丁寧かつ的確なご指摘と、心温まるお励ましをいただいた。また、お茶の水女子大学大学院の木山三佳さん（当時）、峯布由紀さんにはデータ分析での御協力や草稿の段階で御査読いただくなど、温かいご支援と貴重なコメントをいただいた。データ収集・提供について快くご協力くださった、沼崎邦子さん（当時日本国際社会事業団）、シワボーン・ジョンユースクさん、タチアナ・ロイコさん、台湾台北市東呉大学日本語学科の皆様に心から感謝申し上げたい。また、ウズベク語、ロシア語、タガログ語について貴重な時間を割いて御助言をくださった古屋薫氏（外務省）、長屋尚典氏（東京大学大学院言語学科後期課程）外の諸氏に御礼申し上げた

い。
　出版に至るまで7年もの間、温かく見守ってくれた夫や子どもたち、出版を心待ちにしながら静かに励ましてくれた亡母にも感謝をしたいと思う。

　最後に、本書の出版に当たって大変お世話になったひつじ書房の松本功社長、同社編集部の青山美佳氏、田中哲哉氏に心からお礼を申し上げたい。松本氏には編集者あるいは読者の立場に立ち全体像から理解しにくい細部にいたるまで的を射たアドバイスをいただいた。また、青山氏には原稿に何度も丁寧に目を通していただき、相談に対し適切なご助言をいただいた。
　皆様方の御協力がなければ本書が出版に至ることは到底なく、ここに深く御礼を申し上げたい。

2007年6月

　　　　　　　　　　　　　　　　　　　　　　　　　　　杉浦まそみ子

索　引

数字
2次的並置的構造 …………………………… 248
3つの表意記号 ………………………………… 26

欧文
Clark and Gerrig (1990) …………………… 11
Huebner (1983) ……………………………… 47
Kamada (1990) ……………………………… 35
L1 英語の習得 ………………………………… 38
L1 日本語の習得 ……………………………… 37
L2 日本語の習得 …………………………… 37, 39
Li (1986) ……………………………………… 12
Wierzbicka (1974) …………………………… 10

あ
あなた ……………………………… 93, 95, 106

い
言い挿し ………………… 216, 217, 218, 260
言います …………………………… 122, 152
言う ……………………………………… 38, 243
イコン …… 25, 27, 28, 29, 230, 231, 277, 278, 279
言って ………………………………………… 176
意味機能の分離 ……………………………… 141
意味機能の変化と意味の拡大 ……………… 138
意味的拡張 …………………………………… 140
意味と形式の 1 対 1 の対応関係 ……… 151, 245
インストラクション …………… 152, 249, 279
引用形式の習得仮説：自然習得 …………… 80
引用動詞の有無と位置 …… 67, 75, 118, 130, 146
引用形式の習得仮説：教室習得 …………… 204
引用形式の変化 ……………………… 128, 143

う
ウズベク語の引用表現 ……………………… 156

え
演劇性・演劇的要素 ……………………… 11, 13
演じる ……………………………… 11, 13, 253

お
奥津 (1970) …………………………………… 15
オノマトペ表現 …………………… 16, 17, 28

か
外国語としての日本語 ………………… 35, 161
解釈 …………………………………… 191, 200
形の再構築 ………………………………… 232
鎌田 (2000) ……………………… 16, 20, 35
間接話法 ……………………… 106, 155, 234

き
気がつく・気づく …………………………… 265
機能主義的アプローチ …………… 47, 278, 279
共感 ………………………………… 18, 201, 253
教室習得仮説 ……………………… 246, 247
近接性原理 ………………… 51, 243, 244, 248

く
繰り返し表現 ………………………………… 257

け
継起語順原理 ………………………………… 52
形態の多様化 ………………………… 199, 252

こ
語彙的な間接話法 …………………………… 265
構造的間接話法・構造的な間接話法 … 235, 263
コミュニケーション ……………… 193, 194
語用論的知識 ………………………………… 258
語用論面の習得 ……………………… 78, 259

し
事象を取り出す ……………………… 187, 203
事象の 2 分化 ……………………… 195, 241, 243
事象の統合・統語的統合 ……………… 244, 270
事象の二重表示 ……………………… 246, 271
自然習得仮説 ………………………………… 240
自然習得の限界 ……………………………… 153
実物表示 ……………………………… 24, 259
視点調整の原理 ……………………………… 20
柴谷 (1978) …………………………………… 15
習得環境と特性 ……………………………… 256
自由間接話法 ……………………… 106, 147
授受動詞 …………………………… 186, 201
述語性 ………………………………………… 34
準間接引用 …………………………………… 20

準直接引用 …………………………… 20
シンボル ……………………… 26, 277, 278

せ
ゼロ形式 ………………………… 67, 166
前提として提示・前提を表す ……… 188, 203, 254

た
第3者的視点 …………………… 252, 253, 272
ダイクシス表現 ………………………… 262
タイ語の引用表現 ……………………… 117
対話としてのことば …………………… 201
対話の引用 ……………… 78, 100, 201, 202
タガログ語の引用表現 ………………… 107
他者発話引用の専用標識 ………………… 75
だって・んだって ……………………… 193
単文的構造 ……………… 81, 150, 194, 196, 241

ち
中国語の引用表現 ……………………… 161
忠実な再現 …………………… 224, 227
抽象化 ………………………………… 233
直接話法 ………………… 104, 153, 228
直接話法と引用形式の相補性 ……… 230, 255
直接話法を示す特性 …………………… 256

つ
って ……………………… 80, 201, 203, 252, 282
って言う ……………………………… 140
ってＶ ………………………………… 184

て
定型的複文的構造 ………… 197, 246, 248, 271
丁寧体 ………………………………… 260
テ形 …………………………………… 151
テ形からタ形へ ………………………… 195
デス・マス体 …………………… 258, 260, 261
伝達の場への強力な関連づけ ………… 107

と
と ………………………………… 252, 280
〜とＶました・〜とＶする ……… 198, 250, 264
統合 ………………………… 81, 150, 151, 248
統合尺度 ………………… 52, 53, 243, 266, 275
当事者の視点 ………………………… 252

は
パース …………………………………… 25
発話生成の原理 ………………………… 20

話し手投射 ……………………………… 32
半閉じ ………………………………… 15

ひ
非引用の言う …………………………… 139
非コミュニケーション場面 …………… 141
ピジン・クレオール研究 ……………… 49
ひとかたまりの事象 …………………… 241
一人二役 ………………………… 100, 154
評価 ………………………………… 200, 253
品詞性 …………………………………… 27

ふ
副次的分化 …………………………… 242
複文的構造 ……… 28, 29, 82, 194, 195, 196, 246, 267
藤田（1994, 2000）…………………… 22
普通体 ………………………………… 259
文構造の拡大 …………………… 199, 251
文体改変 …………………… 233, 259, 261

へ
並置的構造 ……………… 82, 194, 196, 248, 267

み
三上（1963）…………………………… 15

め
メタ言語的引用 ……………… 252, 253

も
元の場面に対するかかわり方 ……… 201, 272
［元話者＋引用句］…………… 81, 149, 241, 247
［元話者＋引用句＋って＋引用動詞］…… 82, 244
［元話者＋引用句＋引用標識＋引用動詞］
 …………………………………… 150, 239
［元話者＋引用動詞＋引用句］……… 81, 241, 244

り
量の原理 ………………………………… 51

ろ
ロシア語の引用表現 ………………… 116

わ
話者を中心とした表現 ………… 106, 262
わたし（あたし）……………… 106, 154, 262
話法と引用形式の習得仮説 …………… 102

〔著者〕**杉浦まそみ子**（すぎうら・まそみこ）

1969年　東京大学文学部卒業
2000年　お茶の水女子大学大学院人間文化研究科前期課程修了
2003年　お茶の水女子大学大学院人間文化研究科後期課程修了
人文科学博士。聖ヨゼフ日本語学校専任講師等を経て、現在、東京大学大学院理学系研究科特任講師。
主要論文：「日本語の引用表現研究の概観─習得研究に向けて─」(2002)『言語文化と日本語教育』特集号、「第二言語としての日本語の習得における統語化─縦断的事例研究─」(2003)『人間文化論叢』5、共著：「分かる授業は満足する授業か─社会人学習者の視点─」(1999)『日本語教育』102、「実習生の内省の実践としての授業評価活動」(2002)『世界の日本語教育』国際交流基金

シリーズ言語学と言語教育
【第7巻】
引用表現の習得研究
記号論的アプローチと機能的統語論に基づいて

| 発行 | 2007年10月4日　初版1刷 |

定価	7400円＋税
著者	©杉浦まそみ子
発行者	松本功
装丁者	吉岡透(ae)／明田結希(okaka design)
印刷所	三美印刷 株式会社
製本所	田中製本印刷 株式会社
発行所	株式会社 ひつじ書房
〒112-0011　東京都文京区千石2-1-2　大和ビル2F
Tel 03-5319-4916　Fax 03-5319-4917
郵便振替　00120-8-142852
toiawase@hituzi.co.jp
http://www.hituzi.co.jp/

造本には充分注意しておりますが、落丁・乱丁などがございましたら、
小社かお買い上げ書店にておとりかえいたします。
ご意見、ご感想など、小社までにお寄せ下されば幸いです。

❖
ISBN978-4-89476-334-0 C3081
Printed in Japan

――――――― **好評発売中！** ―――――――

国際交流基金 日本語教授法シリーズ【全14巻】

【第1巻】日本語教師の役割／コースデザイン
B5判　580円+税

【第6巻】話すことを教える B5判　800円+税

【第7巻】読むことを教える B5判　700円+税

【第9巻】初級を教える B5判　700円+税

以後、続刊！